龙岩学院 2021 年应用型教材建设立项项目

游泳实用教程

卢玉龙　主编

中国纺织出版社有限公司

图书在版编目（CIP）数据

游泳实用教程 / 卢玉龙主编. -- 北京：中国纺织出版社有限公司，2023.2

ISBN 978-7-5229-0376-7

Ⅰ.①游… Ⅱ.①卢… Ⅲ.①游泳—教材 Ⅳ.①G861.1

中国国家版本馆 CIP 数据核字（2023）第 039689 号

责任编辑：张 宏　　责任校对：高 涵　　责任印制：储志伟

中国纺织出版社有限公司出版发行
地址：北京市朝阳区百子湾东里 A407 号楼　邮政编码：100124
销售电话：010—67004422　传真：010—87155801
http://www.c-textilep.com
中国纺织出版社天猫旗舰店
官方微博 http://weibo.com/2119887771
北京虎彩文化传播有限公司印刷　各地新华书店经销
2023 年 2 月第 1 版第 1 次印刷
开本：710×1000　1/16　印张：17
字数：346 千字　定价：65.00 元

凡购本书，如有缺页、倒页、脱页，由本社图书营销中心调换

编 委 会

主　编：卢玉龙，硕士，副教授，福建龙岩学院体育与健康学院副院长。北京师范大学高级访问学者，国家职业社会指导员（游泳）考评员。主持完成省级教改课题1项，参与省部级课题3项。公开刊物发表论文十余篇。

副主编：郭鸿鸣（莆田学院）
　　　　　徐少华（山东工业职业学院）
　　　　　李治辉（连城县少年儿童体育学校）

委　员：郑　伟（三明学院）
　　　　　吴祖会（宁德师范学院）
　　　　　金国利（泉州师范学院）
　　　　　夏建强（龙岩学院）
　　　　　谢　亮（龙岩学院）
　　　　　武丽平（龙岩学院）
　　　　　王蕴琦（龙岩学院）
　　　　　刘晓虎（龙岩市体育中心）
　　　　　陈　丞（广饶正罡游泳有限公司）

前言

当前，中华民族正积极实现中国梦。而要实现中国梦，首先就要实现健康梦。也就是说，有了强健的体魄，才能建设"健康中国"，中国梦也才能实现。游泳对提高身体各器官、各系统的功能有良好的作用，能强身健体、促进身心健康，还能健美、减肥以及防病。因此，游泳运动受到了越来越多的关注，被越来越多的人所喜爱。

近年来，素质教育正在各级各类学校全面展开，游泳运动作为增进学生健康水平的重要内容和手段，在素质教育中越加显示出它的特殊作用。对于学生来说，学会游泳不仅是掌握一种健身方法，也是生存能力的提高，对于保证人身安全有着重要意义。有鉴于此，笔者在参阅大量相关著作的基础上，精心编写了本书，以帮助学生了解游泳的相关知识，掌握游泳的技术，学会游泳。

本书包括九章内容。其中，第一章为绪论部分，对游泳基础理论、游泳安全和游泳卫生的相关知识进行了具体阐述；第二章介绍了游泳入门基础，涉及熟悉水性、蛙泳技术和爬泳技术等内容；第三章对游泳进阶技术进行了详细分析，包括仰泳技术、蝶泳技术以及出发与转身技术；第四章系统论述了游泳教学理论与方法，对游泳教学的顺利开展具有重要作用；第五章对游泳身体功能训练的相关内容进行了详细分析，有助于游泳身体功能训练以及游泳塑形的有效开展；第六章对游泳竞赛组织与裁判法的相关知识进行了阐述，有助于游泳竞赛的开展与顺利进行；第七章介绍了水上救生的相关知识，对于保证游泳安全具有实用意义；第八章介绍了水中康复的相关知识，并着重分析了康复游泳；第九章站在科学研究的角度，对游泳科学研究的相关内容进行了详细分析。

本书在编写过程中，参考了游泳运动教学、训练等方面的相关著作，也引用了不少专家和学者的研究成果，在此一并表示衷心的感谢。由于时间仓促，作者水平有限，书中难免存在错误与疏漏，恳请各位专家、学者不吝批评指正，欢迎广大读者多提宝贵意见，以便本书日后的修订与完善。

编 者
2022 年 8 月

目录

第一章 绪 论 1
　第一节 游泳基础理论 1
　第二节 游泳安全 26
　第三节 游泳卫生 37

第二章 入门基础 43
　第一节 熟悉水性 43
　第二节 蛙泳技术 49
　第三节 爬泳技术 60

第三章 游泳进阶 73
　第一节 仰泳技术 73
　第二节 蝶泳技术 82
　第三节 出发与转身技术 92

第四章 游泳教学理论与方法 103
　第一节 游泳教学原则 103
　第二节 游泳教学的基本方法 108
　第三节 游泳教学的顺序与组织 118
　第四节 游泳技术的教学 122

第五章 游泳身体功能训练 153
　第一节 身体功能训练的基本理论 153
　第二节 游泳运动员神经肌肉激活训练 157
　第三节 游泳运动员核心力量训练 164
　第四节 游泳运动员拉伸练习与筋膜释放 172

第六章 游泳竞赛组织与裁判法 175
　第一节 游泳竞赛的组织 175
　第二节 游泳竞赛的编排 179

第三节　游泳竞赛裁判方法 …………………………………………… 182

第七章　水上救生 ……………………………………………………… 185

第一节　实用游泳 …………………………………………………… 185
第二节　水上救生 …………………………………………………… 199
第三节　心肺复苏 …………………………………………………… 209
第四节　救生员职业鉴定 …………………………………………… 213

第八章　水中康复 ……………………………………………………… 243

第一节　水中康复的原则 …………………………………………… 243
第二节　康复游泳 …………………………………………………… 246
第三节　效果评价 …………………………………………………… 250

第九章　游泳科学研究 ………………………………………………… 263

第一节　游泳论文选题指南 ………………………………………… 263
第二节　常用科研方法及注意事项 ………………………………… 265
第三节　游泳科研论文的撰写 ……………………………………… 270

参考文献 ………………………………………………………………… 273

第一章
绪 论

游泳是在水环境中进行的运动项目,是水浴、空气浴、日光浴三者的结合,对人体十分有益。在游泳时,人们必须掌握游泳安全卫生常识,以保证自身安全。

第一节 游泳基础理论

游泳是人类最早掌握和发展起来的运动技能之一,它是凭借自身肢体动作和水的作用力,在水中活动或前进的有意识的技能活动。

一、游泳的渊源与演变

人类的游泳活动源远流长,贯穿了人类社会各个历史时期,一直与人类的生存、生产、生活紧密联系,是在人类征服自然、改造自然的生产劳动中产生的,在满足生活娱乐、军事战争、教育文化的社会活动中发展成熟的。

(一)游泳运动的起源

1. 游泳源于生产劳动

为了在布满江、河、湖、海的地球上生存,古人依山打猎、傍水捕鱼;为了捕捞鱼虾,人们需要到水中活动。五千多年前的中国古代陶器上,就有人类潜入水中猎取水鸟时类似爬泳的图案。当洪水泛滥时,人类更需要为了生存与之搏斗。原始社会中低下的生产力和严酷的生活环境,迫使人们不断提升自己的体力和智力,发展形成了走、跑、跳、爬、游和投等技能。人类通过观察和模仿鱼类、青蛙等动物在水中的游动,不但逐渐学会了游泳,而且练就了高超的水中生产活动技能。在《诗经》中有多处记载游泳的文字,劳动人民一直将游泳作为谋生和同大自然斗争的手段,在长期的实践中不断发展了游泳的各种技能。有些古老的游泳技能如"狗刨式""寒鸭凫水""扎猛子(潜水)""扁担浮(踩水)"和舟山"拱淡菜",至今还在民间流传。

2. 游泳源于生活娱乐

随着人类文化艺术的发展,游泳逐渐成为一种娱乐和享受。人们从沐浴开始,继而在水中嬉戏，逐渐形成各种水中娱乐活动。中国敦煌壁画中就有一幅北魏时期的四个妇女水嬉的画面（见图1-1）。在隋唐时期，宫廷专门设立了可以进行跳水、游泳、抛水球的"水殿"。宋时还有人将游泳和跳水结合在一起发明了"水秋千"，供宫廷享受和娱乐。

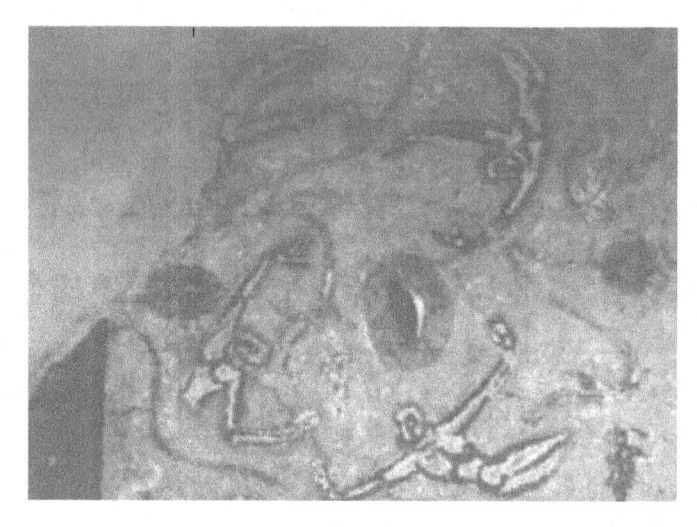

图1-1　敦煌水嬉壁画

进入唐宋时期，"游龙门"和"弄潮"是当时民间广泛流传的游泳活动。其中，"游龙门"即在地势险要、急瀑暴流的龙门（今天山西省和陕西省交界的昌梁地区）进行游泳。"弄潮"则主要集中在钱塘江下游的杭州一带，每到秋季，海水升涨、江潮倒涌，形成举世闻名的"钱江潮"。在潮水期，吴越民众往往下水戏游，古时称为"弄潮"。

游泳所具备的娱乐、表演、刺激和享受的功能一直沿袭至今，不仅能给人的身心带来新的挑战、振奋和活力，而且能让人走进自然，充分享受阳光、空气和水带来的无穷乐趣。

3. 游泳盛于军事战争

战争的出现，使游泳由单纯的生活技能逐步演化为一种军事技能，经常作为克敌制胜的一种手段，使敌人莫能防测，在军事训练中占有极其重要的地位。在古代波斯军事训练中，游泳是强制实施的项目，古罗马青年训练中就设有游泳科目。在美索不达米亚的古代亚述帝国首都尼姆鲁德原址出土的公元前900年的浮雕上，刻有拿着羊皮浮袋的士兵游泳图。古希腊人更是把游泳作为青少年军事训练的内容。

我国春秋战国时期已有了水军，利用水作为攻战的手段，或利用泅水潜行破坏敌人防守，配合陆上兵士作战。在战国时期的铜壶饰纹上，就有栩栩如生的水陆攻战图。明末的民族英雄郑成功在收复台湾时，也曾专门训练一支潜水队，战时潜入水下凿沉敌船，大显神威。

自第二次世界大战以来，游泳受到世界各国的高度重视，至今仍是各国军事训练的一个重要科目。在现代战争中，曾有过利用"蛙人"出奇制胜的战例。练就一套过硬的水上功夫并加以利用，成为克敌制胜的一种手段，对于战时顺利战胜天险，更好地保存自己、消灭敌人，具有十分重要的战略意义。因此，社会生产的发展和军事上的需要，极大地促进了近代游泳的发展。

4. 游泳兴于教育文化

古希腊明确规定儿童需要学习希腊文与游泳。18世纪，欧洲军队中开始建立游泳学校。中国沿江河两岸而居的人，自古以来就言传身教，熟谙水性。宋代著名文学家苏轼在《日喻》中写道："南方多没人，日与水居也。七岁而能涉，十岁而能浮，十五而能没矣。"其中"涉"指徒步渡水、在浅水中行走；"浮"指水中游泳，在水中漂浮；"没"指深入水中，在水下潜泳。由此可见，在古代，儿童时期就学习游泳，能浮善没的人还是很多的，并且随着年龄的增长，逐渐积累游泳的方法。由此而产生的"狗刨式""寒鸭凫水""骑骆驼"等游泳技能和泅水方法流传至今，仍为广大人民所喜爱。

（二）游泳运动的现代发展

现代游泳运动起源于19世纪的英国，是人类社会高度发展的产物，而竞技性、科学性和大众性则是现代游泳运动发展的三大标志。从1896年希腊雅典举行的第一届现代奥林匹克运动会起，游泳就被列为正式比赛项目，设有男子100米、500米、1200米自由泳3个项目，之后的奥运会又陆续增加了仰泳、潜泳（后改为蝶泳）、蛙泳和接力等项目。1908年，英国伦敦举办的第四届现代奥运会上成立了国际业余游泳联合会（FINA，简称国际泳联），负责审定各项游泳世界纪录，确定游泳比赛规则，这对世界游泳运动的发展起了重要作用。1912年，在瑞典斯德哥尔摩举行的第五届现代奥运会上开始增加女子游泳比赛，当时只有100米自由泳和4×100米自由泳两个项目。1952年第十五届芬兰赫尔辛基奥运会上，蛙泳和蝶泳被分成两个单项进行比赛。至此，竞技游泳正式发展为四种泳式。随着世界游泳运动技术水平的迅速提高，参加竞技游泳运动的人数不断增加，游泳运动员的选才、教学、训练和场地器材设备，逐步向现代化、科学化发展。游泳比赛项目也逐渐增加，2016年第三十一届巴西里约热内卢奥运会，游泳比赛项目达到了7大项共34个小项；2020年第三十二届日本东京奥运会，增加男子800米自由泳、女子1500米自由泳以及4×100米男女混合接力3个项目，游泳项目是奥运会上的金牌大户。

由于四年一度的奥运会游泳比赛已满足不了世界游泳运动发展的需求，为了更好地开展世界游泳运动，促进游泳技术交流，国际泳联从1973年开始，每两年举行一届世界游泳锦标赛，包括竞技游泳、跳水、水球、花样游泳等项目。此外，国际泳联还在世界各地举办世界杯赛游泳比赛、世界短池游泳锦标赛（自1993年始）等一系列游泳赛事。国际泳坛也涌现出一大批名将，如澳大利亚"鱼雷"索普、美国"水怪"施皮茨、日本"蛙王"北岛康介、美国全能游泳名将罗切特、俄罗斯短距离游泳之王波波夫、乌克兰的科洛奇科娃、澳大利亚的琼斯、美国的考芙琳等，极大地促进了游泳运动水平的提高。

我国的现代游泳运动自19世纪末在广东、福建、上海等地开始流行，但技术落后、发展缓慢。中华人民共和国成立后，随着群众性游泳运动的蓬勃发展，越来越多的儿童、青少年在业余体校、训练中心进行业余训练，将普及与提高紧密地结合起来，为国家输送了许多优秀运动员，使我国游泳运动水平迅速提高。

二、游泳的价值

（一）呵护生命

在每年炎热的夏季，户外温度一路飙升，水上游玩是很多人喜爱的降温和消暑方式。尤其是活泼好动的孩子，在好奇心的驱使下，经常不顾老师、家长的阻拦和告诫，结伴去野外游泳，致使每年夏季成为溺水事故的高发期。

随着家庭生活水平的不断提高，外出旅游已成为大多数家庭的休闲方式，自然形成的江河湖泊，人工构筑的水塘水库，都是我们生活环境中的寻常事物。在生活中我们不可避免地要与水打交道。无论主动下水游泳、玩耍，还是被动地失足落水、乘船发生意外，若不会游泳，生命安全就会受到威胁。据国家卫生健康委员会和公安部曾经公布的统计数据显示，我国每年有近5万名0~14岁儿童死于意外伤害，其中因溺水身亡的儿童高达两万名。

游泳是一项实用价值很高的运动，学会游泳可以防止溺水受淹，提高战胜自然的能力。如果会游泳，自身的生存就会有保障，不但可以自救，而且可以救人。因此，防溺水、保障生命安全的核心在于"自身学会游泳技能"。目前，我国已经有不少省市将游泳运动设为中小学的体育课程。

（二）强身健体

游泳在强身健体方面，也有积极的作用，具体表现在以下几个方面。

1. 增强心肌功能

在游泳时，人体的各种器官都被调动起来一起运动。一方面，游泳消耗的能量比较多，有助于促进血液循环，为器官提供更多营养物质，从而间接作用于个体的心脏，使游泳者的心脏机能活动出现节省化现象；另一方面，经常游泳能够让心脏得到很好的锻炼，使心肌发达，心脏负荷增强，心脏跳动频率加快，收缩能力增强，促进肌体的新陈代谢。另外，长期游泳能使心肌及血管壁增厚、弹性加大，心脏每搏输出量增多，从而使心血管系统功能得到加强。

2. 增强呼吸机能

由于水压的特性，游泳运动成为所有运动项目中对呼吸系统影响最大的一个项目。游泳过程中，游泳者所需要的大量氧气要通过增大呼吸深度的方法取得。经过长期游泳锻炼，一方面使呼吸肌变得强壮有力；另一方面可以增大肺的容量，即肺活量。研究表明，儿童在经过两年系统的游泳锻炼后，肺活量可提高74%，而仅进行陆上锻炼的儿童，肺活量只提高了23%。对于成年人来说，普通人的肺活量为3000~4000mL，而游泳运动员一般可达4000~6000mL，个别优秀运动员甚至高达7000mL以上。

3. 增强抵抗力

游泳锻炼能改善人体的体温调节机能，增强对低温的耐受力。所以，经常游泳的人，不容易感冒，内分泌功能和垂体功能得到提高，抵抗力增强。同时，游泳时人体大量消耗能量，为了保持体温，在中枢神经系统的调节下，动员肌肉和肝脏中所储存的能量来保证热量的供应，促进人体新陈代谢的加快，使身体功能得到改善，增强人体对外界的适应能力。

4. 健美形体

游泳属于全身运动，可以使全身都得到锻炼和塑造。首先，游泳时人可以利用水的阻力来增加运动强度，这种有氧运动，使颈、肩、脊柱、髋、膝、踝各关节及全身肌肉都能得到锻炼；其次，游泳时人体靠水的浮力托起，身体各部位适当放松，促使我们的身体全面协调发展，肌肉变得线条流畅；最后，较长时间的游泳主要是靠消耗脂肪来提供能量，因此，经过系统游泳锻炼的人，保持着肩宽、胸厚、背阔、腰细、体形匀称、肌肉饱满而富有弹性的健美身材。

5. 护肤美容

在游泳时，身体在水中受到的水流摩擦，起到很有效的按摩作用，再加上水中含有的矿物质和游泳池水的漂白作用，既能促进血液循环，又能加速表皮细胞的代谢，减少汗液中盐分对皮肤的刺激，使皮肤光滑有弹性。游泳后，抹上一些护肤霜，皮肤会更加洁白柔嫩。

（三）防治疾病

游泳运动集阳光浴、空气浴、冷水浴的特点于一体。长期游泳锻炼能增强机体适应外界环境变化的能力，抵御寒冷，预防疾病，所以，经常游泳者不易感冒。很多哮喘病患者也是通过游泳锻炼，增强了体质和对寒冷的抵御能力，进而减少哮喘的发作次数。

游泳时身体是平卧或平躺在水中的，这样就不会出现某一关节或骨骼单独承重，从而减少了运动劳损或由于重力产生的身体及关节变形的可能。在游泳时，尤其是仰泳和自由泳，需要颈部和腰部进行大幅度转动和屈伸，因此可以使腰椎和颈椎得到充分的锻炼。水中的无重力状态，使关节被充分地伸展，可以有效地预防和治疗颈椎和腰椎的疾病，所以游泳非常适合那些长时间呈坐姿的人群、肢体障碍人群和颈椎及腰椎疾病的康复人群。

此外，游泳尤其是室外游泳，由于阳光的作用，可以促进人体内维生素 D 的合成，维生素 D 有助于钙元素的吸收，从而可有效预防因缺钙而引起的佝偻病、骨质疏松等疾病。

水流和波浪会对全身产生特殊的按摩作用，因此游泳能帮助和促进机体功能恢复，对瘫痪病人和残疾人的康复很有帮助。对于身体瘦弱者和许多慢性病（如慢性肠胃炎、神经衰弱、胃下垂、习惯性便秘）等患者，经常游泳锻炼可以改善症状。很多康复中心都将包括游泳在内的水中运动作为治疗慢性疾病和恢复身体的重要医疗手段。

（四）促进心理健康

1. 缓解压力

现代社会普遍工作节奏快、竞争激烈，人们的心理和生活压力越来越大，如果不及时疏导和缓解，轻者会焦虑不安，重者则会产生抑郁、精神障碍等心理问题和疾病。因此，最真切的返璞归真、回归自然莫过于到碧水中畅游。浸在水中抛开一切，仅专注于游泳的技术动作会让你暂时忘却压力和烦恼，在水中放松身心，从而达到缓解紧张状态、松弛身体，使心情舒畅、精神愉悦，精力充沛，更好地进行工作、学习、生活。

2. 增进交际

游泳是一项很好的社交活动。游泳活动有时不拘泥于形式与内容，也不受年龄、性别等的限制。大家可以以团体、家庭等集体形式，也可以约上亲朋好友到水中嬉戏，还可以和志同道合的人畅谈，互相照顾，交流游泳技巧是非常令人放松和愉快的。

3. 提升自信

游泳能够鼓舞正面自我形象，提升自信。我们在学习游泳之初克服了在水中的恐惧感，有了挑战自我的突破感；努力克服学习中的呛水、寒冷、担忧、害怕，勇往直前地直到最后学成，收获那一份自信成功的喜悦；坚持游泳使我们的身体变得更健康，体形变得更完美，有了获得感和满足感；当我们感到疲倦或沮丧时，跳进泳池，可逐渐改善情绪、抚平心理，得到能够掌控整个身体和局面的这种如鱼得水的自信和幸福。

4. 锻炼意志

学习游泳要有勇气去克服对不熟悉环境下意识的害怕心理，进而掌握各种游泳技能，具备对付各种水情、风浪的能力。此外，游泳可以锻炼一个人的意志力，使人变得坚强，在困难面前不退缩，不能怕呛水、怕冷、怕累。如果一个人在水温面前都胆怯，那他还有什么勇气面对以后漫漫人生路上的苦难和荆棘呢？再者，游泳作为一项可以终身锻炼的体育运动项目，需要耐心和坚持，这既是对心智的锻炼，又是对毅力和恒心的考验。

三、游泳运动的特点

（一）独特的水环境

游泳是人体在水中进行的一种活动，与陆上截然不同，人们不习惯这种环境。因此，需要了解水的一些相关特性和游泳时水对人体产生的某些作用，使所有的游泳动作适应水的特点，达到事半功倍的效果，游得既快又远还省力，并让游泳者更有效地掌握技术。

1. 水的导热性

在相同温度下，水的热导率是空气的近23倍，人在水中远比在空气里更容易散失热量。人体在水中停留4分钟所消耗的热量，相当于人在陆地上1小时所消耗的热量；在水中游1500米消耗热量2092千焦，而跑5000米只消耗热量1610千焦，骑车10000米只消耗热量1539千焦。如果以走路的速度在水中游进，那么每游进1米所消耗的能量要是在陆地上走路的10倍。

2. 水的浮力

由于水具有不可压缩的特性（水在一般情况下经外界压力后几乎不缩小体积，即使增加500个大气压力，水的体积也才缩小4700万分之一），因此，没入水中的物体会受到一个向上的浮力，浮力的大小等于物体所排开水的重量。当一个60千克的人躺在水面时，水不但不会被压缩，反而会给人体反向的压力，这就是浮力。游泳就是人在水的浮力作用下产生向上漂浮，凭借浮力通过肢体有规律的运动，使身体在水中运动的技能。

3. 水的阻力和推进力

由于水具有黏滞性，任何物体在水中运动时，都要受到一个与物体运动方向相反的力，这个力就是阻力；阻力的反作用力就是推进力。决定游泳推进力大小的因素很多，有动作方向、路线、速度、节奏、频率等，但都须符合流体力学和人体结构的要求。同一物体以同一速度分别在水中和空气中运动时，水比空气的阻力要大800多倍，人类就是根据自身的条件，巧妙地利用阻力和推进力，不但能够学会游泳，而且能游得快、游得轻松。

4. 水压

人在水中游泳时得不到固定的支撑，就会有部分动量转移到水的流动上去，使动力分散而得不到像陆上那样的效果。水的流动性会产生水压，因此人在水中所承受的压力远比陆地上大得多。当水深没至胸部时，水压限制了肺的扩张运动，使肺活量减少8%~10%。同时，入水后身体受到了大于体内压的外部压力，这就增加了血液循环的阻力，加重了心脏的负担。

（二）不同的呼吸方式

游泳时，我们的身体一般在水中呈俯卧或仰卧姿势，其呼吸方式与陆上运动项目存在本质区别：出水时，头抬出水面，用嘴张大吸气；入水时，头在水中用口或鼻子吐气；在吸气和吐气之间有一段闭气的过程。同时，呼吸动作还必须在一定肢体动作配合的条件下有节奏地进行。

人在水中因呼吸关系，比重有差异，吸气时胸腔扩大，使排水量增加，比重相对减小，可使身体浮至水面；呼气时胸腔缩小，使排水量减少，比重相对增大，身体则沉入水中。所以，游泳时应尽量减少身体各部分失去水浮力作用的时间。这就要求游泳吸气时头部不应抬得过高或转动过大，时间也不应太长，应该快而充分。

（三）变换的运动姿势

在陆上体育运动项目中，人的身体一般以直立姿势进行运动，而游泳时，游泳者采用俯卧或仰卧的姿势（踩水、狗刨等除外）在水中进行运动。由于水的浮力和人体各部位比重的不同，人在水中运动时身体就形成不稳定的平衡，当身体姿势改变而失去原有的平衡后，通过身体姿势的调整，可重新获得新的平衡。

由于水中身体运动姿势的改变，人体空间定位以及大脑前庭分析系统也随之发生改变，使得人们在日常生活中所形成的走、跑、跳等身体基本技能在水中无法得到合理运用，从而给游泳学习者增加了难度。如在学习水中漂浮时，需要达到静力性平衡，要求身体的重心与浮心处在一条垂线上（可以不在同一点，但是重心必须在浮心的下面，否则就会产生翻转）。一般情况下，人体的重心约在骨盆上缘中间。而人体在水中成俯卧姿势时，由于胸腔的原因，人体下肢的比重比上身大，所以浮心靠近上身。如果重心与浮心不在同一条垂线上，就会出现上体上浮、下肢下沉的现象；当两臂前伸时，重心前移，相对浮心后移，使重心和浮心处在一条垂线上，而达到平衡。为了使身体保持水平和平衡，初学游泳时学习者一般先学习腿的动作（因为两腿动作能提供向后作用力和向下的作用力），掌握腿的动作以便使下肢上浮，维持平衡。

（四）特定的动力作用

水中的浮力、阻力、推进力等决定了游泳运动具有特定的动力系统。在水中，身体没有固定的支撑，只能利用水的浮力来支撑身体，游泳时水对身体运动所形成的支撑反作用力和升力推动身体向前游进。因此，游泳时要学会利用水的阻力，也要学会减少水的阻力，即有效动作（使人体能前进的动作，如划水、打腿动作）要充分利用阻力，无效动作（影响人体前进的动作，如移臂入水、滑行等）要充分减小阻力。

四、游泳运动的分类

游泳运动的内容是随着人类社会的发展、生产力的提高、社会物质财富的积累及人们对物质生活、文化、娱乐生活的要求而发展变化。时至今日，以游泳技术为基础的水球、跳水和花样游泳已从游泳中分离出来，成为独立的运动项目；而一些新的项目，如蹼泳、潜泳等正在兴起。根据功能和目的来分，游泳运动基本上可分为以下几类。

（一）竞技游泳

竞技游泳是指按照一定的规则和要求，以竞速为目的的游泳。竞技游泳有四种基本姿势，即蝶泳、仰泳、蛙泳和自由泳。由这四种姿势通过距离、组合方式的改变形成了不同的比赛项目。在2020年东京奥运会的游泳比赛中，本着"促进男女平等"的原则，新增了男子800米自由泳、女子1500米自由泳和4×100米混合泳男女混合接力3个项目，达到了37个正式比赛项目。

（二）大众游泳

大众游泳与竞技游泳不同，它以游泳动作为基本手段，注重锻炼价值，以增进身心健康和娱乐为主要目的。大众游泳不受姿势与速度的限制，不追求严格的技术规范，其形式简便、多样，适合男女老幼及不同体质的人群，很容易为人民大众所接受，并已经成为世界上参加人数最多的季节性体育活动项目。

我国正在实施全民健身计划，大力提倡参加游泳活动。国家体育总局推出的《全国游泳锻炼等级标准》和举办各类分龄游泳赛，即属于大众游泳的范畴，是促进大众游泳的有效措施。

（三）实用游泳

实用游泳是指直接为军事、生产、生活服务的游泳，包括踩水、反蛙泳、抬头蛙泳、侧泳、潜泳、水上救护、着装泅渡等非竞技性游泳。

五、游泳技术的力学基础

游泳是一项人在水环境中运动的体育项目。水具有压力、密度、黏滞性、难以压缩性和流动性,人运动时推动的是水,而不是固体物质,获得的推进力也比陆上小,身体在水中运动时所受到的阻力比空气阻力大,所以游泳的运动效率比陆上运动要低得多。因此,在游泳时要充分利用水的自然特性提高运动效率。

(一) 人体在水中平浮的条件

1. 人体在水中平浮现象的分析

人体的比重为 0.96~1.05。根据人体不同的比重,其可分为天然漂浮体、受呼吸制约的漂浮体和天然的下沉体。天然漂浮体是指无论是吸气、呼气、胸廓是否扩张均不影响其在水面的漂浮;受呼吸制约的漂浮体则是指在吸气时胸廓扩张身体才能漂浮,而呼气时则下沉;天然的下沉体指不管是否呼吸均下沉。人体浮力对游泳速度影响较大。

影响人体浮力的因素主要是身体密度、浸水面积和呼吸。身体密度取决于体脂百分比,体脂百分比高则浮力好,反之则浮力差。女子和肥胖者体脂百分比高,身体密度小于水,故浮力较好,而肌肉骨骼发达的青年男性则浮力较差。人体自身受的浮力可以通过呼吸和增减浸水体积进行调节。在深吸气时,胸腔体积扩大,排开的水量增加,所受落水浮力增大;在呼气时,胸腔体积缩小,排开的水量减少,所受静水浮力减小。浸水体积对浮力的影响是游泳中的一个技术问题。从严格意义上讲,人体浮力大小是人体完全浸泡在水中的结果,但实际上在游泳过程中,身体不可能完全浸泡在水中,甚至约 1/15 的身体是在水面上的,再加上必要的技术动作(如移臂),使身体的部分肢体露出水面,因而减小了身体的浸水体积。身体质量不变而浸水体积变化,浮力也会发生变化,且浸水体积减小则浮力减小。优秀的游泳选手在游泳时身体位置高,除了因为自身浮力好之外,游泳技术好也是另一个原因,且通过让身体纵轴与水面构成适宜的迎角可使身体位置升高。正确的游泳技术还包括掌握正确的呼吸节奏(快吸、暂憋、慢呼)和呼吸动作;尽可能地避免身体在游泳过程中离开水的支撑(如抬头呼吸等),即使是移臂动作也应尽量减少空中滞留时间,这样既可防止过分减小静水浮力,又有利于提高手臂动作频率;加快移臂动作必须做到手臂动作放松,以免造成身体其他部位的紧张和身体摆动。另外,在游泳教学与训练中,可利用增加或减小浮力设计练习手段,调节练习难度,提高练习效果。

2. 人体在水中平衡的条件

人体在水中的平衡取决于重心和浮心是否在一条直线上。由于身体结构的原因,身体各部分的密度分布不均,身体的质量中心和浮力中心并不在同一点上,这就很难使人体在水中保持水平姿势。当人体成自然姿势平躺于水中时,由于下肢的密度大于上体,下肢就会下沉,直到人体的重心和浮心处在同一条直线上为止。而下肢下沉的速度取决于浮心与重心之间的水平距离,不同的人浮心和重心之间的水平距离不同,下肢下沉的速度也不同。

为了使身体在水中保持水平姿势,游泳者可以将手臂置于头前,从而使重心向浮心靠近,以达到身体在水中平衡的目的。而对于重心和浮心水平距离较大的人来说,通过调整手臂位置还不足以保持身体平衡,此时就必须依靠打腿动作保持身体的水平姿势。因此,浮力差的游泳者更需要加强打腿练习。另外,使上体保持较低的姿势,也能提高腿部位置,从而确保身体的重心和浮心在同一直线上。

综上所述,充分利用水的自然特性是提高游泳技术效率的关键着手点。游泳时要顺应水的流体规律性,如水的压力、密度、黏滞性、难以压缩性和流动性。只有充分认识它们,才能从容地驾驭它们。而浮力是影响游泳速度的重要因素之一,通过呼吸和增减人体浸水面积对浮力进行调节,从而争取游进合理性的最大化。优秀的游泳选手在游进时身体位置高,除了因为自身浮力好外,更重要的是因为他们能较好地认识和利用水的各项自然特性,且掌握正确的呼吸节奏(快吸、暂憋、慢呼)和呼吸动作(口吸鼻呼),同时在游进过程中能尽量避免身体离开水的支撑(如抬头呼吸等),从而保持较高的身体位置。身体平衡是指身体的重心和浮心在一条直线上,它是游泳技术好坏的一个重要评判标准,通过手臂前伸、打腿以及保持较低的上体姿势即可实现这一目标。

(二)游泳时的阻力

游泳时,向前游进必须排开水流并从水中穿过,这一过程破坏了水的层流从而导致能产生游进阻力的湍流。虽然在游泳中无法避免湍流的产生,但可以通过改进技术减少湍流的形成。游泳选手在向前游进时,能使所获得的推进力大于游进时所遇到的阻力,所以其游进速度在不同动作周期里的变化取决于推进力和阻力的相对值关系。而游进速度越高,水的阻力对运动的影响就越大,因此,增大推进力和减小阻力成了游泳技术的核心。

1. 游泳阻力的类型

水阻力产生的原因是水流过物体时,会从层流变成湍流。而现实中水分子通常以平滑完整的水流形式存在,平滑的水流被称为层流(片流),被扰乱的水流则被称为湍流。

在水中,运动物体后面水分子盘旋流动的现象,被称为涡流。湍流区越大,涡流区也越大,涡流消失的时间也越慢,对物体运动速度的影响也越大;反之,湍流区越小,涡流消失越快,对运动物体的影响也就越小。此外,游泳阻力主要有三类,即形状阻力、波浪阻力和摩擦阻力。

(1) 形状阻力

形状阻力也称为压差阻力或旋涡阻力，是指物体在水中运动时引起物体前、后水流的改变（物体前侧是层流，而物体尾部是湍流或涡流），当流体的流速增加时，流体内部的压强减小（伯努利定律），物体前面压力高于后面的压力，从而形成前、后压力差。由于运动物体形状和运动姿势与阻力的大小存在对应关系，所以其也被称为外形姿态阻力。形状阻力的大小受物体的外形轮廓、运动姿态和运动速度的影响。物体外形轮廓决定了物体在水中所占的空间，其阻力大小受物体纵轴迎面相对水流所冲击面积的影响，即迎水截面；也受水流经物体表面所形成的水流速度非恒定变化并产生湍流程度的影响。减小形状阻力首先应减小迎水截面。由于每个人身体的迎水面都有恒定的值，所以减小迎面阻力的关键在于游进过程中能否保持这个值或尽可能不要增加太大（关于这个问题将在运动姿态中进行详细讨论）。经研究证明，迎水截面面积相同而外形轮廓不同的物体，运动时所受水的阻力是不同的，其中流线形所受阻力最小。由此可见，阻力小的形状（也称流线形）所具备的基本特征是：两头尖的形体，其阻力系数取决于长径与横径之比。在横径恒定的前提下，长径越长阻力越小，因其能使水流平稳地流向运动物体后面。值得注意的是，运动物体尾部的形状与运动物体局部形成的涡流大小有极密切的关系。

游泳时，游进中所受阻力的大小在一定程度上取决于产生湍流的大小，而影响湍流大小的因素是身体形状、运动姿势和游进速度。

手臂位置和姿势对身体形状的影响很大，不同的手臂位置对应不同的身体形状，其阻力值也会发生相应的变化。而手臂前伸姿势的不同也同样影响阻力的大小。实验表明，人体最好的流线姿势是身体伸展，脚尖绷直，手臂充分前伸，一只手压在另一只手上，两臂紧靠耳朵的滑行姿势。因为流线形的身体姿势会使身体前部水分子的运动方向逐渐改变，而这些逐渐改变方向的水分子只对临近数量不多的水流造成影响，所以产生的湍流不多，且水流经尾部时水分子能马上复原，使有限的涡流区立即消散。

运动姿态影响游泳阻力，即使是流线形物体，如果其在水中不能保持水平的运动姿势，也会导致物体在水中的迎水截面增大，从而使受到的阻力增大。由此可见，运动物体只有好的外形轮廓是不够的，还应考虑物体运动时的姿态。不同的运动姿态其迎水截面不同，迎水截面小则阻力小。因此，物体运动姿势一定要保持尽可能小的迎水面，这样运动时的形状阻力才能减小。经研究表明，当身体俯卧姿势与水平面构成不同的角度时，所受阻力的大小也不一样，身体某部分变化也会增大形状阻力，如头露出水比头不露出水的阻力增大约36%。当身体在水中不能保持水平姿势，或身体在水中左右摆动幅度过大时，阻力会急剧加大。其原因是身体迎水面积增大，占据了较大的空间，扰乱了较多的水流。为了减小形状阻力，在游泳时应调节相应的身体姿势，使身体形状和身体运动姿态处于最佳状态，即保持以尽量小的迎水截面对水，占据尽量小的空间的流线形身体姿势。具体要求有：一是在出发和转身后的滑行阶段，身体应成两头尖的流线形体，运动姿势平直，以保持滑行速度和增加滑行距离；在游进过程中，防止手臂在体侧停留而使肩部暴露，进而导致形状阻力增大；当进行蛙泳收腿和向前伸臂时，要尽可能减小动作过程中的迎水面，在伸臂和蹬腿动作结束时，手臂和腿要伸直并拢；在进行爬泳、仰泳和蝶泳时，手臂入水的动作和打腿动作都要控制在肩宽以内，腿部上、下打水动作应采用小幅度的技术，避免增大形状阻力。二是在不影响推进力的前提下，尽量使身体保持水平姿势。三是尽管身体牵引试验证明俯卧姿势受到的形状阻力小，但实际上运动员在游进过程中，很难保持俯卧的身体姿势。由于游泳过程中对推进力的需要，在每个动作周期中，身体姿势需要不断变化，从而使水流的形状也不断变化，这都会使潜在的对抗阻力增加，为了在减小阻力和增大推进力之间寻求平衡，爬泳和仰泳通过身体的滚动，而蛙泳和蝶泳则通过身体的小波浪动作，降低身体因臂、腿动作在产生推进力的过程中形成的阻力，而正确的臂、腿动作，在产生推进力的同时也能使身体直线游进。

运动速度对游泳阻力的影响，表现为物体在水中静止时只受到重力与浮力的平衡影响，因为此时四周水流没有改变，一旦物体运动，即破坏了层流而产生湍流和旋涡，则阻力随之成比例增大，阻力与运动速度的平方成正比。虽然游进速度越快阻力越大，但实际游泳过程中不能为了降低阻力而降低速度，因为不论是健身游泳还是竞技游泳，都是通过速度保持锻炼强度或夺取比赛胜利的。因此，游泳只能是在不断提高速度的前提下，尽可能地实现技术最优化而减小阻力。

（2）波浪阻力

物体在水与空气的共界面上运动时，由于两种流体密度不同，物体在运动时破坏了水的平衡，并使水向空中涌起，使其形成波浪（水面湍流）。人体在游进时也同样会产生波浪，即当肩、臀部以及头和躯干做水平和垂直运动时，就会产生波浪。波浪是身体做功的结果，因此，在产生波浪的过程中就消耗了能量，消耗的能量又以波浪产生表现出来，称其为波浪阻力。波浪阻力在人游进速度不快时，阻力作用不大，但在高速游进时，运动员头部和肩部前面的波浪就会变得很大，从而形成弓形波或梯形扩散波，这是运动员在快速游进时的最大阻力。

波浪的大小与运动速度、身体姿势和技术动作有着密切关系，因此，可把游进过程中波浪形成的大小，作为鉴别游泳技术优劣的一项重要指标。在游泳时，最常见的是头前浪，在游进时头部向侧摆动或身体上下起伏都可使头前浪增大。因此，这就要求游泳选手在游进中保持身体呈流线形姿势，速度均匀，身体平稳；移臂动作放松，向前性好，在手臂入水时应以手掌侧先入水，减小手掌入水时的挡水面；出发转身后的滑行宜在水下30cm深处进行，从而可有效减小波浪阻力。

在训练、比赛中，尾随另一运动员游进可节省体力，因为在前一运动员的涡流中游进无须付出很多体力就可保持一定的游速。

（3）摩擦阻力

物体在水中运动时，由于水具有黏滞性，有一部分水会黏附在物体表面随物体游进，并且这些水会与其相邻层流产生摩擦，这种状况在层层水流之间持续不断地发生，直到物体离开水流一定距离后，摩擦作用约束力才会消失。物体所受摩擦制动力的总和，称为摩擦阻力。紧贴物体表面，并与其一同游进的水流称为边界层。

体表摩擦阻力，会受到体表面积、体表的光滑程度和运动速度等因素的影响。尽管摩擦阻力对游泳速度的影响较小，但在激烈的游泳竞赛中，往往百分之一秒便决定了胜负。因此，摩擦阻力的存在仍然不可忽视。为了尽可能减小摩擦阻力的影响，目前主要从两个方面着手解决这一问题：一是游泳服装（泳帽）的革新，主要体现在游泳服装的面料和设计上，选择薄而光滑的面料制作紧身、舒服的泳装；二是剃光头、刮体毛和涂减阻油，这些也在一定程度上减小了摩擦阻力。

理论认为，人体在游进时的流体总阻力是摩擦、波浪和形状阻力之和。经研究证明，三大阻力与游速的比例关系是不同的，摩擦阻力与游速呈线性关系，形状阻力与游速的平方成比例关系，而波浪阻力则随游速的3次方变化。由于人体不是完美的流体力学体系，在不同的游速下三大阻力值对总阻力的贡献率是不同的。摩擦阻力是沿着人体表面分布的，在层流时它的总阻力贡献率较大。随着速度的提高，沿人体表面的层流转变为湍流，摩擦阻力对总阻力作用减小。而波浪阻力，则随游速的增加而增大。在游速为2.0m/s或以上时，波浪阻力可能达到最大值，其增幅也最大。由于波浪阻力随游速的3次方变化，所以其也是影响流体总阻力不可忽略的成分。但绝大多数研究发现，游体总阻力与游速的平方成正比，说明在游泳中形状阻力仍然是最大的阻力。

在游进过程中的每一个动作周期里，游进阻力与推进力的相互制衡始终都在起作用。这表现在游泳者每个动作的实际速度上，这些速度都是由"起动—加速—降速"这种非匀速的位移所构成的。而身体的重力与浮力的差异对形状阻力和波浪阻力的影响也以隐蔽的方式参与了游进阻力与推进力相互作用和相互制衡的全过程。

2. 游泳阻力的形式

在游泳中，人体运动受阻力影响的形式有两种，即静态阻力和动态阻力。其中，静态阻力是指采用固定的速度牵引人体时所受的阻力，也称为被动阻力；动态阻力是指人体在水中游进时所产生的阻力，也称为主动阻力。要使静态阻力减小，应保持身体的流线形，而要使动态阻力减小则要复杂得多，经研究证明：身体形状对动态阻力没有影响，动态阻力主要受身体运动生物力学系统的影响，即受运动速度和动作的内部结构、节奏等因素的影响。人体在水中运动时是不可能完全匀速的，实际上是时快时慢。速度变化越大，动态阻力就越大；体重越大，动态阻力也就越大。在用同一速度游泳时，增加或减小动态阻力的位置改变与游泳技术有关，合理的技术体现在游进阻力小、推进力大和能量消耗节省化三个方面。如蛙泳的收腿是蹬腿的准备动作，没有收腿动作就蹬不了腿，收腿时所产生的阻力即动态阻力，为了不使动态阻力过分增大，对蛙泳收腿动作就有较多技术要求；用爬泳和仰泳游进时常出现左、右摆动的身体姿势，这也是动态阻力增加的一种现象，用这种身体姿势游进比用身体滚动的直线游进的阻力要大得多。前者说明，正确的技术也会产生动态阻力，但这种动态阻力是为了获得推进力而伴随产生的，在处理推进力与阻力两者之间的关系时，应着眼于追求净推进力的最大化；后者是由于错误动作而导致动态阻力的增大，应依靠技术的不断改进、提高技术质量、增强技术控制能力加以克服和避免，从而将动态阻力降低到最小。由此可知，用力大并不一定会提高速度。游泳速度的提高在于增大推进力、减小阻力，其关键是提高技术效率，而不是追求最大功率值。如蝶泳与蛙泳动作周期中最大速度与最小速度之差的大小是形成动态阻力的主要因素，所以蝶泳和蛙泳速度的提高应着眼于在一个动作周期中尽可能地降低速度下降值，而不是单纯追求最大速度。

在研究优秀游泳选手的游进速度时发现，浮力和力量之间的差异很小，其对成绩的影响也小，而导致他们之间游泳速度差异的主要因素是游进时所受阻力大小的不同，即他们在减小阻力方面的能力存在差异。游泳速度的提高取决于技术和体能两个方面，而改进技术、提高动作效率是提高游泳速度最经济的途径。

（三）游泳的推进力

1. 游泳推进力的理论

关于游泳推进力最初的观点是，推动人体游进的动力是牛顿第三定律，即作用力与反作用力。为了获得水的反作用力，手臂应直线向后划水以产生推进力。然而，通过水下摄影发现，当运动员用手臂划水时，手并不是在身体中线下直接向后划水，而是采用屈臂和伸臂交替，划水路线呈"S"形，曲线划水是为了划到相对静止的水或流速较慢的水，这比直线向后划流动的水更省力、更有效。这一理论直到1971年美国康西尔曼博士通过在黑暗游泳池拍摄运动员在水下划水时的手指光点轨迹才得以证明，拍摄时发现运动员的划水路线与以前所看到的完全不同，运动员在水平和垂直方向上所做的曲线划水运动要比向后运动多。游泳选手在水下的划水动作是由水平和垂直方向的运动构成的，这就使得人们对牛顿的作用力与反作用力定律是人类游泳推进力的主要机制产生怀疑。在解释曲线划水产生推进力的过程中，康西尔曼提出了升力推进理论。他认为：人体手的形状与机翼近似，所以手掌能以类似机翼产生推进力的方式产生升力，游泳的推进力也许来自伯努利定律的应用。根据伯努利定律，在游泳划水时，手背部的水流速快，这样在手背和手掌之间就形成了压力差，从而产生了一个升力。这个升力与手受到的阻力形成推动身体前进的合力。

20世纪90年代初，人们在游泳实践中逐渐发现，关于游泳推进力的解释存在着偏重伯努利定律而忽略牛顿第三定律的现象。其中，人们忽略了手臂对水方向的改变进行斜向的划水和打（蹬）腿动作，通过在对角线方向用力，同样可使水转向后流，获得有效的反作用力。为进一步解答游泳推进力中升力推进与阻力推进的关系，研究者进行了多项实验研究，根据实验结果提出了以下观点。

根据伯努利定律，攻角（由手掌与其运动方向所形成的倾斜角度）对增加手上、下方的压差（产生升力）起着重要作用。然而，近十几年的一些实验研究发现：手掌的形状并不像描述的那样是一个升力面。水从手的上方经过时，水流湍急以至于水的边界层无法维持原始状态而产生分离。边界层分离现象的存在说明，游泳选手的手不能像机翼那样产生升力，而手掌表面更容易产生阻力推进；手掌在40°~90°的攻角下，产生的阻力系数和阻力值都远大于升力系数和升力值，且只有在10°~30°时升力系数和升力值大于阻力系数和阻力值，而游泳选手在实际划水过程中攻角的变化一般为40°~70°。这些研究使人们更加深信，牛顿第三定律是人类游泳推进力的可靠依据。

美国游泳专家马格利索博士也认为：牛顿第三定律在解释游泳推进力方面的作用比伯努利定律更大一些。以曲线运动使水向后移动并推进身体前进的概念相对来说比较容易理解，而且更加准确地描述了推进力的产生机制与划桨推动船只的方式相似。游泳选手在划水过程中仅靠尽力划水是不够的。相反，在整个划水过程中，手臂必须灵活地改变其运动方向，以使"流体反作用力"的矢量尽可能接近游泳方向。在划水过程中改变划水方向的另一个目的是划动相对静止的水或流动速度较慢的水，从而获得更大的"流体反作用力"。一旦运动员将水推到后面，他就获得了动量，此时应加快手的划水动作，使手能够继续推住水。运动员在一段划水中获得足够的推进力后，就会改变手臂的方向，去推动另外一些尚未被扰乱的水分子。这样划水至少有两个好处：一是不必用很大的力量使手臂加速动作，因为其推动的是相对静止的水；二是可以延长推进力阶段。

当前，关于游泳推进理论还存在争论，除了"阻力推进理论"和"升力推进理论"以外，还有"涡流推进理论"，这说明人们对游泳技术力学问题的认识仍受到科学技术发展水平的限制。相信随着科学技术的进步，人们对游泳技术原理的探索和认识会更加深入。

2. 游泳推进力的增大

阻力与推进力是两个方向不同、性质一样的力，增大游泳推进力应增加手臂划水和打（蹬）腿的阻力（作用力），从而获得水给予的"流体反作用力"。由于水不能像土地那样给予人体运动固定的支撑，所以在讨论推进力时，就必须研究水的自然特性，提高游泳技术效率。

（1）动作对水面

根据阻力公式，挡水面大产生的阻力就大。游泳选手为了尽可能地最大化阻力对推进力的贡献，在手掌划水和打（蹬）腿过程中，就以尽可能大的对水面向后推水来实现。因此，增大四肢划水面积是产生推进力的基本前提，而手臂划水（以肩关节为转动轴做复杂的弧形曲线运动）对推进力的贡献是最大的。由于手掌距肩关节最远，且形状的阻力系数大，根据圆周运动中线速度的公式和阻力与速度的平方成正比的原理，手臂划水时反作用力的合力中心在高于手腕5~7厘米处。游泳选手在划水过程中不仅仅是手掌在划水，而是整个手臂都在划水。有关研究认为：尽管人的前臂在划水中的运动速度比手慢，但它对手臂划水推进力的贡献为15%~38%。由此可见，手掌和前臂所产生的推进力是最主要的，其次是上臂。但要保证这一点，还取决于肘关节的位置，只有保持肘关节高于手掌位置才能最大限度地使手臂挡水面增大。高肘屈臂动作（仰泳时是低肘）是手和前臂以肘关节为轴的划水动作，它是游泳手臂划水动作的核心技术。高肘屈臂划水不仅增大了手臂划水面积，更重要的是延长了有效划水路线。因此，要增大手臂划水面积就必须充分发挥手掌和前臂的作用。有关研究发现：近20年来，游泳运动成绩大幅度提高与游泳技术的不断改进有着必然联系，其中一个因素是游泳选手手臂（包括手掌和前臂的对水面以及上臂做内划时的对水面）划水时的对水面明显增加。

手臂在整个划水过程中，对水面是有变化的，在肩前划水是逐渐增大对水面，通过屈腕、屈肘动作使手掌和前臂依次对水，划至肩下时屈肘最大，且对水面也最大。肩后的推水则是逐渐减小对水面的过程，通过伸肩、伸肘，最后伸手腕完成向后推水动作。在整个划水过程中，手臂各环节的协调运动能使各环节依次达到最大速度。这样也可使手臂肌肉避免过多的负荷，而以更经济的方式做功，尤其是肘关节屈、伸变化的划水方式会使手臂划水过程的"流体反作用力"逐渐增加。

（2）动作方向

手臂划水动作的轨迹分为动作轨迹和运动轨迹。动作轨迹是手臂动作相对身体的运动路线，其主要是作为陆上示范动作，向学生展示不同泳式的划水路线。运动轨迹是游泳时手臂划水动作的实际路线，它真实地反映了手臂划水的动作方向。

研究表明，游泳时手臂划水的运动轨迹远没有传统理论所描述的划水运动轨迹弯曲，其原因主要有以下两个方面。

第一，传统理论所描述的手臂划水时的运动轨迹是手指尖的运动轨迹，而手臂划水的压力中心在前臂中段高于手腕5~7厘米处，此处实际获得的推进力比手的推进力更大。以手臂划水压力中心点的运动路线作为手臂划水的运动轨迹就没有手指划水轨迹弯曲。

第二，在游泳时游泳选手随着身体转动控制着手臂划水路线，从而尽量减少侧向运动，使其向后划水，这有利于前臂的对水面积增大，从而产生更大的阻力推进力。正是对手臂划水运动轨迹的研究，促使人们重新认识了游泳推进力。

水具有流动性，因此，人在水中运动时难以获得固定的支撑，这就需要通过改变动作方向以求得相对静止或流速较慢的水的支撑，以提高推进效果。

在对游泳选手的划水动作进行分析后发现，游泳时手臂会像船桨一样向斜后方划水。游泳选手通过斜向划水可以以较小的力在每个划水点上，使手臂和腿与流速较慢的水相互作用。因此，游泳选手可以在较慢的频率下，通过推动一些缓慢的水，以较少的肌肉消耗获得更长的划步。虽然斜向划水会产生分力，但与直接后划相比，其在划水阶段会使大量的水向后流，而使肌肉力量消耗较少。实验证明，斜向划水在每一个划水周期，其推进力比直接后划所产生的推进力只降低了很少一部分。然而，斜向划水通过增加划步和降低频率保存了相当数量的能量，这足够补充损失的推进力。由于手臂在做斜向划水的过程中，身体在手臂的上方并向前运动，所以手臂向后划水的轨迹就不明显了。

游泳选手通过逐步改变运动方向来克服四肢的惯性，减少肌肉能量的消耗。根据惯性定律，在较长一段距离里逐渐改变运动方向所需的力较小，而在一小段距离内迅速改变运动方向，则要施加额外的肌肉力量，这种突然改变划水方向的行为极易在身体上产生扭矩，从而导致身体摆动，破坏身体的流线形，增加游进阻力。

游泳时肢体的动作轨迹呈三维曲线，不同泳式的肢体水下动作运动轨迹不同。同时，手臂划水的动作轨迹也存在个体差异，即不同的人手臂划水的动作轨迹是不同的，这取决于每个人的水感和技术风格。

（3）划水攻角

游泳推进力是以阻力为主导的，为了使划水过程中的阻力最大化，游泳选手本能地选择了合适的划水攻角，同时手臂会如船桨般向后划水。对优秀游泳选手手臂划水动作与速度的关系研究发现，在手臂划水产生推进力阶段，手的攻角较大（大多数游泳选手为50°~70°）产生的阻力推进力也较大。

划水时手臂倾斜和向后划水的攻角与推力的生成有着必然联系。试验证实，当手臂向后划水的攻角接近90°时可获得最大推进力，游泳选手也认为，划水时手总是与划水方向垂直，但从划水的运动轨迹来看，手划水的真实攻角要小于90°。在产生推进力阶段，手臂划水攻角实际为50°~70°，因为在这个范围划水能很好地利用阻力推进。斜向划水的适宜攻角是为了把水尽量向后推，以便减少分力的影响。由于手臂划水路线是三维曲线，所以需要运动员在每次改变动作方向的同时，调整手臂的动作，从而使划水的每个阶段都能形成最有效的角度。

(4) 动作速度

由于阻力与速度的平方成正比，所以在游进时臂、腿的动作速度就成为决定游泳推进力极为重要的因素之一。为了保证在每个划水点都能获得推进力，在不影响合理的划水方向和角度的前提下，必须加速划水，并使划水动作速度超过被划的水和身体游进的速度。手臂划水动作不是一个匀加速过程，运动员划水的动作速度从头到尾都不稳定，且在划水的不同阶段和不同方向上都是变化的，而加速划水是对划水动作的总要求。动作速度的变化反映了手臂划水和打（蹬）腿动作的内部节奏的规律，在不同划水阶段，由于手臂的对水面、角度不同，所遇到的阻力也就不同，划水的动作速度也会相应发生变化。

动作速度是动作频率的保证，加快动作速度必然会提高动作频率。从近几年对游泳成绩的分析来看，竞技游泳成绩的提高主要是因为划水效果的改善和比赛各阶段技术的改进（如出发、转身等），而动作频率对成绩提高的贡献不高。这种现象在一定程度上说明，动作速度的提高必须建立在不影响划水质量的前提下，而划水效果是提高游泳运动成绩的核心。

(5) 躯干和腿部动作产生推进力的机理

躯干和腿部动作产生推进力的方式，主要体现在两个方面。

① 躯干和腿的动作直接产生推进力

蝶泳、仰泳和爬泳都是采用上、下打腿的动作。向下打腿时，虽然运动方向是向下（仰泳则是向上踢水）的，但膝关节由于受大腿的反向运动和水压力的双重作用而弯曲，从而使小腿与水面形成一个攻角，小腿前部的对水面在向下打腿时，能将水推到后面，从而获得向前运动的推进力。蝶泳打腿时除了腿部的作用外，躯干的波浪动作也能够产生推进力，这一动作实质上是人类模仿鱼类的摆动动作。蝶泳打腿时躯干动作沿身体纵轴由前向后传递的力使躯干和腿形成波浪式摆动，在摆动过程中像鱼在水中的波浪动作一样能够使水后流，从而获得向后流水的反作用力使身体向前游进。由于膝关节的结构限制，向上打腿是直腿打水，这样就限制了打腿的推进作用，所以，要想通过游泳打腿动作产生向前的作用只能向下打腿（仰泳是向上踢腿）。有关研究发现，蝶泳、仰泳、爬泳打腿产生推进力的阶段是向下（仰泳向上）打腿的前半段，此时身体前行较快，因此，打腿时应避免动作幅度过大，以免增大身体的形状阻力。而踝关节的柔韧性和打腿时的肌肉放松程度也影响打腿效果，踝关节的柔韧性好则容易形成良好的对水面，提高腿打水的效果。所以，应尽量利用流体与柔软物体之间作用的这一特性，提高踝关节的柔韧性，并使肌肉最大限度地放松，从而获得尽可能大的推进力。

蛙泳腿部动作是以蹬腿动作产生推进力的。由于收腿产生阻力，蹬腿产生推进力，必须处理好这两者之间的矛盾，才能获得尽可能大的净推进力。

②躯干保证手臂划水和打腿产生推动

在游泳中起固定肢体划水和打腿动作的作用，从而保证手臂划水和打腿所产生的力能有效地推进身体游进。游泳选手在游进时，由于对推进力的需要，身体并不是完全的俯卧姿势，而是通过躯干的配合来提高臂、腿动作的效果，如波浪式蛙泳重视游进时的躯干动作，旨在提高划臂和蹬腿的力量；再如，爬泳、仰泳游进时身体通过绕纵轴左右滚动以维持身体的流线形，从而使手臂划水处在一个有利的位置，并方便移臂。身体滚动时所产生的阻力对保持交替运动中身体姿势的稳定起着重要作用。

打腿动作对游泳的推进作用因人们观念的改变而越来越受到重视。经研究发现，在完整配合泳中游泳选手臂、腿动作对推进力的贡献各不相同。一些游泳选手在完整配合泳中，打（蹬）腿对推进力的贡献约占12%，而另一些游泳选手在游进时，腿部动作实际上不产生推进力。

综上所述，正确的游泳划水动作是屈臂和伸臂交替，划水路线呈 S 形，且一定要划静止或水流速度相对较慢的水，这样才能有效节省体力，同时延长划水路线；最佳手臂划水功角是 40°~70°，在划水过程中，手臂必须灵活改变运动方向，划动相对静止或流动速度较慢的水，才能使"流体反作用力"的矢量尽可能地接近游泳方向；手臂划水的压力中心在前臂中段高于手腕 5~7 厘米处，在此处所获得的推进力比手的推进力大；在不影响合理划水方向和角度的前提下，必须加速划水，并使划水速度超过被划的水和身体游进的速度；动作速度的提高必须建立在不影响划水质量的前提下，而划水效果是提高游泳运动成绩的核心。

（四）流体力学理论对游泳教学与实训的指导

1. 水中平浮理论对教学的启示

第一，最大化地增大浮力和最大化地维持身体的平衡是初学游泳过程中最根本的教学目标和任务。

第二，实现这一目标和任务的三个途径是：正确的呼吸技术和节奏、良好的平衡漂浮、身体协调放松。这三个要求是整个游泳教学的基石，并将贯穿游泳教学与训练的始终。

第三，让学生务必掌握正确的呼吸节奏（快吸、暂憋、慢呼）和正确的呼吸动作（口吸、鼻呼）；也务必掌握正确的打腿动作，高度重视打腿练习，这是因为打腿是维持身体平衡的重要条件。同时，加强学生的身体平衡练习，在练习时要尽量拉长、拉平身体。另外，也要让学生学习、掌握拉高身体位置的方法（身体纵轴与水面构成适宜的迎角会使身体位置升高）。

第四，拉高身体位置不是通过抬头来实现的。因此，头部一定要平放在水面下，且后脑发际接近水面或稍露出水面。

第五，让学生养成加快移臂动作的习惯，且在加快移臂动作时必须做到手臂动作放松，以免造成身体其他部位的紧张和摆动。

第六，在游泳教学与训练中，可利用增加或减小浮力的练习手段，调节练习难度，提高练习效果，且在实训过程中要注意各项技术的规范和正确性。

2. 游泳阻力理论对教学的启示

游泳教学与训练的中心、重点和方向是培养学员正确的、良好的游泳姿态（良好的身体流线形）和向前意识，并通过规范和改进技术提高动作效率，同时不断强化学员对水自然特性（规律）的认识。在教学上可以采用充分调动学员各感觉器官主观能动性的手段——感觉教学与训练法。所谓感觉教学与训练法，就是通过教师或教练生动形象的语言提示和描述以及正确的规范动作示范或高品质的影像资料等对学员的听觉和视觉器官予以刺激，让学员初步建立动作概念，再通过相关的陆上练习手段使其建立正确的肌肉感觉。

3. 游泳推进力理论对教学的启示

在实际教学过程中，对初学者尤其是儿童来说，教师不必讲得太专业和太详尽，要尽量做到精讲多练。同时，不论是儿童、成人还是业余休闲健身、专业竞技人士，都要紧紧抓住保持"流线形身体姿态"这个重点。认真学习并掌握正确的划水角度及方向，爬泳、仰泳时沿身体纵轴的滚动技术和 S 形划水方式，且这些技术可以通过各种辅助练习手段在初学时加以培养，以便在游进时最大限度地增大游进阻力推进力，并规避负面阻力。

六、游泳运动的生物学基础

（一）游泳时肌肉的工作特点

人体骨骼肌包括两种肌纤维，即快肌纤维（FT）和慢肌纤维（ST），快肌纤维又分为 FTa、FTb 和 FTc 三种。这两种肌纤维在人体骨骼肌中的百分比受遗传的影响较大（遗传度为 96.5%）。慢肌纤维收缩慢，有较强的有氧供能能力，且一般在低强度负荷中被集中使用，所以慢肌纤维比例高的运动员比较适合长距离游泳项目；而快肌纤维收缩快，容易疲劳。因此，快肌纤维比例高的运动员适合短距离游泳项目。运动员通过训练、改进技术和提高比赛能力也可以改变这一现状。

不同类型肌纤维的使用取决于动作的用力大小，而不是动作速度。中枢神经系统根据游速的要求会发出不同的冲动频率，并动员相应类型的肌纤维参与工作。如对于中等和中等以下强度的动作，只需慢肌纤维参与工作，维持运动，此时快肌纤维不参与做功,当强度继续加大时快肌纤维参与工作的数量逐步增加。在接近极限负荷前（相当于最大摄氧量负荷的80%~85%或极限负荷的70%~75%），主要由FTa参与工作,随后FTb参与工作,到达极限负荷时,所有类型的肌纤维参与工作（不是所有肌纤维）。游泳没有达到最大摄氧量之前,FTb型肌纤维不会全面参与工作。

虽然研究证明训练能使相应的肌纤维增粗,酶活性增强,如短冲训练可提高慢肌纤维的收缩速度及收缩力量,长距离训练可提高快肌纤维的有氧能力,但这只是肌纤维自身能力的适应性提高,而不能增加其数量或使其转变成另一类肌纤维。也有报道表明,训练能够使肌纤维类型发生转变,但这多限于在耐力训练后FTb转变为FTa,而想通过训练使慢肌纤维转变为快肌纤维是不可能的。

游泳通常是由几块肌肉协作直接产生力量,而其他肌肉主要对固定身体起间接作用。神经系统在此起协调作用,且神经调节的改善是决定肌肉力量大小的生理因素,它不仅使参与工作的肌群更加协调,还能动员更多的肌纤维参与工作。游泳是上肢用力,下肢在打（蹬）腿、出发蹬台和转身蹬壁时用力。参与游泳划水动作的肌肉进行的是克制性的动力工作,且划水各阶段肌肉用力大小相差不大,动作速度的变化也不明显。根据游泳过程中肌肉的力在强度和速度上所表现出的特点,可确定游泳属于等动性肌肉动作。

在游泳时,由于人体在一个流动的环境里运动,利用腰腹力量能够使运动员在水中保持较好的流线形姿势,从而减小阻力,一方面有利于技术更为有效地发挥,另一方面也有利于防止伤病。

虽然力量是决定游泳成绩的重要因素,但力量并不意味着较快的游泳速度,肌肉力量必须有效地应用在水中才能产生推进力。因此,在游泳专项力量训练中,应紧密结合专项技术特征和运动选择并设计练习手段与方法,提高力量的转化效率,只有这样力量才能成为决定游泳成绩的关键因素。

（二）游泳的供能

肌肉工作的直接能源是三磷酸腺苷（ATP）,由于肌肉中储存的ATP不多,且仅能维持十余秒的运动时间,而对于游泳运动员来说,供全力也只能游25米左右。因此,仅靠肌肉中的ATP是不能维持持续运动的,这就需要重新合成ATP供给肌肉运动。合成ATP的系统有两个,即有氧供能系统和无氧供能系统,其中,无氧供能系统又分为糖酵解供能和磷酸肌酸供能。运动时动用哪个供能系统取决于运动强度,不同运动强度（或运动距离）所依赖的主要供能途径不同。短距离游泳时肌肉消耗的能量接近安静时的200倍,运动的维持主要依赖乳酸,其鲜明的标志就是乳酸急剧升高。通常,血液中乳酸急剧增多时的运动强度称为无氧阈,而最新研究认为,无氧阈前后氧供应都是充足的。因此,氧缺乏并不是乳酸增多的唯一原因,且有观点认为,糖酵解过程中葡萄糖转变为

ATP 的限速步骤更为重要。当 ATP 需求增多而储备耗竭时，生成乳酸是产生更多 ATP 的一个较为快捷的方式，虽然这一过程中氧气没有直接参与，但如果没有氧的参与，乳酸的形成、糖酵解就会受到限制。

由于乳酸可以自由转换而不需要消耗能量，并且大量的乳酸被认为可以在训练或训练之后被氧化，所以有观点认为运动能力的下降并不是乳酸堆积所造成的，而是与 H^+ 堆积造成的酸中毒有关。训练可以提高血液和组织内的碱储备（无氧能力的训练更有效），通过碱对酸的缓冲作用，可以提高机体在乳酸和自由基存在下的工作能力。

研究表明，训练后人体内肌糖原的含量明显低于训练前的水平，而这正是运动员训练后产生疲劳的关键原因，在训练开始尽早获取葡萄糖，可有效地促进训练过程中肌糖原的再合成。

耐力项目最主要的供能系统是有氧供能系统，其需要机体有较强的向肌肉运送氧的能力。由于机体几乎不能储氧，且血液流经肺脏时吸收的氧可以看作有氧代谢所消耗氧的直接反映，通常最大摄氧量的值是测量心肺耐力和有氧能力的最佳指标，因为它表示心血管系统的最大能力和有氧系统供能潜力，同时可以通过测定摄氧量来精确估计有氧代谢的速率。

通常肌纤维内的糖原不足以提供数分钟或数小时的 ATP，因此，这就必须依赖肝糖原分解成葡萄糖供肌肉运动用。随着运动持续时间的延长，脂肪代谢供能的比例随之加大，脂肪可以为长时间训练或中、长距离游泳运动提供能量。在以低于最大有氧强度的强度游泳时，脂肪可以提供 30%～50% 的能量。由于脂肪代谢释放能量的速度很慢，不能使运动员达到较快的游泳速度，所以在 1500 米的比赛中，运动员主要依靠糖原供能，脂肪代谢比例很小。但脂肪供能的意义是，脂肪代谢在游泳训练和锻炼中可提供再合成的 ATP 能量，给中等速度、长距离的游泳活动供能，并减小肌糖原的使用比例。训练可以提高脂肪代谢产生的能量，从而减小对肌糖原供能的需求。这一过程意味着长时间游泳后，运动员仍然保留着可供快速游泳使用的肌糖原；脂肪代谢能力的提高还可以逐渐减少肌糖原的消耗，使运动员能够保持连续几天的高强度训练。

蛋白质是机体的主要构成成分，并且有助于组织的修复，在较高无氧强度运动中还能起到缓冲酸性物质的作用，从而控制肌纤维内的酸度。蛋白质也可提供能量以合成 ATP，但像脂肪一样，蛋白质供能的速度很慢。事实上，蛋白质供能是最慢、最不经济的一种供能方式。

通过游泳技能的提高来减少能量消耗，主要的方式是利用减小阻力、提高技术效率，所以游泳运动员的成绩受技术的影响程度超过受摄氧量的影响。经研究发现，相同速度的四种泳式，其能量消耗不同，蛙泳的耗能量最大，爬泳最小。这一特征是各泳式训练的基础，也是设计训练中各泳式训练分量等的重要依据。

心血管系统功能增强的一个鲜明特征是定量运动中的心率降低。呼吸功能的增强加大了气体交换率，而运动时的需氧量可以通过流经肌肉的血液量来满足。同时，氧的运输和摄取量取决于血液的氧含量、血流量和局部肌肉的环境，在以最大强度游泳时，这三个因素都可能影响氧的运输，从而使肌肉难以达到有氧代谢的条件。

　　游泳与跑、速度滑冰等陆上运动相比，相同距离的能耗要比陆上的大4倍左右，但无氧供能的比例却远低于陆上运动，这说明游泳运动更加依赖有氧供能，因此提高运动员的有氧供能能力在游泳训练中具有重要意义。

　　在游泳实习、实训过程中，要注意学员或运动员神经调节机能的改善，加强腰腹力量的练习，重点提高其对整个身体良好流线形的控制能力。游泳竞赛更加依赖有氧供能，提高运动员的有氧供能能力在游泳训练中具有重要意义。

七、游泳技术的要素

　　游泳技术是转换体能为运动效率的唯一途径，很多有人认为游泳是一项以技术驱动为主的运动项目。游泳技术的鲜明特点是：既要符合人的生理和解剖特点，又要遵循水中运动的规律，充分发挥和利用人体的运动潜力，而后者更是游泳技术的核心。游泳技术最根本的问题是减小阻力，增大推进力。因此，合理的游泳技术必须符合流体力学原理，利用水的自然特性；也必须符合人体生理和解剖学特征，发挥机体潜能；同时，还必须符合游泳比赛规则的要求，只有这样才能提高游泳技术效率和游进速度。

（一）高而平的流线形身体姿势

　　躯干是形成游进阻力的主要部位，不同身体姿势其阻力值不同。为了减小阻力，在游进时保持高而平的流线形身体姿势极为重要。良好的身体姿势取决于运动员在游进中保持身体姿势的能力，它受两方面因素的影响：一是控制身体姿势的能力，如在爬泳和仰泳时身体绕纵轴滚动和移臂时都应防止身体的侧向摆动，在爬泳时眼看池底，仰泳时目视正上方有利于保持高、平、直的身体姿势和位置；蝶泳时的小波浪动作、波浪式或平式蛙泳的技术都是为了减小游进阻力。二是浮力和速度，浮力好则身体位置高，速度快也能使身体位置升高，所以在游进过程中应尽量减小因技术动作造成的浮力损失，减小游进阻力，从而增大推进力。

（二）协调而有节奏的动作

　　不同泳式在动作周期内，其速度有相应的自身规律，这在一定程度上体现了运动员个人的技术风格。协调且有节奏的游泳动作是运动员协调能力和节奏感的具体表现，它综合地反映了运动员个体对技术动作的理解和控制能力，这种能力不仅体现在各部分技术配合的细节上，而且体现在运动员身体各部分动作协调一致的整体效果上，如爬泳和仰泳时的两臂动作与身体滚动和打腿动作自然连贯的配合，蛙泳和蝶泳时的臂与腿和躯干动作的配合等。以上这些说明，身体整体动作的协调是提高游泳技术效率的保障。

（三）高肘屈臂划水

手臂划水是游泳产生推进力最主要的来源，在手臂划水过程中，手掌处于重要位置，因此，手掌的形状影响划水效果。研究表明，在不同的手掌形状中，手指自然并拢或稍分开所受的阻力最大。而高肘屈臂划水技术已为游泳界所共知，高肘屈臂动作是手臂在入水后，通过屈肘、屈腕逐步形成的，其中前臂内旋和肘关节前顶动作对手臂形成高肘姿势尤为重要。高肘屈臂划水不仅增加了手臂划水的挡水面，并动员更多肩带肌群参与划水，同时延长了有效划水路线，增加了划水动量。在整个划水过程中，手臂各环节的协调运动能使各环节依次达到最大速度，同时相应地降低手臂划水过程中的负荷，以更经济的方式划水。

（四）曲线划水

曲线划水是现代游泳技术的特点之一。由于运动介质——水具有难以压缩和流动性的特性，所以，游泳推进力的产生与陆上运动有较大区别，游泳推进力的大小取决于其与划水轨迹的倾斜度及手的水平运动速度。为了获得有效的"流体反作用力"，手臂划水动作就必须不断改变方向、调整划水角度，以吻合肩带肌群的肌拉力线方向，让更多的肌群参与手臂划水，提高划水的肌肉力量，而且这一过程使身体获得向前冲量的持续时间增加，从而能把更多水向后推，并提高划水效果。有关研究发现，在水下的推进力阶段，优秀运动员多采用沿对角线的方向划水，并以50°～70°的攻角保持手臂向后的最大对水面，使阻力推进力的效果最大化。因此，有关专家认为，曲线划水轨迹是运动员手臂在划水过程中屈臂、伸臂、入水、出水和身体滚动等一系列动作整体的结果。由于运动员个体身体形态、技术风格和水感上的差异造成其划水轨迹和划水角度不完全相同。然而，从整个划水周期来看，划水路线的变化应满足两个条件：一是尽可能获得最大的"流体反作用力"，即在划水过程中，通过手臂改变划水方向以支撑更多的水，并将其向后推；二是必须避免使获得的流体反作用力所产生的有效力明显偏离游进方向，从而提高有效推进力。

（五）加速划水

从阻力与速度的平方成正比关系来看，划水应该是加速进行才有利于增大推进力,但在实际划水过程中,手臂划水并不是逐渐加速的,这主要是受划水方向和攻角变化的影响。由于手臂划水路线呈三维曲线,所以划水速度不仅体现在向后、向侧、向上、向下的方向上,而且反映在划水角度变化上,每当划水方向和角度变化时,划水速度也有节奏地加快或减慢。在实际测量中,游泳运动员手掌是有节奏地加速、减速,然后加速划水,最后阶段的划水速度最快,所以划水速度从整个划水过程上看呈加速趋势。划水速度快慢与身体游进速度快慢的关系十分密切,在以最大速度游泳时,手相对于水流的绝对速度可达到3~4米每秒,但身体游进的最快速度却只有2米每秒左右,这说明划水速度的快慢应建立在有效推进力的基础上。如果划水速度的快慢与身体游进速度的快慢不规律变化,则说明划水效果不好,此时划水速度也就没有实际意义。缩小划水速度与身体游进速度的差距,其根本的途径是不断改进技术,提高技术效率。

(六) 适宜的划频与划步

对游泳而言,游速取决于划频和划步,且划水效果是关键。每一位运动员都应寻求两者的最优化比率。从理论上分析,划频和划步的比率不同也获得相同的游速,但过高的划频会导致划步的损失,且易使肌肉疲劳,而低划频、高划步的比率,会使手臂在每次划水中过度用力而降低工作能力。运动员应通过训练,并根据自身神经系统和肌纤维的组成特征,建立适合的且相对稳定的划频,这也为不断提高划步奠定了坚实基础。而划步的提高主要依赖于技术、体能和个体的水感。因此,每位运动员都有其最适合的划频,而这恰恰是建立在各自最有效的划水技术上的。

第二节 游泳安全

游泳安全涉及的内容很多,本节将从游泳安全常识和游泳意外处理两个方面进行详细分析。

一、游泳安全常识

许多人很喜欢水,但水给人的生命造成了一种威胁,可能会因各种原因而出现意外事故。生命是宝贵的,但不能因噎废食,放弃游泳这项有意义的运动。因此,在进行游泳教学或开展游泳活动时,必须了解和落实基本安全知识及措施,做好充分的准备,做到万无一失。下面从以下几个方面着手,对游泳安全常识进行相应的介绍。

(一) 确立安全第一的观念

人们常说,"人命关天""水火无情""欺山莫欺水"。因此,确立安全第一的观念，强化安全教育是很有必要的。在开展游泳活动时，安全教育也是必不可少的，而且必须贯穿游泳活动全过程。

第一，要树立安全游泳意识，不能存在侥幸心理，克服麻痹思想。只有保证安全，才能真正享受游泳的乐趣和发挥游泳增进身心健康的作用。

第二，要严明游泳组织纪律，明确"游泳安全约法三章"：一切行动听指挥，做到令行禁止；游泳尤其是在天然水域的活动，最好有组织进行，不要独自行动；在游泳时要相互关心、相互照顾，同去同返，中途离开应有所交代。上游泳课必须严格落实游泳教学的规章制度。

第三，游泳前要做好"安全三阶段"（指游泳活动前的准备、活动中意外状况的考虑、意外发生时如何应对这三个阶段）的风险评估。游泳者还应掌握一些基本的救生技能以防不测。

（二）选择安全的游泳场所

在选择游泳场所时必须确保其安全性，具体可从以下几方面着手。

1. 尽可能选择人工游泳场馆

游泳场所主要有两种：一种是人工修建的游泳池，另一种是江、河、湖、海等天然水域。利用天然水域游泳，能更好地锻炼我们过硬的游泳本领和勇敢顽强的意志，更好地适应生产和国防的需要。我国有广大的天然水域，如海滨、江河、湖泊、水库等，都可以根据具体条件选作游泳场所。

游泳被定为2013年国家第一批高危体育项目之首，因而在选择游泳场所时要尽可能选择人工游泳场馆。这是因为，人工游泳池容易管理，安全卫生问题便于解决。天然水域的情况比较复杂，有许多安全卫生方面的问题需要注意，否则就会影响人的健康。

当然，这并不是说不能选择天然水域进行游泳。在选择天然水域作为游泳场所时，一定要先了解水的深浅，水下有无水草、淤泥及旋涡暗流。同时，要了解水的清洁问题。为此，必须了解水源的情况。沼泽或池塘的水，一般不清洁，不宜作为游泳场所。在选择河流做游泳场所的时候，要注意上游是否被下水道的污水或工业废水所污染，是否洗过粪便器皿等。因为下水道污水和工业废水中，常含有危害人体健康的细菌、寄生虫和毒物。远离上游污染源7公里以上，有条件的地方，最好水质经过化验合格，再选择作为游泳场所。若是湖泊、池塘等死水遭到污染，就不能作为游泳场所了。我国南方有血吸虫的地方，尤其需要注意。在海滨选择游泳场所时，要注意有无伤害人的鱼类或其他动物等。此外，在选择天然水域进行游泳时，还要注意水底的情况。一般说来，最理想的是沙底。有污泥、乱石、暗礁、树枝和杂草丛生的地方，都不宜作为游泳场所。在没有了解过水源或上游的天然水域和没有防护措施的江、河、湖、海等地方，都不应该随便去游泳。还有一点，如在海边游泳就要了解潮汐规律，摸清涨潮、退潮时间，不要离岸过远。

2. 选择的游泳池要有良好的环境卫生

无论是人工修建的游泳池还是天然水域游泳池，在游泳池附近，尤其是紧靠池边的环境，直接关系池水的清洁卫生。如果游泳池周围的环境不卫生，污物沾染了池水，游泳者的健康就会受到影响。因此，要保持游泳池附近的环境卫生，需制订一套切实可行的卫生清洁制度，包括定期打扫、经常检查等，当然更要做好宣传工作，依靠群众共同维护公共卫生。

此外，人工修建的游泳池和游泳馆，应有淋浴设备、洗脚池和厕所，其他游泳场所，可根据条件进行设置。

3. 选择的游泳池要有较高的安全性

第一，大一些的游泳池，特别是选定天然水域做游泳的地方，预先必须对池底的深度进行详细测量。然后，根据不同深度划分为儿童游泳区、学习游泳区和深水区。区与区之间都要用鲜明的标志隔开。最好是在各区之间插上木柱，木柱露出水面至少 0.5 米，每条木柱之间的间隔为 10~12 米，并写明深度，用隔离网连接起来。这样既分出了不同深度的游泳区，游泳者在中途乏力时，又可以靠在木柱上休息。如果有跳水区，也要拦起来。不同游泳区的深度都有规定，通常根据不同年龄的平均身高来规定。儿童游泳区（供 4 岁以上儿童学习游泳）的深度以 0.8 米为宜；成人学习游泳区（供初学游泳的人使用）的深度不应超过 1.5 米；1.7 米的深度适合会游泳的人游泳；1.8 米以上为深水区，跳水区通常的深度应在 3 米以上。

第二，在选择天然水域为游泳区时，除了考虑水的清洁卫生状况外，在向公众开放之前，还需要组织人力对游泳区的水下情况，做周密细致的调查。调查工作不能局限于选定做游泳区的地方，而且应该对这些天然水域的上下游也做调查。在调查的时候，一定要了解清楚，哪一些河流，在什么季节、什么时候可能涨水，特别是在夏季中午的时候，有无突然涨水的特点。经过仔细调查以后，如果水的清洁卫生状况和水的深度以及水底情况适于游泳，在向公众开放之前，还应建立各种卫生安全制度。对天然水域游泳区的情况，如水的深度、水底的情况，都应该通过各种方式向公众介绍，特别要提醒公众注意的是哪些地方有危险，不能游泳。

第三，在游泳池开放期间，应安排专门的救护人员。一般来说，天然水域的救护工作比较困难，但只要进行严密的组织，也是能够防止意外伤害事故的。比如，参加游泳的人，应由相关单位组织好，把会游泳的和初学游泳的组成一个组，如 8~10 人为一组，指定一位责任心强、游泳技术好的人为组长，游泳时大家同时下水，休息时一齐上岸，并由组长清查人数；在天然水域游泳区，救护人员应适当增多，并预先分工，分别担任下水急救、岸上急救、水情报告和联络等工作；天然水域游泳区的管理工作，不能放任自流或先紧后松，为了防止发生事故，在游泳季节来临之前，各有关部门要建立游泳区管理组织，负责游泳区的各项工作；在游泳季节，天然水域也是组织多数人游泳的地方，根据需要和可能，安排医务人员值班；不论是游泳池或天然游泳场所，游泳者的组织纪律都是非常重要的。为了保证安全，必须根据具体情况，建立严密的制度，大家严格遵守；游泳场所要准备救护工具，如救生圈、竹竿、绳子等，天然水域游泳区和1.8米以上的人工游泳池的深水区，有条件的可用木船、小划子等巡回救护，而且木船和小划子上要放置各种救护工具；要充分向公众宣传游泳场所的各种安全工作，而且宣传时注意不要孤立地片面地强调"防"，要把"防"字和"敢"字结合起来，以便大家既能游泳，又要保证安全。

（三）做好游泳前的体检

游泳者在游泳以前，首先应该进行健康检查，看看心、肺及其他重要器官有无疾病，有无传染性疾病等。这是因为，游泳特别是距离长、强度大的游泳，对人体的耐力要求很高。例如，在进行紧张的游泳时，人的脉搏和呼吸频率，可以比平时增加两三倍，血压也会显著升高。这都表明，人的心脏血管和呼吸系统，在游泳的影响下，加强了工作。如果患有心脏病、高血压、肺结核和身体衰弱的人，很难承担得住，游泳反而会促使疾病加重，也容易在水中发生意外。因此，以上疾病在未治愈以前不适宜游泳。

另外，还有一些疾病，如严重的沙眼、传染性皮肤病、痢疾和细菌性肠炎等。这类病虽然对体力影响不大，但因为有传染性，所以在未治愈以前，也不应该到公共游泳场所游泳，以免传染给别人。急性结膜炎又名"红眼病"，是夏天最容易流行的眼部传染病，患这种病时，眼结膜发红、肿胀、疼痛，游泳池里最容易传播这种病。所以，患红眼病的人，要自觉地不要到公共游泳池游泳。患癫痫病和有精神病的人，如果疾病经常发作，在未治愈以前，不宜参加游泳，因为这些疾病在疲劳时容易发作，在水中更容易发生意外。

（四）做好游泳前的准备活动

在游泳前，做好适当的准备活动是极为重要的。充分的准备活动能提高神经系统的兴奋程度，增强心血管系统和呼吸系统的功能，促进血液循环和新陈代谢，增强肌肉的力量和弹性，加大关节的活动范围，提高灵活性。体内的这些变化，有利于身体更快地适应游泳活动时的需要。同时，对预防肌肉抽筋和拉伤有一定的作用。有的人没有做准备活动就进入水中，所以，容易出现头晕、恶心和心慌等不适感觉，或发生肌肉痉挛和拉伤。

游泳前的准备活动，其内容和运动量因不同的游泳姿势而有所不同，但基本要求必须是使身体各部肌肉、关节活动开，尤其是游泳中负担较重的部位，如蛙泳的下肢、膝关节，自由泳的上肢、肩关节等。一般可做几节广播操或跑步、跳跃等活动，还可以做些划臂、踢腿等动作，活动活动颈、肩、腰、髋、膝和腕等关节部位。除身体活动以外，在下水时，还应该先用水擦擦面部、背部、胸部和大腿，使身体对冷水的刺激有些适应以后，再进入水中。

接下来会介绍一套做准备活动用的游泳体操，可以根据具体情况做全套或一部分。

第一，头部运动。两脚分开站立，两手叉腰，头部向前后左右转动，再做绕环动作。（见图1-2）

第二，手臂绕环运动。两脚分开站立，两臂同时向前绕环，然后向后绕环。（见图1-3）

第三，扩胸运动。两脚分开站立，两臂在胸前平屈，并向后振动，然后两臂侧平举，掌心向上，向后振动，向后振动时必须挺胸。（见图1-4）

第四，腰部运动。左臂上举，右臂放在体侧，身体向右侧屈，然后右臂上举，左臂放在体侧，身体成左侧屈状；两脚分开站立，腰部做绕环动作。（见图1-5）

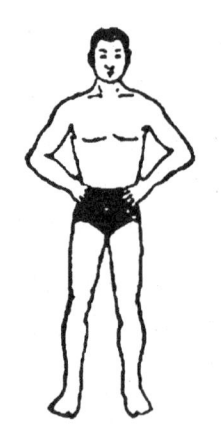

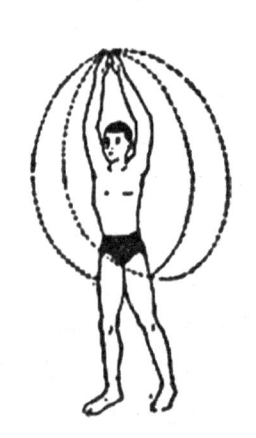

图1-2 头部运动　　图1-3 手臂绕环运动　　图1-4 扩胸运动　　图1-5 腰部运动

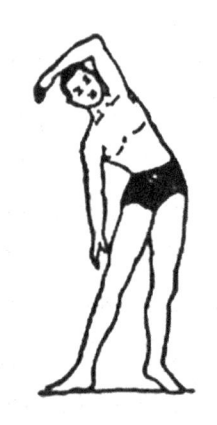

第五，腹背运动。两脚立正，两臂同时向上和向后振动，然后上身前屈，两臂随着向下振，使两掌尽可能触地，两膝关节伸直。（见图1-6）

第六，压腿运动。右脚向前跨出一大步，膝关节弯曲，两手扶右膝，左腿在后面伸直。身体上下振动，做压腿动作。左右腿交换进行。又两脚分开站立，单腿下蹲。左膝弯曲时，右腿伸直，上体移向左侧，并上下振动，左右交换着做。（见图1-7）

第七，下蹲运动。两脚并拢，上体向前弯曲，两手扶住膝盖，然后曲膝下蹲。还原后，重复做。（见图1-8）

图1-6 腹背运动　　　　　　图1-7 压腿运动

第八，踢腿运动。两臂向上举，右脚同时向后半步，两臂迅速下振，右脚同时向前踢出。还原以后，左脚交换做。（见图1-9）

第九，跳跃运动。两脚并拢，身体先下蹲，然后向上跳起，同时两臂上振。跳起时稍挺胸。（见图1-10）

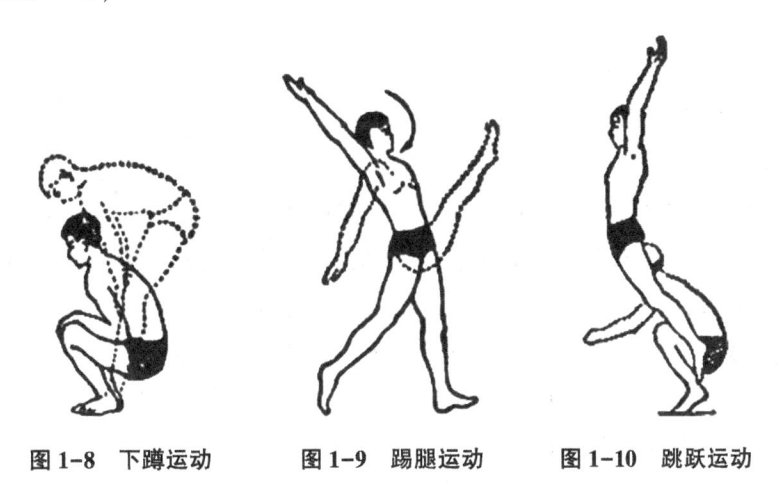

图1-8 下蹲运动　　　图1-9 踢腿运动　　　图1-10 跳跃运动

（五）根据自身实际情况开展游泳活动

在游泳时，必须遵守游泳场馆卫生制度，注意公共卫生，淋浴后再下水，不在水中吐痰或便溺。不要穿内衣裤下水，不宜穿白色、黄色等浅色泳装。另外，在游泳时要避免一切危险动作，如在浅水区跳水，互相打闹，过长时间的憋气潜水，在湿滑的池边奔跑追逐等。

对于初学者来说，下水游泳时应在浅水区域活动。已会游泳者也要量力而行，不要好胜逞能。应合理安排运动量，如自感身体有异常反应时，如头晕、头痛、胃痛、恶心、呕吐等，应立即上岸，擦干身体，休息到恢复正常后再下水。

(六) 学会自救与呼救

在游泳时，不可避免地会出现一些意外事故。如遇抽筋，要保持冷静，不能慌张，应立即上岸或在水中自行缓解抽筋部位。与此同时，可呼救，以便周围的人及时来帮助、救护。如发现他人抽筋或溺水时，应迅速过去救护，并同时大声呼救，让周围的人能参与抢救。

(七) 预防疾病

在进行游泳活动时，对于游泳时长是没有严格规定的，因为不同的人由于体质的差异所能适应的游泳时长也是不同的。一般来说，如出现寒战、嘴唇发紫，皮肤上出现鸡皮疙瘩时，就应立即起水保暖，以防止感冒。而为防止眼部感染，起水后可滴氯霉素眼药水或涂抹金霉素眼药膏，切勿用脏手乱擦眼睛。

还有一点，游泳后要用浴皂洗净全身。尤其是在冬天，游泳后可洗个热水澡，擦干或吹干头发。

二、游泳意外处理

在游泳时，难免会遇到一些意外情况。有时即使做好了准备活动，仍会出现一些这样那样的不适感，有的属于正常的生理应激反应，不需要处理；有的则是人体的警示信号，需要及时停止运动或进行处理。这时最关键的是保持镇静，沉着地采取一些应急措施摆脱困境，千万不可惊慌失措以致出现更大的危险。如果置之不理或处理不当，也会发展成很严重的疾病或损伤。所以，一定要事先了解意外情况和异常现象，并掌握预防措施，学会处理各种事故的办法。

(一) 呛水

初学游泳的人，由于还没有很好地掌握水中的呼吸动作，所以容易发生呛水。所谓呛水，就是水从鼻腔或口腔吸入呼吸道，是游泳时在水中做了吸气动作而引起的。水吸入呼吸道，可能阻塞呼吸道的某一部分，很快造成呼吸困难。另外，喉头和气管受到水的刺激，会发生反射性痉挛，以致呼吸道梗阻，引起窒息。如果有泥土或其他异物随着水进入呼吸道，那么情况就更加严重了，往往在几分钟内就危及生命。当游到深水区时，如果发生呛水，心里慌张，身体不能保持平衡，接二连三地又呛几次水，会使身体沉下去，发生溺水。

发生呛水时，不要紧张，可先憋住气，把口中水吐出或干脆咽下，然后调整呼吸；

或使头露出水面做几次如反蛙泳式水面游泳动作,也可做原地踩水动作,让口鼻露出水面来调整呼吸。一般来说,坚持一会儿,呛水引起的不适感就会逐渐消失。在深水区呛水,如果身体疲劳,再不能游泳时,可向岸上人呼救。

要从根本上避免呛水,应多练习水中呼吸,掌握呼吸的要领。一定要用口吸气,鼻呼气,同时注意风浪和游泳池中的水波,呛水后千万不要惊慌失措地挣扎,否则会引起呼吸道梗塞,身体将失去平衡而下沉,造成窒息乃至溺水。另外,在没有学会水中呼吸动作以前,千万不要到深水区去游泳。

(二) 抽筋

在游泳中,身体各部位有时会出现抽筋现象。抽筋就是肌肉痉挛,是因为肌肉收缩,不能使其保持需要的长度而发生的痉挛现象,这也是肌肉在"通知"大脑,如果再继续游泳将会发生危险。

1. 抽筋的发生原因与发生部位

抽筋的原因通常是在下水以前没有做好准备活动,或者身体过于疲劳,或者突然遇到寒冷的刺激等。此外,过分紧张,动作不协调,也容易引起抽筋。游泳时,常发生抽筋的部位是小腿和大腿,但手指、脚趾甚至胃部也可能发生抽筋。

2. 抽筋的解脱

抽筋不仅疼痛难忍,而且如果不及时加以处理,还会发生危险。遇到这种情况时,首先必须保持镇静,不要慌张,可叫人来救或自己解脱。发生抽筋后一般不要再继续游泳,应该立即上岸,擦干身体,按摩抽筋部位的肌肉,注意保暖。

在水中解脱抽筋的方法,主要是牵引抽筋的肌肉,使收缩的肌肉松弛和伸展。身体各部位抽筋时,自己解脱的方法如下。

第一,手指抽筋。将手指握成拳头,然后用力张开,这样迅速交替做几次,直到解脱为止。(见图1-11)

第二,手掌抽筋。用另一手掌或手臂将抽筋的掌用力压向背侧,并使之做震颤运动;也可以两掌五指相扣外翻做震颤动作。(见图1-12)

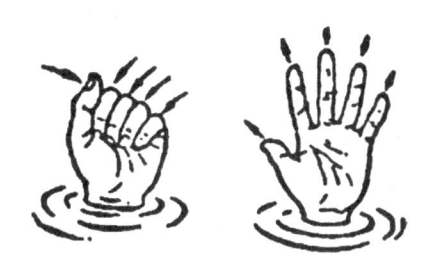

图1-11　手指抽筋的解脱　　　　图1-12　手掌抽筋的解脱

第三，上臂抽筋。握拳并尽量屈肘，使前臂紧贴上臂，然后用力伸直，并按摩抽筋部位，反复几次，如此反复动作直至复原为止。（见图1-13）

第四，腹部抽筋。先深吸一口气，头部后伸仰浮在水面上。迅速弯曲两大腿，靠近腹部，用手稍抱膝，随即向前伸直，注意动作不要太用力。在水中解脱抽筋后，应慢慢游动，以免再次发生抽筋。（见图1-14）

图1-13 上臂抽筋的解脱　　　　图1-14 腹部抽筋的解脱

第五，大腿抽筋。吸一口气，仰浮水上，弯曲抽筋的大腿与上体成直角，并弯曲膝关节，然后用两手抱着小腿，用力使它贴在大腿上，并加震颤动作，随即向前伸直。（见图1-15）

第六，小腿或脚趾抽筋。先吸一口气，仰浮水上，用抽筋肢体对侧的手握住抽筋肢体的脚趾，并用力向身体方向拉，同时用同侧的手掌压在抽筋肢体的膝盖上，帮助小腿伸直。（见图1-16）

图1-15 大腿抽筋的解脱　　　　图1-16 小腿抽筋的解脱

在解脱抽筋时，除上述牵引方法外，还可用按摩法。按摩法适宜在岸上使用。如小腿抽筋，一般可用拇指指尖用力捏抽筋下肢的小腿肚中央，或用力拍打抽筋肌肉，使它松弛后再适当揉捏。

（三）头晕头痛

一些人在游泳时，有时会出现头晕、头痛现象，原因主要有三个：一是下水后身体受冷水刺激引起血管收缩，造成脑部暂时供血不足；二是游泳时间太长造成血糖下降过多；三是水中呼吸方法不正确，脑部缺氧。

游泳时出现头晕、头痛现象是比较正常的生理反应，休息一下便可以恢复。如果头晕、头痛现象越来越严重，则应立即出水，到医院做进一步的检查。

（四）耳朵进水

游泳时，朵没入水中，细菌极易伴随水进入外耳和中耳，如果未能及时清除或使用不正确的办法（用手指、硬物掏挖等）清除积水，很容易使耳朵发生炎症和感染，如中耳炎。

游泳时如果有水进入耳内，常常有刺痒、耳鸣等不适感，这时切勿用手指挖耳，以免擦破耳道，造成感染。

水进入耳内时，应及时排除耳内残存的水，可把头偏向进水耳朵的一侧，并用同侧的脚连续震跳，使水从耳朵内流出来；也可用棉签吸出水分或把耳朵贴在晒热的石头或水泥地面上，使水流出。此外，还可以将头偏向进水耳朵一侧，用手掌紧压耳郭，屏住呼吸，然后迅速提起手掌，反复几次之后，就可以吸出水来。若实在倒不出水来，应及时请医生诊治，排出耳朵中的积水。

（五）溺水

1. 溺水事故发生的原因

溺水事故的发生由心理、生理、病理、游泳技术等相关因素构成。

第一，心理因素。内心胆怯紧张，害怕水，遇到水就惊慌失措、四肢僵硬。

第二，生理因素。体力不支、过饥或过饱、饮酒极易导致溺水事故发生。

第三，病理因素。患有心血管疾病、慢性病者不宜下水。

第四，技术因素。游泳技术不佳，缺乏自我保护意识。

第五，其他。场馆管理不规范，安全设施不到位，缺乏应急预警设备而不能快速救援。

2. 溺水事故的自我预防

游泳运动者需要具有良好的自我保护意识，为健康、安全游泳做好保障。

第一，游泳前熟悉场所、周围水域及环境。参加游泳前，事先了解游泳场馆周围的环境，避免发生意外时慌乱无措。

第二，具备呼救意识。遇到意外或危险时，迅速及时发出求救信号，拨打110或向周围人员呼救。

第三，争取急救时间。呼救之后，有能力进行自救的，可适当采取自救措施；不能自救的，则适当放松身体，争取时间，等待急救。

第四，积极靠岸。水中遇到危险情况或自感体力不支时，需要马上靠岸或向岸边呼救。

(六) 外伤

在游泳时,如果不注意组织和安全工作,容易发生各种外伤。比如,游泳池底不干净,有玻璃碎片、锐利的石块或木片、铁钉之类的东西,容易刺伤脚底和小腿;游泳池太小,人数太多,组织不好,在池内互相开玩笑、打闹,也很容易发生鼻部和头部碰伤。

特别需要注意的是,有跳水台的游泳池里,因跳水而发生的损伤较多,伤势也比较严重,主要原因之一是跳水技术不熟练。例如,跳水时,如果动作不正确,常常发生鼻骨骨折,有时还可能合并脑震荡;又如,当跳水的人由高空跳下的时候,恰巧遇到有人在这儿游过,砸在别人身上,那双方都会受到损伤。在没有跳水设备的游泳池,或其他天然水域处,应禁止跳水,同时要向学生宣传跳水可能导致的后果。因为水浅或水底有石块、木桩之类的东西,容易碰伤头部或身体其他部位。

游泳时一旦出现外伤,要及时进行急救。如果头部有外伤,并且有脑震荡症状(受伤的人感到头晕、头痛),应该迅速用纱布压在头部伤口上止血。同时,将受伤的人平放在担架上,头部稍微垫高,放在安静的地方休息。如受伤的人意识模糊,甚至已进入昏迷状态,应该迅速送往医院急救,在搬运途中,要平稳轻巧,尽量避免摇晃振动。如果是脚或小腿部的小刺伤,流血不多,可以让受伤的人平卧下来,把下肢抬高,同时用干净的纱布压在受伤处,几分钟后流血就可以止住。如果伤口不深,可在受伤处涂一点碘酒进行消毒,不必包扎,两三天后就可以结痂。

在进行游泳运动时,要尽可能避免外伤事故的发生,可采取的措施有以下几个。

第一,加强对游泳池的清洁卫生管理,经常进行检查。彻底清理池底污物和可能引起外伤的东西。如果选择自然水域为游泳场所,应该选择有沙或碎石为底的地方,并要除去池边和池底的树桩和大石块等。

第二,有跳水设备的游泳池,应该制定安全制度。要严格禁止在跳水区进行一般游泳,同时跳水区的人数要加以限制,两个人不能同时上跳板。有的游泳池可以允许一般游泳,同时也有跳水区,这就要把两个区用浮木或绳子隔开来。

第三,在游泳池开放时间,应当安排专人负责跳水区的安全组织工作和救护工作,也要有人负责跳水的技术指导。

(七) 皮肤过敏

有些人的皮肤是十分敏感的,在下水后由于受到冷水的刺激或被冷风吹,会出现皮肤过敏。轻者皮肤发红,起疙瘩,重者会出现头昏、眼花等现象。如出现上述情况,应及时上岸,洗净并擦干身体,穿好衣服,注意保暖,喝点热水,出点儿汗,一般能很快恢复;若情况严重,应尽快就医。

第三节 游泳卫生

一、选择恰当的游泳时机

第一，病刚好，或有发烧头痛、伤风感冒、过度疲劳、饥饿等情况时，不宜下水游泳。因为这时身体抵抗力较弱，对冷水的刺激容易产生不良反应，使病情加重。

第二，妇女在月经期间，由于子宫口开放，脏东西容易由阴道处进入，引起感染发炎，所以月经期间也不宜游泳。

第三，饭后和剧烈运动后不久，也不要游泳。因为饭后消化器官的活动加强，胃肠器官血液供应量增加，若在这时进行游泳，身体的肌肉活动加强，血液要供应肌肉的活动，就会减少对消化系统的供应。同时，在肌肉活动过程中，通过神经系统的作用，还会使消化器官的活动减弱，因此食物的消化和吸收会受到一定影响，时间长了就会引起肠胃病。另外，在劳动和剧烈运动后不久，身体在运动时产生的疲劳还没有完全消除，如果骤然下水游泳，将加重心脏的负担，使人体的正常机能受到影响，严重的时候，甚至可能使心脏受到损害。此外，在出汗未干的时候游泳，受了冷水的刺激，也容易感冒。因此，饭后一般需要隔半小时到1小时，劳动和剧烈运动以后，至少要等身上汗干了，才能游泳。

第四，饮酒后不要游泳。饮酒后身体表皮血管扩张，体内向外大量散热。下水后由于水比空气的导热性大，体温在水中的散失，将比在空气中大得多。过多的体温散失，对身体的健康是不利的，而且酒里含的酒精对中枢神经有麻醉作用，因而使人体正常机能降低，身体的反应和动作的协调性都下降，这时很容易发生事故。

二、了解入水后身体的正常反应

身体在下水后，由于环境的改变，可能出现一系列反应。这些反应有的是身体适应水中环境的表现，有的是不适应的表现。了解这些反应，可以帮助我们在水中更好地掌握自己的身体状况，并尽快适应水中环境。

一般来说，身体在下水时，由于骤然受到冷水的刺激，体表血管收缩，血液循环减少，因而皮肤变得苍白或起鸡皮疙瘩，感觉寒冷。这是入水后身体正常的生理反应，叫作"初期反应"。初期反应以后，紧接着就是体内各器官的活动和物质代谢加强，热量增加，体表血管扩张，血液循环改善，身体感到暖和。这些变化叫作"二期反应"，这是身体适应寒冷刺激的一种积极反应。这种反应出现得越迅速，持续的时间越久，越能表明身体机能状况良好，这是我们在水中进行活动最好的时间。有的人在二期反应以后，身体又重新感到寒冷，皮肤又变得苍白或起鸡皮疙瘩，嘴唇变得青紫，甚至浑身打颤，这表明身体已不适应水中环境，这叫作"三期反应"。如有三期反应出现，就应该立即上岸，擦干身上的水，并且用力摩擦皮肤，使皮肤发红。此外，可做一些活动，如体操、跑步等，使身体暖和起来，还可以喝些热的饮料，使身体发热。

在进行游泳练习时，一旦下水，身体要积极活动。这可以缩短初期反应的时间，促进二期反应的出现。游泳锻炼较久的人，可以提高身体对水的适应能力，初期反应的时间变短，甚至不出现，就进入二期反应；二期反应持续时间较长，而且不容易出现三期反应。

三、了解入水后身体不适应的征象

有些人在初次游泳时，会感到头晕、眼花、心跳加速，或是在水里站立不稳，这是不熟悉水性的缘故，也就是通常所说的"怕水"。一般来说，经过练习以后，熟悉了水性，就能消除怕水的现象。

有些人在游泳时头晕，并不完全是因为怕水，可能是在游泳时，身体里的血液分布有了变化，医学上把这种现象叫作"血液的重新分配"。当血液发生重新分配时，身体内有些器官或部位的血液，流到另一些正在进行工作的器官和部位去，因而脑部的血液暂时供给不足，致使游泳的人感到头晕。一般来说，游泳前身体不太好的人，或是游泳时间过长而导致体力消耗过大的人，都很容易出现头晕。

对于初学游泳的人来说，有时下水后全身皮肤立刻发红，甚至还有发痒的感觉，这种现象医学上叫作"皮肤过敏反应"。这主要表明身体对寒冷不适应。少数人皮肤过敏反应较为严重，随着全身皮肤发红，立刻出现头晕眼花、心跳气急、恶心呕吐等现象。这时应该立即上岸，迅速将身上的水擦干，穿上衣服，并盖上被毯保暖，平躺在地上，头部稍放低，一般经过休息就会恢复。如果已经昏迷，应该迅速请医生急救。有皮肤过敏反应的人，通过冷空气浴，经常用冷水擦澡，可以逐渐适应冷水，游泳时就不会出现这种现象了。

一些人在游泳时，会出现腹痛的情况，而且这种腹痛大半出现在右腹部或左上腹部。右边的疼痛通常在肝部，要是用手压迫局部，疼痛会加重。如果这个人过去没有得过肝脏病，那么右上腹部的疼痛，通常与游泳过猛、游泳时间过长、身体负担过重有关。有时游泳前不做准备活动，也容易发生腹痛。这种腹痛，多在初学者或是长时间不游泳的人中发生。左上腹疼痛，多在胃和脾的部位。除与不合理的运动量有关外，患慢性胃肠病的人也容易在游泳时出现左上腹疼痛。如果腹痛是因运动量不当而引起的，一般在降低运动量或休息半天以后就可以消失。如果腹痛感觉持续几天仍不消失，就要去医院进行详细检查。

四、掌握好游泳的时间与负荷

游泳的时间，要视气温、水温及个人的身体状况而定。一般来说，天气热、水温高时，水中活动的时间可长些，天气冷、水温低时，水中活动的时间不宜太长。一般人游泳的适宜水温为 26~32℃。少年儿童的皮肤较薄，身体表面积与体积之比大于成人，相对散热速度快，在水中活动的时间不宜太长。但少年儿童往往由于贪恋玩水而不愿起水，其兴奋性掩盖了身体的寒冷反应，所以教师和家长应拿捏好时间，及时督促孩子起水。

在游泳时，除了要掌握好游泳的时间，还需要把握好游泳的运动负荷，即游泳的强度和量。游泳的强度指的是游泳的速度，依锻炼的目的不同而不同。一般来说，短距离快速游强度较高，主要发展速度和肌肉耐力；长距离中速或慢速游强度较低，主要发展心肺功能和肌肉耐力。下水后，活动强度应逐渐增大，以使身体机能逐步调动起来适应运动的需要，切不可一下水就猛游一通，以免发生突发性抽筋或休克。游泳锻炼的量指的是游泳的距离，应因人而异，强度高时量宜少些，强度低时量可多些，控制游泳时间和运动负荷的原则是量力而行，适时起水。如果在水中已经出现寒战，嘴唇青紫，皮肤起鸡皮疙瘩，应立即上岸，擦干身上的水，穿上衣服，晒晒太阳或活动活动身体，使身体暖和起来。有可能的话还可以喝些热饮料，以驱除寒冷。在水中停留时间过长，散热过多，则容易出现肌肉抽筋，起水后易受凉而患感冒。

五、做好出水后的清洁卫生

游完泳后，如果有淋浴设备，应该将身体冲洗一遍。在冲洗时要用清水洗眼睛和耳朵四周，漱漱口，冲洗以后将身上的水擦干。这时可做柔软体操，活动四肢，或做其他轻微的活动，使全身肌肉放松，有助于消除疲劳。当然，在阴天或天气比较凉时，应该穿好衣服，再进行活动。

对于初学游泳的人来说，在头几次游泳以后，身体上某些部位（最多是大腿内侧、小腿和两臂）的肌肉可能有酸痛的感觉，这主要是游泳时动作不协调，不会用力，使这些部位肌肉局部负担过重而引起的。如果疼痛不重，可以坚持下去，再游几次，疼痛就会消除；如果疼痛比较厉害，影响到行动时，应该休息一两天，等疼痛减轻以后再去游泳，这时运动量要减少一些。疼痛部位的肌肉一般经过轻轻按摩，很快就可以不痛。

游泳之后，鼻腔、眼睛和耳朵有时会出现某些疾病，如鼻窦炎、眼病和耳病，要注意预防。

第一，预防鼻窦炎。鼻腔两侧的骨骼里，有几个空隙的地方，就是鼻窦。鼻窦与鼻腔相通，因而在游泳时，如果呛水，水就可能侵入鼻腔，进入鼻窦。另外，跳水时，如果头部入水的角度不正确，水也可能进入鼻腔和鼻窦里去。如果水不干净，含有病菌，就容易引起鼻膜炎或鼻窦炎。鼻窦发炎时，初期感到鼻梁两边或鼻梁上部疼痛，鼻腔里常常流出稀薄的黄色鼻涕。如果不及时进行治疗，病情可能逐渐加重，出现头痛、头晕等症状，原来的稀薄鼻涕可变得浓厚，并带有臭味。原来有慢性鼻窦炎的人，游泳时鼻腔进入了水，病情很可能会加重。要预防游泳后出现鼻窦炎，最重要的是要掌握正确的呼吸方法。比如，当头浸入水中时，不要在水里吸气。跳水时，当头浸入水中时要憋住气。当然，对于初学游泳的人来说，要防止鼻腔里进水是有一定困难的。所以，最好在每次游完以后，用温水把鼻腔清洗一下，如果鼻腔里有水，用力向外擤一擤鼻涕。在清洗的时候，可把拧干的热毛巾，放在鼻梁上部做热敷。因为热敷可以促进鼻腔内的血液循环，帮助消炎。应用上面的方法，轻度的炎症就可能治好。此外，洗后可以向鼻腔内点几滴金霉素药水。

第二，预防眼病。有些人在游泳后，眼睛会有点儿发红，有的眼皮还有些肿，这是游泳时水进入了眼内，眼结膜受到水和水中杂质的刺激而引起的。结膜上的毛细血管受到凉水的轻微刺激，会扩张而血流缓慢，这是正常的生理现象，通常在游完后一两小时就消失了。但也有一些人，在游泳后两三天，眼睛发红仍不消失，或反而加重，并且出现眼疼，怕光，睁不开，不断流泪，并有黄白色眼屎等现象。这是细菌侵袭到了眼内，这种眼病叫作"游泳性结膜炎"。游泳性结膜炎通常是池水不干净引起的，也可能是游完以后眼睛感到不舒服，就用手揉擦，把细菌带到了眼里。得了游泳性结膜炎，可用氯霉素眼药水或氧氟沙星滴眼液点眼，每天点三四次，每次点三四滴，效果较好。在点眼药水以前，可先用温开水洗眼。如有条件，最好请医生治疗。而预防游泳性结膜炎，最重要的是选择清洁的游泳场所游泳，不要到死水塘或混有污水的水里去游泳；人工修建的游泳池，要定期换水，对水质要进行化验并加以消毒；每次游泳完毕，最好用清水充分冲洗一下眼部，必要时再向眼里点几滴氯霉素眼药水或氧氟沙星滴眼液。

第三，预防耳病。游泳后如果感到听力不清，或耳内有不舒服的感觉，常常是因为两耳里积留有水。有些初学游泳的人，因为不知道如何将耳里的水倒出来，就用小棍、铅笔、手指去捣挖，这样就容易刺破耳孔内的皮肤和鼓膜，引起感染，发生外耳道疖肿或中耳炎。关于将耳孔里的水倒出来的方法，本章前文中已有详细介绍，这里就不再赘述。

六、要循序渐进地进行游泳活动

在进行游泳活动时，必须循序渐进。因此，参加游泳的人，应该根据自己的身体条件有计划、有步骤地锻炼，不能三天打鱼，两天晒网，也不能急于求成，否则是很难学会和学好的。接下来，将介绍几种循序渐进的游泳方法，供大家参考。

一般来说，学习游泳最好先练蛙泳。这是因为，蛙泳是各种游泳姿势的基础，而且蛙泳的动作省力而自然，可快可慢，易于掌握。它是初学游泳的人熟悉水性，在水中锻炼体力，体会游泳动作特点的最好方式。如果感到蛙泳太单调，也可以练练仰泳和侧泳。不过，在学习游泳的姿势时，必须先学会一种，然后学另一种。

学习游泳时除了要注意先练蛙泳，还要注意游泳的时间。一般来说，初学游泳的人第一个月每天游泳的时间，不宜超过两小时。就是在这两小时中，也要游一会，休息一会儿。每周可游三四次，这要根据自己的业余时间和身体情况来决定。节日和假期，每次游泳的时间，可以适当长一些，但不宜超过三小时。经过一个月的学习以后，游泳技术和体力都有增长，运动量就可以适当增加。除了根据每次游泳时间的长短和每周游泳次数来掌握运动量以外，还可以根据自我感觉和简易测量生理指标来掌握运动量。正常的自我感觉是在游泳的时期，睡眠、食欲和情绪都很好，身体也没有什么不舒适的感觉。不正常的自我感觉是经常感冒，全身无力，身体关节部位酸痛；有的在安静的时候，觉得心跳加速；如果测量脉搏，还可能发现有时跳得快，有时又跳得慢；血压也可能增高或显著降低。游泳时，如果仅凭兴趣来延长一次游泳的时间、增加一次游泳的强度，可能会导致身体出现损耗过多的情况，继而影响日常的工作、学习和劳动，严重者还会影响身体健康。

七、重视定期进行自我身体检查

研究表明，人在经常参加体育锻炼的情况下，身体各器官的机能也会得到有效提高。如果在游泳时期，定期（一个月或一个半月）用一些简易的方法，对身体进行自我检查，就可以查明身体机能增长的情况。下面介绍两种常用的自我检查方法。

（一）测体重

人的身体健康状况，可以通过体重的变化表现出来。正常健康的成年人，体重是相当稳定的。在游泳时期，定期测体重可能发现增加了一两公斤，这一般是好现象。如果发现体重减少了两公斤以上，这可能是运动量过大，或健康有了问题。当体重有显著变化时，最好请医生检查，找出原因，进行治疗。测体重时，使用医用体重计，或普通台秤都可以。

(二) 数脉搏

脉搏的变化能反映心脏血管系统的机能状况，也是医生检查病人时最常用的一种方法。健康成年人在早晨安静时（躺着或静坐），每分钟脉搏为 66~72 次。从事游泳锻炼一个多月以后，由于心脏机能增长，脉搏可能逐渐减少。训练水平高的游泳运动员，每分钟脉搏大多在 42~60 次。

在参加游泳锻炼时期，每天数数脉搏，可以了解身体是否健康，疲劳是否消除。一个在早晨安静时，每分钟脉搏经常是 60 次的人，假如在同样情况下，脉搏增加到每分钟 80~90 次，就表明身体健康有了问题，或者是昨天活动量太大，疲劳还没有完全消除。在这种情况下，就必须适当减少第二天的运动量。

第二章
入门基础

人想要学会游泳，就必须先熟悉水性。熟悉水性是学习各种游泳姿势前一个重要的过渡性练习，也是初学者入门必经的阶段。在熟悉水性的基础上，首先要学习的泳姿是蛙泳，之后可以学习爬泳。

第一节　熟悉水性

不会游泳的人，初次下到齐胸深的水里，由于水的浮力和阻力，往往会感到呼吸急促、心跳加快、站立不稳和行动困难，甚至会身不由己地漂浮起来。因此，对于初学游泳的人来说，熟悉水性是一个不可或缺的重要阶段。通过熟悉水性的练习，不会游泳的人可以消除怕水心理，掌握水中呼吸、漂浮和站立的方法，为学习和掌握各种游泳姿势打下初步的基础。具体而言，熟悉水性可从以下几个方面着手。

一、与水亲近

与水亲近是初学游泳者熟悉水性的一个重要方法。初学游泳者在与水亲近时，可参考以下两种方法。

第一，池边踢水。正面坐在池边，固定腰部，如果学蛙泳，勾起脚尖上下踢水；如果学仰泳则要绷着脚尖上下踢水。此项练习的目的是使初学者感到溅水花很有趣，提高他们对水的兴趣，使他们更容易掌握动作的技术要领。

第二，池边洗脸。身体在岸上，肩部在泳池边缘，呈往前趴的动作，用两手洗脸。此时，应该注意用口吸气，口鼻吐气。如果用鼻子吸气，会造成呛水。初次下水练习时可先采取口吸气和口呼气的方法，待动作熟练掌握后再采用口吸气和口鼻呼气的方法，完成呼吸动作。

二、学会入水

初学游泳者在进入水中时，如果在游泳池（馆）学习，进入水中的方式可以采用台阶入水和池边入水两种。如果在水中感到不适，则可通过台阶进入泳池。在下台阶之前，要先察看台壁上的水深符号，抓住扶手，慢且小心地倒退下台阶，直至脚触及池底。或在浅水区的边缘面朝水坐下，手撑池边缓慢扭转身体，放松入水，臀部要用力，以支撑身体。

若是在天然水域尝试下水，可采取试探和摸索的方式，缓慢走入水中。此时要注意，弯曲身体，眼睛注视下水的目标区域，身体背向或侧面朝向深水区，缓慢摸索入水，单脚或双腿慢慢伸入水中，当脚底踩到地面或支撑点时才可以进行活动。

三、水中走动

由于水的阻力比空气大820倍，因而在水中走动要比在陆地上走动困难得多。在齐腰深的水里练习行走，膝盖应该稍直，两臂可以在体侧帮着划水，以保持身体平衡，并使身体前进得更快。采取由扶池边行走到双人协助行走，再到独立行走的方式练习。其中扶池边行走，以双手抓住池边，两臂稍有弯曲，双腿尽量向后伸展，肩部始终埋在水下，漂浮起来的位置越高越好。行走过程中要保持呼吸均匀，肩部放松，顺着池边向左、向右行走；在水中协助或独立行走时，膝盖应该稍直，两臂可以在身体两侧维持平衡，使前进速度增快。在整个行走过程中，速度应由慢到快，由向前后移动到向各个方向进行移动，慢慢熟悉，克服怕水的心理。

在水中走动时要注意，身体不要过于倾斜；水深齐腰最适宜，深不过胸。还有一点，要想顺利在水中走动，必须学会水中站立，而且要站得稳。

四、练习呼吸

人在陆地上能够自然地进行呼吸，进入水中就不一样了。一方面水对胸部有压力，吸气要稍用力；另一方面必须学会用嘴（在水面）吸气，否则容易呛水或喝水。呼气时，用嘴和鼻子同时进行（在水下和水面）。练习时，可站在浅水中，身体前倾，两臂向背后或向前平伸，头仰起露出水面。张嘴吸气后，低头浸入水中稍憋气。当闭气动作完成并在水下稍停片刻后，用口鼻慢慢吐气，直至呼尽，再抬头换气。当水中吐气时，水面上会呈现连续不断的"鱼泡泡"。同时，当水中吐气动作完成后马上进行抬头换气动作。抬头时，肩部不要抬起过高，口用力吐气。当口露出水面时，不停顿地迅速将气体吐尽，紧接着快速吸气，再低头浸入水中，继续练习。练习时，眼睛应始终是睁开的，这样才能辨别方向和水位。

在水中练习呼吸时，要先学会水中呼气，当嘴快露出水面时气正好结束，并把嘴边的水花吹掉，这样，只要在水面上一张嘴，就可以很自然地把气吸进来，同时又不致喝水或呛水。气要向里吸，不能只吸一半或吸在嘴里就低头。开始做呼吸动作时要缓慢，等到能够正确掌握呼吸技巧以后，就可以逐渐加快。此外，呼吸的节奏是呼气—吸气—憋气。不论是快做或慢做，都应当保持这个节奏。初学的人，可以先学会水中憋气、水面上换气的练习，然后学习上述呼吸方法。水中憋气、水面上换气的具体方法是，深吸一口气，然后憋气闭眼，慢慢下蹲，把头部浸入水中，稍稍停留后即起立，并仰头，同时用嘴或鼻向外呼气后再吸气，这样就不容易喝水或呛水。下蹲起立时，动作要缓慢，不要紧张。

掌握低头呼吸以后，还要学会向侧转头的呼吸动作。每次练习，最好要反复几轮，每轮做 20~30 次。

五、水中漂浮

水有浮力，人体吸气以后，就可以漂浮在水面上。因为人吸气后，身体的比重是 0.96~0.99，比水略轻一些，可以漂浮在水面上；呼气后，身体的比重是 1.02~1.06，稍重于水。

（一）水中漂浮的练习方法

开始学习漂浮时，最好有同伴拉着手帮助练习。先深吸气，憋气闭眼后，慢慢低头，浸入水中，双脚轻轻蹬起，肌肉自然放松，使身体平直地漂起来，同伴身体向后退，慢慢拉着初学者走动。保持稍长时间的漂浮后，两腿同时向前收屈，并仰头站好。这个练习可以让初学者体会水的浮力，并学习控制身体平直的能力。练习的时候，身体和两腿要保持平直，漂浮在水上，两手不应按压同伴的手。（见图 2-1）

图 2-1　在同伴帮助下做漂浮的方法

漂浮动作比较熟练以后，就可以独自进行练习了。练习的方法是：人站在约齐腰或齐胸深的水里，深吸气以后，上肢慢慢前倾入水，左腿屈膝上提，然后左手轻轻抱膝；再收右腿，右手抱右膝，同时低头，这时身体就会自然漂浮到水面上了。然后，两手两腿同时慢慢向前向后伸平，接着再收腿屈膝，手向下压水，并仰头站立。伸手和伸腿的时候，动作要缓慢，不能太快。（见图2-2）

图2-2 独自做漂浮的方法

（二）水中漂浮的方式

水中漂浮的方式，主要有以下几种。

1. 扶持浮体

手抓住池边或同伴，上体尽量保持放松，手不能抓太紧；低头浸入水中憋气时，收腹放松，两腿向后伸直并拢。抬头换气时，双脚不要踩地，此时双脚略有下沉是正常现象，吸完气后再低头入水憋气，身体自然会漂上来。此项练习连续完成的次数越多越好。

2. 抱膝浮体

原地站立深吸气后，下蹲、低头、抱膝，双膝尽量靠近胸部，前脚掌离开池底，呈抱膝团身低头姿势，自然漂浮于水中。站立时，两臂前伸，向下压水并抬头；同时，臀部下坐，两腿伸直，以脚触池底站立，两臂自然放于身体两侧。

3. 展体漂浮

在抱膝浮体的基础上，抱膝漂浮于水中后，两臂向前，两腿向后伸直，保持全身伸展的姿势在水中漂浮。站立收腹后，两腿收膝，两脚向池底伸，同时两臂下压划水，当两脚完全接触池底并站稳后，抬头吸气，两臂在体侧拨水以维持身体平衡。

4. 扶板练习

手抓浮板，令人感到安全，易于掌握技术要领。先手抓浮板，站立练习呼吸，然后手抓浮板，漂浮起来练习呼吸。漂浮练习时，两手要轻抓浮板，收腹放松，肩部没入水中，双腿伸直并拢呈漂浮状态，做抬头呼吸、低头憋气动作，动作连续完成的次数越多越好。

六、水中滑行

滑行练习是学习各种泳式和出发、转身技术的基础，是熟悉水性的重点，可以使初学者掌握在漂浮状态下维持身体平衡的能力，体会游泳的基本身体姿势，水中滑行力求熟练，做到既滑得远又滑得稳。

（一）蹬底滑行

滑行时，可先站立在浅水中，两臂向前平伸，深吸气后憋气，身体前倾低头，同时稍屈膝，用力向前蹬离水底，身体保持平直，头夹在两臂之中，向前滑行；当速度快停下来的时候，收腿屈膝，两手下压水，仰头站立。练习时先低头，略下蹲，再蹬腿，不要向上跳起，否则身体会向下沉；不要挺腹，肌肉要自然放松。如在游泳池中练习，两脚可以蹬池壁做滑行动作。（见图2-3）

在初学滑行时，必须特别注意两膝同时收、同时站立。初学这个动作时，周围应该有人保护，以便帮助练习者站立。学会水中滑行和站立之后，就可以学习游泳了。

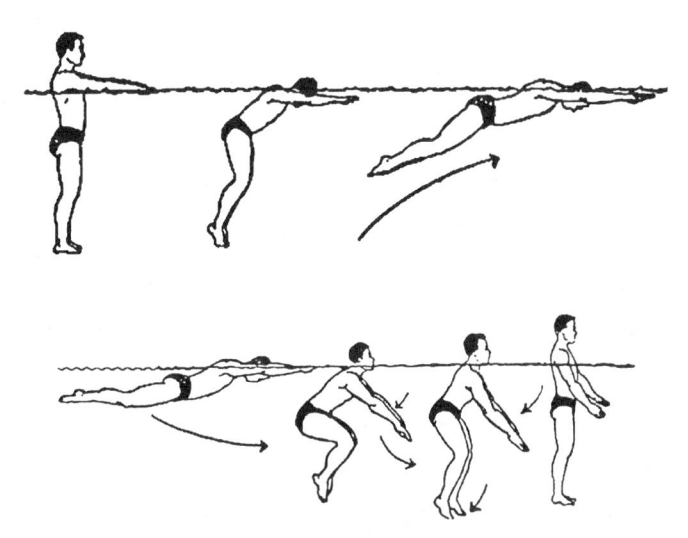

图2-3 蹬底滑行的方法

蹬底滑行时，需要注意保持良好的流线形身体姿势，腰、腹部肌肉要适度紧张，臂、腿伸直并拢，头夹在两臂之间，使身体伸展成一直线，以减小滑行时的阻力。注意不要过分抬头或低头，不要屈髋、屈膝或勾脚尖。滑行时，要尽量延长闭气时间，努力增长滑行距离。

（二）蹬壁滑行

蹬壁滑行的方法是，背对池壁，一手拉池槽或池边，一臂前伸；同时一脚站立，一脚紧贴池壁。深吸气后低头，上体前倾、提臀，向上收支撑腿，两脚紧贴池壁，臀部后移，两臂前伸并拢，头夹两臂之间，两脚用力蹬壁，使身体保持俯卧流线形姿势在水中快速向前滑行。

（三）扶板滑行

扶板滑行的方法是，两脚前后开立，两臂前上举，抓好浮板，深吸气后上体前倒并屈膝，当头、肩浸入水中时前脚掌用力蹬池底，随后两脚并拢，使身体成流线形向前滑行。

（四）助力滑行

助力滑行的方法是，同伴站在侧前方，练习者先做蹬壁或蹬底滑行。当滑行速度减慢时，帮助者先抓住练习者的双手用力往前拉，然后抓住双脚用力前推，以帮助其延长滑行距离。

七、踩水

踩水是一项实用价值较大的游泳技术，掌握一两种游泳姿势和踩水技术后，就能取得水中的行动自由了。踩水比较省力，它是在水中进行"休息"的一种较好的方法。也是用来学习在水中持物泅渡、射击等的基本技术。

踩水主要有两种方法：一种方法是两腿同时踩水（见图2-4），踩水时两手在胸前同时向外摸水，收腿时两手向里摸水；另一种方法是手的动作同上或在胸前做椭圆形的划水动作，两腿交替地进行踩水（见图2-5）。一般说来，先学习两腿同时踩水的方法较为方便。两腿踩水时，类似蛙泳时的动作，即先弯曲膝关节，然后两膝向里扣压，小腿和脚向外，接着用小腿和脚内侧向下踩（蹬夹）水。两腿还未全部踩直时，立即收腿。踩水时，两腿不要并拢，动作要连贯。

在练习踩水时，人站在约齐肩部深的水中，头露出水面，身体稍向前倾，两臂稍屈，手和前臂在胸前做向外、向里的摸水动作。向外摸水时，掌心稍向外，向里时，掌心稍向里，两手的摸水路线呈弧形，这样能保持向上的浮力。摸水时手掌转动面不宜过大，全身肌肉要放松。

在踩水时，腿的动作是十分重要的。一般来说，学习腿的动作可在深水处进行，两手可先抓住游泳池壁的水槽或铁环等，然后两腿做踩水练习。练习时可放手踩一会儿，再抓住水槽或铁环等，当基本掌握两腿的动作以后，应立即学习手、腿配合。练习时，手可以松离池壁或固定物体，放在水里来回摸水，配合踩水动作。经过反复多次练习，一直到熟练为止。练习中要注意手腿动作同时做。而在进行腿和手的配合动作时，也可以在腰上系一根绳子，由同伴在岸上辅助练习，如下沉时可向上拉，头能露在水面踩水时，绳子可放松。

图 2-4 两腿同时踩水　　图 2-5 两腿交替踩水

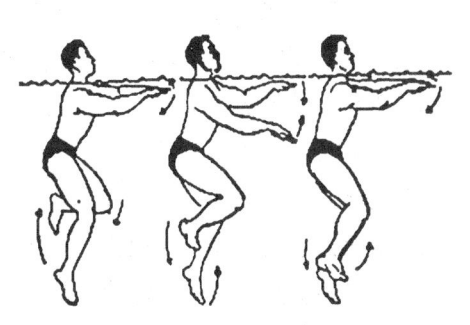

学会上述踩水以后，再学举单手或双手做踩水技术，这样就更有实际应用价值了。至于到江河湖海中去学习踩水动作，和在游泳池、池塘等处相同，既应有敢于克服困难的精神，又要注意安全。

第二节　蛙泳技术

蛙泳是因模仿青蛙在水中游动的动作而得名，其也是最古老的一种游泳姿势，在民间广为流传。蛙泳的臂、腿动作方向变化较多，内部动作技术结构是四种泳式中最为复杂的。蛙泳水下的移臂和收腿都会给身体带来很大阻力，从而使身体前进的速度不均匀，所以它在四种泳式中是游速最慢的。但是，蛙泳也有其独特的优点，如呼吸比较容易掌握，每个动作周期都包含一个滑行动作，初学者容易学会，而且在掌握蛙泳动作后，很快就能游较长的距离。因此，蛙泳是四种泳式中实用价值最为突出的泳式，它不仅是人们游泳健身中喜欢采用的泳式，而且是水上救护、生产建设和军事训练等中常采用的泳式之一。

一、蛙泳的历史与价值

（一）蛙泳的产生与演变

蛙泳是人类历史上最古老的游泳姿势，其发展历经曲折。约在数千年前，中国、罗马、埃及等国已有类似蛙泳的游泳动作出现。中世纪末，蛙泳开始被广泛用于训练水兵。18世纪末，欧洲某些军事学校把蛙泳列为必修科目。19世纪初，竞技游泳兴起，蛙泳是比赛中首先出现的游泳姿势。1875年，英国人马修·韦布首次采用蛙泳成功横渡了英吉利海峡。可是，蛙泳速度相对较慢，因而在第一届和第二届奥运会的自由泳比赛（不规定姿势）中，很快被侧泳、爬泳姿势取代。直至1904年第三届奥运会游泳比赛，增设了440码蛙泳，蛙泳被列为正式比赛项目，蛙泳技术与竞技水平才得以发展。1908年，第四届奥运会设立男子200米蛙泳项目（取代440码蛙泳），1924年第八届奥运会增设女子200米蛙泳项目，1968年第十九届奥运会增设了男、女100米蛙泳项目。此后，蛙泳技术不断发展。

现代蛙泳技术的发展比较曲折，大致而言，经历了以下几个发展阶段。

第一，早期阶段。在这一阶段，运动员在比赛中为提高蛙泳速度，而采取加长两臂划水路线，一直划至大腿旁，两腿收向腹部再向后蹬水的技术，这种姿势游进中身体起伏大，被称为"跑马式蛙泳"。由于起伏大阻力也大，前进速度极不均匀，后来减小划手和收腿幅度，两腿采用向两侧蹬水后再夹水的蛙泳姿势，提高了成绩。在此技术基础上几经发展和改进，使游进中身体平衡，臂、腿配合较协调，便于呼吸，形成了平航式蛙泳技术，延续二十余年，被称为"传统蛙泳"。

第二，蝶式蛙泳阶段。1936年，国际泳联对竞赛规则做了修改补充，允许蛙泳两臂划水后从水面上向前移臂。由于在空中移臂比手臂在水中前伸的阻力大为减少，运动员纷纷采用这种技术。这种蛙泳腿、蝶式臂的技术，称为"蝶式蛙泳"。"蝶式蛙泳"速度比传统蛙泳快。这样一来，传统蛙泳受到冷落，在1952年第十五届奥运会的蛙泳比赛中，运动员全部采用蝶式蛙泳，传统蛙泳第一次面临被淘汰的局面。

第三，潜式蛙泳阶段。1952年，第十五届奥运会后，国际泳联决定把蝶泳列为新的比赛项目，将蝶泳和蛙泳分开比赛，使蛙泳技术得以恢复和发展。由于水下蛙泳能减少波浪阻力，并能充分发挥手臂力量，速度比水面蛙泳要快。于是，在蛙泳比赛中运动员又纷纷改用潜水蛙泳。到1956年奥运会上的蛙泳比赛，只有1人采用传统蛙泳技术，传统蛙泳第二次面临淘汰。

第四，水面蛙泳复苏阶段。1956年第十六届奥运会后，国际泳联又再次修改规则，规定蛙泳比赛中禁止潜泳，头的一部分应始终露出水面。至此，蛙泳技术又得到发展，逐步形成了许多不同风格的技术流派，如"高航式""半高航式""平航式""海豚式"等蛙泳，世界纪录不断被刷新。

第五，现代蛙泳阶段。1986年，国际泳联又一次修改规则，规定从1987年起，在蛙泳比赛中，把"头的一部分应始终露出水面"改为"在每个完整动作周期内，运动员头的某部分应露出水面"，又规定"两脚在向后蹬水时，必须做外翻动作，不允许做上下打水或类似海豚腿的动作"。这样，既消除了运动员怕"头没顶"犯规的顾虑，又把蛙泳和海豚泳严格区别开来，使蛙泳技术又得以进一步发展。之后，出现"冲潜式""波浪式"蛙泳等流派，使世界纪录又得到不断提高。

（二）蛙泳的实用价值

蛙泳的实用价值，主要体现在以下几个方面。

第一，由于蛙泳的呼吸是向正前面呼吸，呼吸动作方式比较简单，容易学，初学者基本掌握了臂、腿动作和呼吸配合后，很快就能长游。同时，蛙泳动作与踩水动作相似，学会了蛙泳很容易掌握踩水，学会了踩水，安全就更有保障。所以，很多初学者将蛙泳列为首学泳式。

第二，蛙泳动作内部循环节奏有明显的间歇，每个动作周期结束后都有一定的滑行放松阶段，所以，游时比较省力，能坚持较长的游泳时间和距离，是中老年人游泳健身时喜爱的姿势，也是各种泅渡活动的常用姿势。

第三，蛙泳时要向前抬头，这使得视野广阔，便于掌握方向。学会蛙泳后，很容易掌握潜泳、反蛙泳和侧泳，能拖带人和物，是水上救护不可缺少的技术。蛙泳时，臂、腿动作均在水中进行，游进时声音小，隐蔽性好，加上视野广，又可潜游，便于军事上的水上侦察。蛙泳也是进行武装泅渡的主要泳式。

二、蛙泳的技术动作

蛙泳的技术动作由腿、臂、呼吸几部分动作及其协调配合组成，手臂每划水1次，腿配合蹬水1次，呼吸1次，周期性地循环往复。一个完整的蛙泳技术动作，涉及13个环节（见图2-6），具体介绍如下。

第一，开始姿势。两手臂及两腿并拢伸直，掌心向下或相对，身体成流线形姿势。[见图2-6（1）]

第二，手臂内旋，并稍屈，两手臂向两侧分开完成抓手动作，这时开始用口鼻呼气（晚呼吸配合）。[见图2-6（2）]

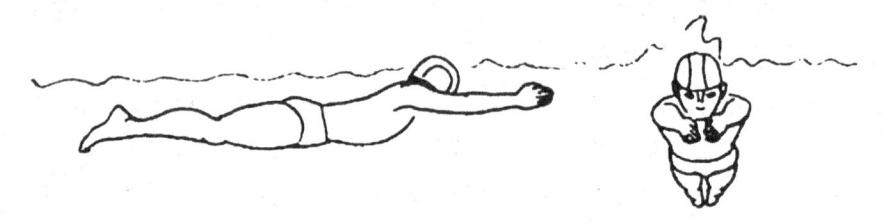

图 2-6（1） 开始姿势

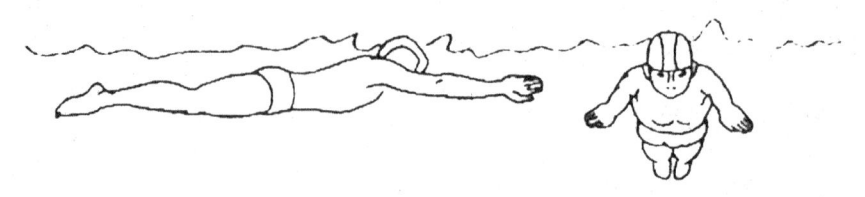

图 2-6（2） 手臂内旋

第三，两手向外侧后下方划水，双腿不动，呼气量增加。[见图 2-6（3）]

图 2-6（3） 向外侧后下方划水

第四，两手继续向外侧后下方划水，开始屈臂。[见图 2-6（4）]

图 2-6（4） 划水屈臂

第五，外划动作结束，此时两手划至最宽点，两手位于肩的前侧下方，肩和头的位置随划水动作而升高。[见图 2-6（5）]

图 2-6（5） 外划结束

第六，前臂上旋，使手的运动方向由侧后下方转为内后下方。[见图2-6（6）]

图2-6（6） 前臂上旋

第七，前臂继续外旋，掌心逐渐转向斜内，手的运动方向由内后下方，转为内后上方，此时肩和头的位置处于最高点，吸气并开始收腿。[见图2-6（7）]

图2-6（7） 吸气收腿

第八，内划动作结束，并开始向前伸臂，继续收腿。[见图2-6（8）]

图2-6（8） 伸臂收腿

第九，继续向前伸臂，头浸入水中，收腿结束，开始翻脚动作。[见图2-6（9）]

图2-6（9） 收腿翻脚

第十，开始蹬水，臂继续前伸。[见图2-6（10）]

图 2-6（10） 蹬水伸臂

第十一，手臂几乎伸直，腿继续做压腿动作。[见图 2-6（11）]

图 2-6（11） 伸臂压腿

第十二，手臂完全伸直，蹬腿动作将要结束。[见图 2-6（12）]

图 2-6（12） 结束蹬腿

第十三，蹬腿动作结束，恢复到开始姿势，身体成流线形姿势，在水中滑行。[见图 2-6（13）]

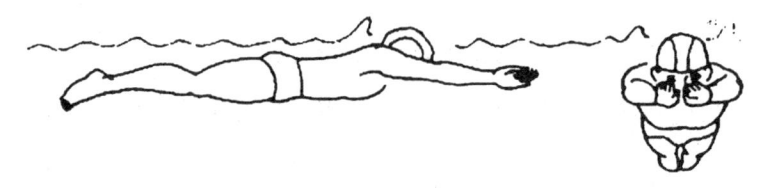

图 2-6（13） 水中滑行

三、蛙泳的技术要点

（一）身体姿势

蛙泳的身体姿势不是固定不变的，而是随着臂、腿及呼吸动作的周期性变化而不断变化。在一个动作周期中两臂前伸、两腿向后蹬直并拢时，身体是几乎水平地俯卧于水中，头部夹在两臂之间且略微抬起，两眼注视前下方，腹部与大、小腿位于同一水面上，臀部接近水面，身体纵轴与水平面成5°~10°。（见图2-7）保持这种身体姿势，应注意使胸、腹部和下肢水平呈流线形姿势，既可以减少前进时的阻力，又可以充分发挥手、臂、腿的作用，加快滑行速度。要做到这一点，身体要保持一定的紧张度。

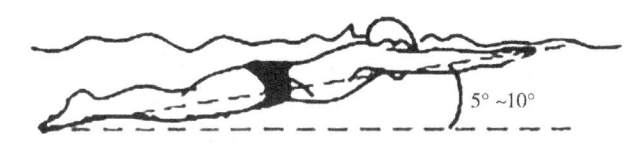

图2-7 蛙泳的身体姿势

（二）腿部姿势

蛙泳腿部动作是推动身体前进的主要力量之一，对于初学者来讲，游蛙泳时的推进力绝大部分来源于蹬腿动作，因此，要学会蛙泳，必须学好腿部动作，蛙泳腿部动作可分为收腿、翻脚、蹬腿、滑行四个阶段，它们之间是紧密相连的完整动作。（见图2-8）

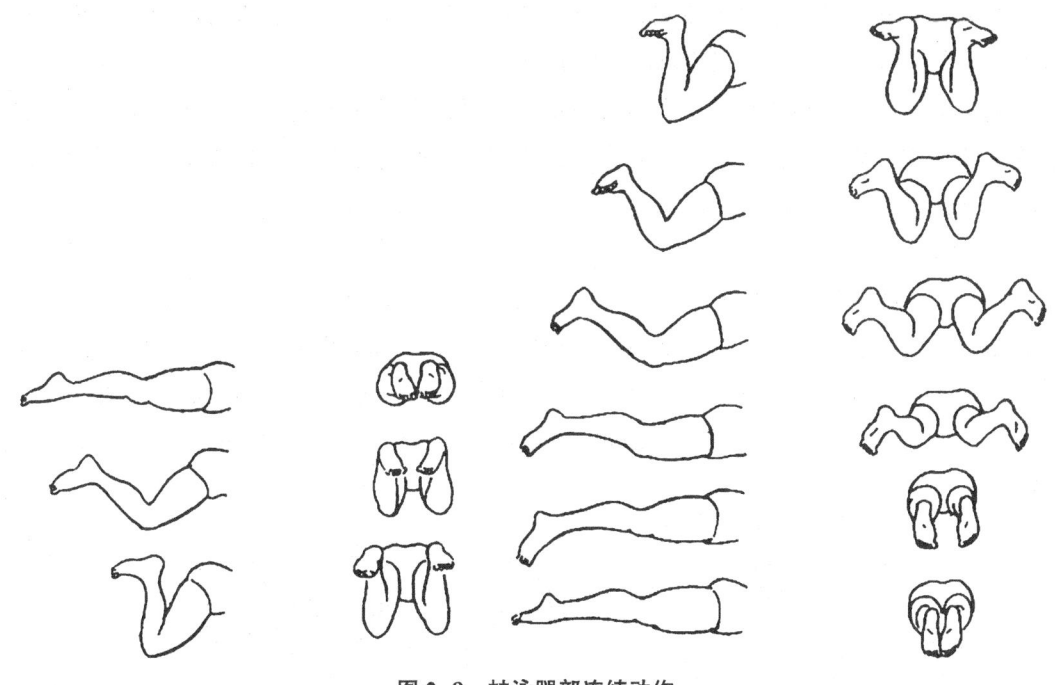

图2-8 蛙泳腿部连续动作

1. 收腿

蛙泳的收腿动作是为了把腿收至臀处有利于蹬水的位置，它不但不产生推进力，而且会造成阻力，所以收腿时要考虑尽量减小阻力。

收腿时，两腿自然放松，两膝略下沉，两腿一边向前收，另一边逐渐分开膝和踝，同时屈膝、屈髋，脚稍向内旋，脚跟向臀部靠拢。收腿时，小腿和脚要团在大腿和臀部的后面，并藏在大腿投影截面面内。收腿力量要小，速度要慢，以减小阻力。收腿结束后，大腿与躯干呈130°～140°，两膝内侧与髋关节同宽，脚后跟靠近臀部，大腿与小腿之间呈30°～45°，小腿与水面几乎垂直。（见图2-9）

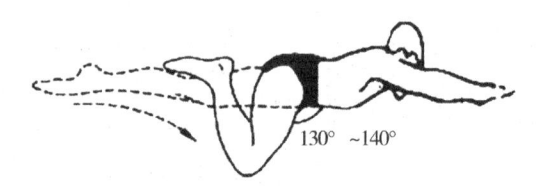

图2-9 蛙泳收腿动作

在现代蛙泳技术中，有的运动员在收腿时采用快收技术，其动作特点是迅速放松大腿，快速收小腿，使脚跟靠近臀部，并与臂部动作相配合，这会加快动作频率，有利于提高速度。

2. 翻脚

翻脚动作的目的在于使腿在蹬夹时有一个良好的对水面。在蛙泳技术中，翻脚动作很重要，做得是否充分，直接影响蹬水的效果。

翻脚动作在收腿动作尚未完全结束时就开始了，翻脚时膝关节稍内扣、勾脚尖，膝关节和踝关节向外转动，使脚内侧和小腿内侧向后对准蹬水方向，翻脚动作结束后，两脚之间的距离略大于两膝之间的距离，脚趾指向侧面，脚底向上。（见图2-10）

3. 蹬夹水

蹬夹水动作是推动身体前进的重要动力来源，也是腿伸直的过程。翻脚后，腰腹和大腿立即同时发力向后蹬水。先伸髋，再伸膝，以大、小腿内侧和脚掌向后做急速而有力的蹬夹动作（见图2-11），即先是向外、向后、向下，然后是向内、向上方蹬水，就像画半个圆圈。在蹬夹腿过程中，当两腿并拢时略向下压，以形成前后鞭打动作。

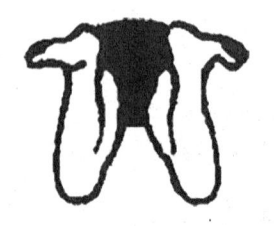

图2-10 蛙泳翻脚动作　　图2-11 蛙泳蹬夹水动作

蹬夹水动作是产生推进力的来源，蹬腿时推进力的大小取决于下列三个因素。

第一，腿部各关节移动的路线，即髋、膝、踝伸展的先后顺序和踝关节的移动路线是否正确。

第二，蹬水时蹬水面积的大小，即翻脚动作是否充分。

第三，蹬腿的节奏和力量，即鞭打状蹬水动作的好坏。

为了延长有效的蹬水动作路线，要在两腿蹬直之后再伸直踝关节，而不要过早伸直，否则会缩短蹬水的有效距离。因此，踝关节的灵活性对提高蹬水效果来说特别重要。

向外蹬水和向内夹水是连续完成的，也就是连蹬带夹，蹬夹水完成时双腿是并拢伸直，双脚内转，脚尖相对。蹬水不要过猛，要由慢到快地加速蹬水，两条腿将近伸直并拢的时候蹬水速度最快。

4. 滑行

蹬夹水结束后，身体应保持流线形的姿势，利用蹬腿产生的推进力向前滑行，滑行时间的长短可由游泳者自己掌握。

为保证最长的滑行距离，此时两腿应尽量伸直并拢，腰、腹、臀及腿部的肌肉保持适度紧张，使身体呈良好的流线形向前滑行，准备开始下一个动作周期。（见图 2-12）滑行中，要注意保持两腿较高的位置；否则若腿部下沉，将会使游进阻力增大，降低游进速度。

图 2-12　蛙泳滑行动作

初学蛙泳时，一定要有明显的滑行阶段。在要求速度的情况下，可减少滑行时间。在游泳比赛中，200 米项目的运动员一般比 100 米项目的运动员的滑行时间要长。

（三）手臂动作

现代蛙泳技术强调发挥手臂的划水作用，手臂动作在划水过程中能形成较大的对水面，因而能取得较好的推进效果。蛙泳的手臂动作可分为开始姿势、抓水、外划、内划和伸臂五个部分，而且这五个部分是紧密相连的。

1. 开始姿势

蹬夹水动作结束后，两臂在体前伸直并拢，两手手指自然伸直并拢，掌心朝下。

2. 抓水

抓水是滑行后进入划水前的动作。如果立即进入划水动作，其动作方向会向外下方，不仅不利于推进身体，而且会造成身体过分起伏。所以，从滑行到划水之间要有一个准备划水的抓水动作。抓水时，肩部要保持前伸，同时双臂内旋，使两臂和掌心转向斜外下方，屈手腕成 120°~150°；结束抓水时，两臂和水平面及前进方向形成 15°~20°角，肘关节伸直。（见图 2-13）

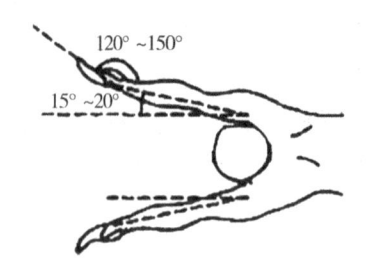

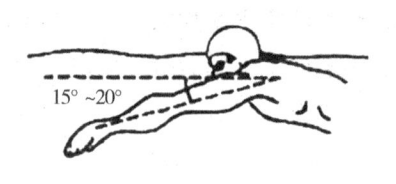

图 2-13　蛙泳抓水动作

3. 外划

划水是手臂动作产生推进力的重要部分，当完成抓水动作、为划水做好准备后就开始向外划水。（见图 2-14）

开始外划时，两臂内旋，并使掌心转向外下方，同时对称地向外、向下、向后划水。两手分开超过肩宽，手臂略外旋、屈肘、屈腕，手臂从朝外下方转为朝向外后下方，此时手掌和前臂应有"抱住水"的感觉。随着两臂继续外划，手臂外旋，两手沿向外、向下、向后方向划水，逐渐加大屈肘程度。当两手划至肩的前侧下方时，两手之间的宽度达到最大点，其大约为肩宽的 2 倍，并约成 100° 的

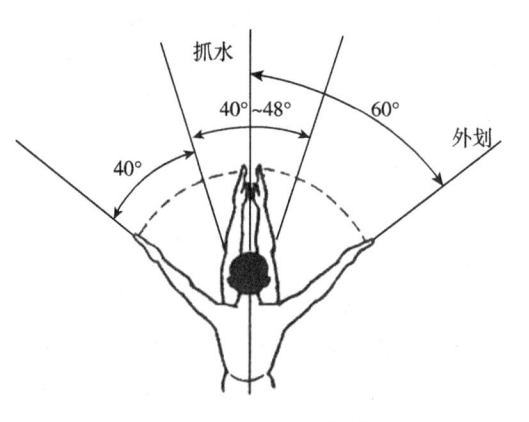

图 2-14　抓水与外划

夹角。外划宽度取决于运动员个体的力量和臂长。外划动作主要是为内划创造条件，并对上体有支撑和平衡的作用，同时产生一定的推进力。外划结束后，臂部紧接着转入内划。

此外，外划的整个过程，应始终保持两手之间的距离大于两肘之间的距离，且肘高于手，划水速度逐渐加快，肘关节随外划的进行不断加大屈肘的程度，到外划结束时，肘关节弯曲了 30°~40°，同时手位于肩的前下方。

4. 内划

内划是外划的继续，正确的内划动作不但可产生推进力，同时也可产生较大的使身体上升的力。此外，内划产生的推动力在划水过程中是最大的。

内划时，手先向内、后、下方划水，同时前臂稍外旋，使手掌由朝向侧、后、下方逐渐向后、内、下方转动，当两手划至最低点时，两手位于肩的前下方，肘关节弯曲成接近 90°，这时手和肘同时向内、向上运动，两手掌转为斜相对；内划结束时，两手位于头前正下方，肘的位置低于手，肘关节则弯曲成锐角。

由于内划阶段推进作用大，因此，要尽量延长这一阶段的划水路线，双手要划至额下方接近合拢时再开始伸臂，避免过早进入伸臂阶段而减小推进力。

5. 伸臂

伸臂是在内划的基础上完成的，通过向前伸肩和伸肘，两臂移至开始姿势。在伸臂过程中，两手掌由相对逐渐转向下。

在一次完整的手臂动作过程中，手的运动路线为一个"倒心形"（见图 2-15），手的运动速度是由慢到快的，是一个加速过程。

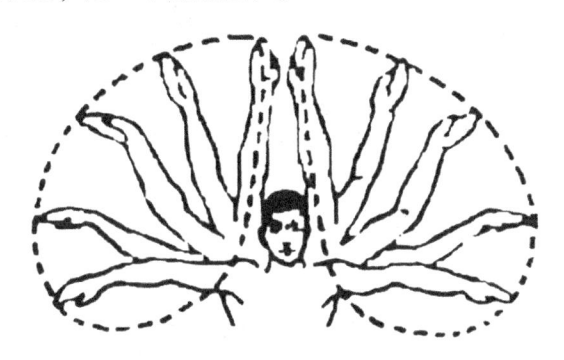

图 2-15 蛙泳手臂划水动作

现代蛙泳划臂动作有两个特点：一是伸臂的速度较以前有所加快，二是部分运动员手从水面上前伸。

（四）动作配合

1. 手臂与腿的配合

手臂与腿的配合是蛙泳技术中的一个重要环节，臂、腿配合动作的好坏，直接影响手臂和腿的动作效果。合理的臂、腿配合技术是：手臂向外划时，腿保持放松、自然伸直姿势，臂内划时收腿和翻脚，手臂将伸直时再蹬腿。

现代蛙泳臂、腿配合的技术特点是收腿的时机比过去稍晚，收腿的速度及收、翻、蹬的连接速度有所加快。

2. 呼吸与手臂的配合

蛙泳的呼吸是用口吸气，用口或口和鼻呼气。蛙泳的呼吸是与手臂动作紧密联系在一起的，在呼吸与手臂的配合技术中有两种方式，即早吸气和晚吸气。（见图 2-16）

早吸气的时间相对较长，伸臂时低头呼气，这种配合易于掌握，可以利用划水时的下划产生向上的力，有助于上身浮起，早吸气这种技术适合初学蛙泳的人采用；晚吸气是指手臂开始划水时呼气，内划时才抬头吸气，吸气时间较短，伸臂时头没入水中，这种技术要求有强有力的手臂划水动作，它是通过手臂动作使头和肩升至最高点时吸气，因而不必做有意识的抬头动作。晚吸气技术中的吸气动作是随着头和肩的上下起伏而自然进行的，因而有利于加强划水力量和充分利用划水产生的推进力，推动身体前进，游泳运动员多采用晚吸气技术。

图 2-16　蛙泳的呼吸方式

3. 蛙泳动作的完整配合

蛙泳臂、腿、呼吸的配合多采用 1∶1∶1 的配合方式，即在一个完整的动作周期中，手臂划水 1 次、蹬腿 1 次、呼吸 1 次。

第三节　爬泳技术

在游泳教学和训练中，爬泳是最基础、最重要的泳式，学会爬泳，有利于学习仰泳和蝶泳技术。现代爬泳是运动员采用身体姿势高平、高肘屈臂划水的晚呼吸配合技术。这种技术的特点是动作配合协调，既省力又能发挥最快的速度，是游泳技术中的"快艇"，也是续航力极强的"巡洋舰"。另外，爬泳技术速度快且具有较高的实用价值，在抗洪抢险、水中救护、抢渡急流、带脚蹼潜水等需要快速游进的情况下都具有一定的优势。

一、爬泳的基本认知

（一）爬泳的含义

爬泳的名称来自它的动作外观特征。爬泳时，身体俯卧水面，两腿上下交替打水，两臂轮流向后划水，动作像爬行，所以人们称它为"爬泳"。

在竞技游泳比赛中，设有自由泳、仰泳、蛙泳、蝶泳比赛项目。游泳竞赛规则规定，自由泳项目比赛中，运动员可采用任何姿势。由于在所有游泳姿势中，爬泳的速度最快，所以在自由泳比赛中，运动员都采用爬泳形式参赛。久而久之，人们就习惯把爬泳称为"自由泳"。

游爬泳时，身体俯卧水面，几乎与水面平行，在各种竞技游泳姿势中，爬泳的流线形保持得最好，受到水的阻力也最小。爬泳是侧向转头吸气，减少了呼吸时的身体起伏，也减少了前进的阻力。爬泳时两臂轮流向后划水，经空中向前移臂，既加长了臂的划水路线，产生更大的推进力，又避免了臂前移的阻力。两臂轮流向后划，能连续不断地产生推进力，使游速均匀。爬泳两腿动作是上下交替打水，除能产生推进力外，还可协调两臂发挥更有力的划水效果。因此，与其他游泳姿势相比，爬泳速度是最快的。

（二）爬泳的产生与演变

爬泳的产生是很早的，从我国和世界其他国家的文物中可发现，古时人类所采用的泅水姿势就有很多是两臂轮流地划水和两腿上下分离地打水的动作，与现代的爬泳相似。

在1896年第一届奥运会上，自由泳被列为正式比赛项目。在比赛中，运动员有的采用两臂轮流划水、空中移臂、两腿蹬夹的技术，也有采用单手出水的侧泳技术，姿势五花八门。1900年第二届奥运会上，匈牙利运动员哈尔梅采用两臂轮流划水，拖着两腿游进的爬泳姿势，获得200米自由泳的第二名。1902年后，澳大利亚、英国、美国相继出现了两臂轮流向后划水，两腿有节奏的上下打水技术，这是现代爬泳技术的雏形。美国人丹尼尔斯最先使用两次划水、六次打水技术，在1904年奥运会获220码和440码自由泳金牌，在1908年奥运会上获100米自由泳金牌并创世界纪录。1922年，美国运动员韦斯摩勒在男子100米自由泳比赛中，第一次突破1分大关，开创了爬泳技术的新纪元，他采用的游泳姿势成为当时爬泳的典型。1924年，韦斯摩勒把男子100米自由泳的世界纪录提高到57.4秒，并保持了10年之久。这之后，爬泳通过比赛、实践，技术不断改进发展，在动作配合和风格上出现多种形式和流派，如先后出现的"6∶2∶1"配合、"4∶2∶1"配合、"2∶2∶1"配合、"规则打水"配合、"不规则打水"配合等。

如今，爬泳是游泳竞赛中的重要项目之一，而且一个国家总体的游泳水平高低，往往反映在爬泳比赛成绩上。因此，爬泳技术水平的高低已成为衡量一个国家或地区游泳水平的重要因素。

二、爬泳的技术动作

爬泳的技术动作由腿、臂、呼吸几部分动作及其协调配合组成，有"6∶2∶1"配合、"4∶2∶1"配合、"2∶2∶1"配合之分。除中长距离外，运动员多采用"6∶2∶1"配合。"6∶2∶1"配合，即两腿上下交替打水6次，两臂轮流向后划水2次，向侧转头呼吸1次的配合。图2-17是爬泳一个完整动作周期的连续动作图。

第一，右臂再同侧肩前入水，左臂已完成一半划水动作，口和鼻从容地呼气。[见图2-17（1）]

图 2-17（1） 左臂划水

第二，右臂入水后向前伸，左臂继续向后划水。[见图2-17（2）]

图 2-17（2） 右臂入水前伸

第三，右手继续向前、向下移动，左手则划回到身体中线向后推水。[见图2-17（3）]

图 2-17（3） 左手推水

第四，右臂向下压，右手腕开始向下勾，左臂则继续推水。[见图2-17（4）]

图 2-17（4） 右臂下压

第五，右臂开始抬肘屈腕，左臂接近完成划水动作，开始提肘。[见图2-17（5）]

图 2-17（5）　右臂抬肘

第六，左臂完成划水动作，左腿用力向下打水。右臂高肘屈臂，准备开始划水。[见图 2-17（6）]

图 2-17（6）　左腿打水

第七，左臂提肘出水，开始向前移臂。右臂高肘屈臂向后内划水。[见图 2-17（7）]

图 2-17（7）　右臂划水

第八，左臂提肘移臂至中段，右臂继续高肘屈臂划水。[见图 2-17（8）]

图 2-17（8）　左臂提肘

第九，右臂完成一半划水动作，手划至中线。左臂继续经空中前移，呼吸量开始增加。[见图 2-17（9）]

图 2-17（9） 左臂前移

第十，右手沿身体中线继续向后划水，左手再同侧肩前入水。头开始沿身体纵轴转动，呼吸量继续增加。[见图 2-17（10）]

图 2-17（10） 右手划水

第十一，右臂继续向后划水，头继续转向侧面，继续呼气，左臂入水。[见图 2-17（11）]

图 2-17（11） 侧头呼气

第十二，右臂继续向后划水，继续向侧转头，随着呼气量的增加，嘴进一步张大。[见图 2-17（12）]

图 2-17（12） 划水侧头

第十三，右臂继续向后划水，嘴转至接近水面，左臂入水后前伸。[见图 2-17（13）]

图 2-17（13） 左臂前伸

第十四，右臂完成划水动作，右腿开始向下打水。嘴露出水面，开始吸气。[见图 2-17（14）]

图 2-17（14） 右腿打水

第十五，右臂提肘出水，手掌转向内，右腿用力下打，嘴张大吸气。[见图 2-17（15）]

图 2-17（15） 打水吸气

第十六，右臂开始向前摆，右腿完成向下的打水动作，吸气接近完成。左臂高肘屈臂开始划水。[见图 2-17（16）]

图 2-17（16） 左臂划水

第十七，右臂继续向前摆，头开始回转，左臂高肘屈臂划水。[见图 2-17（17）]

图 2-17（17） 右臂前摆

第十八，右臂即将入水，脸将完全浸入水中，左臂继续向后划水。[见图 2-17（18）]

图 2-17（18） 右臂入水

三、爬泳的技术要点

（一）身体姿势

爬泳理想的身体姿势是能使人体最大限度地减小迎水截面的流线形姿势，这有利于提高四肢划水（打水）动作的效果，同时增大推进力。游进时，爬泳的身体姿势有以下特点。

第一，身体位置高且平直。在爬泳时，身体俯卧水中，眼看池底，颈部自然伸直，头与水面平行，并与躯干成直线，身体尽量位于水面较高的位置，同时保持正直的姿势，以减少阻力。同时，游进时身体要与水平面保持一定的角度。（见图 2-18）

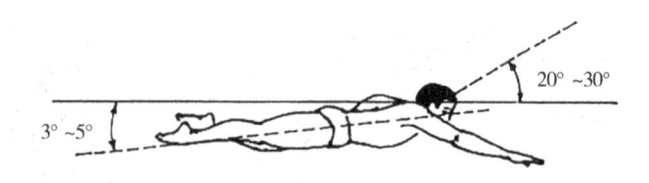

图 2-18 爬泳时身体与水平面的角度

第二，良好的流线形姿势。身体充分伸展，躯干保持适度的紧张。在游进时，身体的所有部分好像处于一个假想的通道内，这个通道略宽于两肩的距离，做臂、腿和呼吸动作时，都应将身体控制在这条通道内。在打腿时，两腿不要过于分开，且划水动作应保持在身体截面内完成，不能有明显的侧向摆动，以维持流线形的姿势。

第三，保持身体的合理转动。在爬泳游进时，身体会随划水和呼吸动作围绕其纵轴有节奏地转动。这一转动使身体在保持一定紧张度的情况下，肩、髋和腿绕轴整体转动，其转动角度为35°~45°（见图2-19），呼吸一侧的转动稍大于非呼吸一侧。身体的合理转动有利于出水和移动，便于头转出水面吸气，同时能较好地发挥上肢和肩带肌群的力量，有利于身体保持良好的流线形姿势，同时减小阻力。

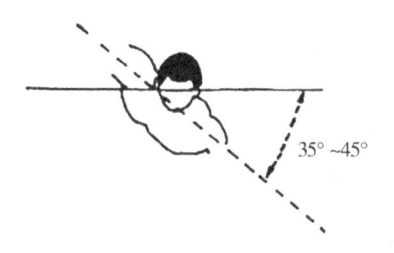

图 2-19 爬泳时身体转动的角度

（二）腿部动作

爬泳的打腿动作能抬高下肢位置，维持身体平衡，减小游进阻力，起到配合两臂协调用力的作用。此外，爬泳腿的动作主要是起维持身体平衡和配合两臂划水的作用，并能产生一定的推进力。爬泳腿部动作效果，在很大程度上取决于腿部摆动技术、踝关节的柔韧性和腿部肌肉力量。

爬泳是两腿不停地上下交替摆动，因此腿部动作由向上打腿和向下打腿两部分构成。打腿时，两腿应稍内扣，踝关节放松，由髋关节发力，传至大腿带动小腿和脚，做向上直腿、向下屈腿的上下交替鞭状打水动作，动作应用力而有弹性，打水幅度为30~40厘米（见图2-20），整个动作简单地描述为"大腿带动小腿，两腿鞭状打水"。

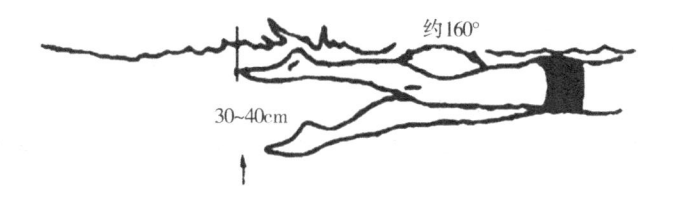

图 2-20 爬泳腿部动作

向下打腿需用力，向上打腿则相对放松。向下打腿要用较大的力量和较快的速度来完成，以产生较大的推进力和向上的浮力；向上打腿几乎不产生推进力，可用较小的力量来完成。在向下打水时，由于惯性作用，小腿和大腿仍继续向上移动，而使膝关节稍微弯曲，弯曲程度一般是大腿与小腿成160°夹角。

爬泳时，打腿的次数因人而异，根据每个人的特点来决定，一般是一个完整的划臂动作配合 6 次打腿。

(三) 手臂动作

在爬泳时，两臂交替向后划水是推动身体前进的主要动力。为了便于描述动作，把臂部动作分为入水、划水、出水和空中移臂四个部分。在一个划臂的动作周期中，划水会对身体产生推进力，而入水、出水和空中移臂是不产生推进力的，但每个动作环节是紧密相连、不可分割的。

1. 入水

臂入水时，手指自然并拢伸直，掌心朝向外下方，肘关节略屈并高于手，由拇指领先，斜插入水。整个手臂入水的顺序应是手、前臂、上臂。入水点在肩的延长线上或身体中线和肩延长线之间。入水点过宽或过窄都不好，过宽不利于形成下划的拖水动作，过窄则会破坏身体的流线形姿势。入水动作是不产生推进力的，所以动作要圆滑，尽量减小阻力。

2. 划水

划水是获得推进力的主要动作，又有上划、下划和内划之分。

(1) 上划

上划时应尽量使前臂和手以最大的面积向后对准水，手臂一边沿向后、向上和向外的运动方向推水，一边逐渐伸肘和腕，当手臂向后推水至大腿旁时，上划结束。

由于划水过程中身体围绕其纵轴滚动，所以手掌对水的方向不是由始至终向后的，而是随划水的过程而变化：手入水时，掌心向斜外方；下划时，掌心向后下方；内划时，掌心向内上方；上划时，掌心向后上方。手臂划水相对于身体形成的运动轨迹，类似于 S 形。

(2) 下划

下划过程是手臂形成一个有效对水面的动作过程，该动作称抱水或抓水动作。在手臂入水后，沿水面继续向前下方伸展 20~30 厘米，使手臂接近完全伸直。紧接着，上臂保持不动，前臂稍外旋，并逐渐屈腕、屈肘，使肘高于手，掌心从向外下方转为向后下方，形成抱水动作。

下划是手臂寻找发力点的动作。通过下划使手臂形成高肘姿势，以较大的截面向后推水，做好加速划水的准备。如果手臂入水后没有伸肩下划而直接下压或没有提肘而沉肘划，则会使用力的方向向下，同时身体会上、下起伏，使对水的截面变小，从而破坏后续划水的推进效果。

(3) 内划

内划时，肘关节弯曲的程度逐渐加大，手臂保持高肘姿势，加速沿向后、向内的方向划动。当臂划至肩下方时，手在身体的下方并靠近身体中线，且手臂与水平面垂直，手掌向后，肘向外，屈肘成 90°~120°，当手臂划过肩的垂直面，划水动作则转入上划阶段。

整个划水过程中间不能有停顿，动作应该连贯并加速完成。为使划水的推进力能更好地作用于身体重心并推动身体前进，划臂应尽量在身体的投影截面进行。

3. 出水

划水结束后应立即在肩的带动下将手臂提出水面，出水的顺序依次是肩、上臂、前臂、手，手臂出水动作必须自然连贯，前臂和手放松。

4. 空中移臂

空中移臂是出水的后续动作，不能停顿。保持手腕放松，肘关节微屈，随着肩关节向前旋动，由上臂带动前臂和手腕向前上方摆动。在移动的前半部分，肘领先于手，手臂沿向前、向外、向上的方向移动；手臂移过肩后，手和前臂的移动速度应领先于肘部，手臂沿向内、向下的方向向前伸出，掌心也由向后上方转为向前下方，手在肩前领先入水。

移臂时，手臂要自然放松，而且保持肘高于手的高肘移臂姿势，身体适当加大转动幅度，以利于移臂动作完成。

5. 两臂的技术配合

爬泳时两臂的正确配合技术是保证游速均匀的重要条件，依照划水时两臂所处的不同位置，爬泳两臂的配合通常有以下三种基本方式。

第一，前交叉配合。当一臂入水时，另一臂处于肩的前方，与水平面约成 30°。（见图 2-21）

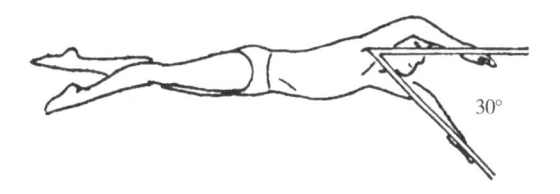

图 2-21 前交叉配合

第二，中交叉配合。当一臂入水时，另一臂则处于肩的下方，与水平面约成 90°。（见图 2-22）

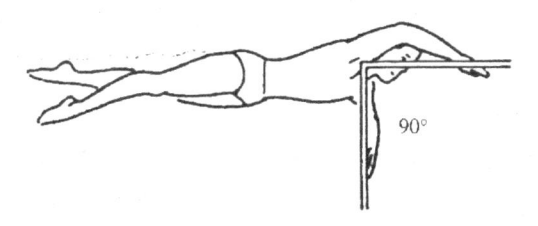

图 2-22 中交叉配合

第三，后交叉配合。当一臂入水时，另一臂划至腹的下方，与水平面约成150°。（见图2-23）

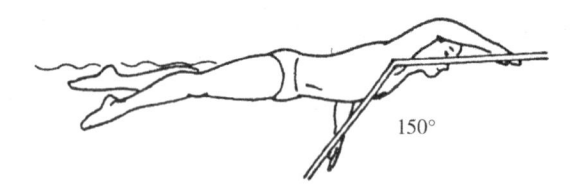

图2-23 后交叉配合

两臂的配合对爬泳游进来说是非常重要的，其关键在于两臂的配合要有利于使身体保持均匀的游进速度，根据这一原则，中交叉和后交叉两臂配合紧凑，推进力较为连贯，速度均匀性也较好。前交叉配合动作的连贯性和速度均匀性比中交叉和后交叉稍差，但这一配合可使身体在水中有较好的流线形姿势，阻力较小。前交叉配合臂入水后的滑行时间较长，有利于掌握呼吸技术。

两臂配合还必须与身体的转动相协调，以保持每个动作周期内身体的流线形姿势，这有利于减小阻力，增加净推进力。两臂和身体转动配合的最佳时机：当一臂（以左臂为例）入水时另一臂（以右臂为例）完成内划，在右臂向身体中线的内上方划水时，左臂在水中向前下方伸展，形成"抓水"动作，这与身体转向右侧的动作相一致。接着，身体继续向右侧转动，使身体两侧的运动方向与手臂动作相一致，并保持身体一侧成直线。身体向右侧转动能使同侧臂在上划时，直接后划的距离更大。两臂配合动作时，一臂在另一臂完成上划后才开始向下划水，这可保证入水管在前面的流线形姿势，同时又增加了另一臂划水的净推进力。因为，入水管产生的形状阻力比过早下划动作的小，所以它对划水臂推进力的影响也较小。

（四）动作配合

1. 手臂与呼吸的配合

游爬泳时，呼吸动作应有节奏地进行，一般是两臂各划一次，做一次呼吸。以向右侧吸气为例，右手入水后，口鼻开始逐渐呼气，并随着划水的进行加速呼气，拉水动作结束转入推水时，身体开始向右侧转动，同时在身体转动的基础上向右转头。当推水动作将要结束时，嘴露出水面并张口吸气，手出水时吸气结束，然后头随着移臂和身体的转动而转回正常位置。

2. 手臂与腿的配合

爬泳手臂与腿的配合有多种形式，其中6∶2配合是较为常见的一种，即臂划水2次、腿配合打水6次（通常称为6次打腿配合）。此外，还有4∶2、2∶2等配合方式，一般来说，短距离游泳运动员几乎全部采用6次打腿的配合方式，而长距离运动员则多采用2次或4次打腿的配合方式。

3. 爬泳完整配合

爬泳完整配合动作即腿、臂、呼吸完整配合动作，短距离多采用6：2：1配合，在一个完整的动作周期内，运动员两臂各划水1次，两腿各打3次，呼吸1次。

第三章
游泳进阶

在熟悉水性和掌握蛙泳、爬泳入门技术后，可以循序渐进地学习仰泳、蝶泳以及转身、出发技术。通过对仰泳、蝶泳等不同泳姿技术动作的学习和实践，并及时进行纠错，可以全面掌握和提高游泳技术。同时，选择合适的转身和出发技术并熟练运用，能使游泳技术达到高阶水平。本章中将对仰泳、蝶泳以及转身、出发技术的相关内容加以详细阐述。

第一节 仰泳技术

在游泳姿势中，仰泳是十分常见的一种。仰泳的速度仅次于爬泳和蝶泳，是一种很受人们喜欢的游泳姿势。

一、仰泳的基本认知

（一）仰泳的含义

仰泳是因人体在水中以仰卧姿势游泳而得名。游泳时，只要是身体仰卧的泳姿都可称为仰泳。现代的竞技仰泳，身体仰卧水中，两腿上下交替打水，两臂经空中向前移臂后在体侧轮流向后划水。

（二）仰泳的产生与演变

仰泳产生的时代是比较早的，18世纪时就有了关于仰泳技术的记载。最初的仰泳是在游泳中仰卧漂浮作为水中休息。后发展为仰卧水上，以两臂同时在体侧向后划水，两腿做蛙泳的蹬夹水动作游进的技术，亦称为"蛙式仰泳"或"反蛙泳"。1900年，第二届奥运会上开始设立仰泳项目的比赛。自1902年出现爬泳技术后，就开始有人在游仰泳时，采用类似爬泳的两臂轮流向后划水的技术，腿仍旧用蛙泳蹬水动作，以后再发展到将两腿动作改为上下交替打水的技术。1912年，第五届奥运会，美国运动员赫布尔采用了这种爬式仰泳的技术，获得100米仰泳冠军，证实了爬式仰泳技术的优越性。从此，在仰泳比赛中，爬式仰泳取代了蛙式仰泳。以后，随着仰泳技术的不断发展，1968年奥运会，民主德国运动员马特斯采用大屈臂、深划水、强有力的打腿技术，身体平而高，在男子 100 米仰泳比赛中，以 58.7 秒的成绩，第一个突破 1 分大关，并获得金牌，成为仰泳技术发展的转折。此后，仰泳技术不断发展，在竞技游泳比赛中的地位也越来越重要。

我国的仰泳技术自中华人民共和国成立后进步很快，在 1953 年的世界青年联欢节上，我国优秀运动员吴传玉在男子 100 米仰泳比赛中，夺得金牌，为祖国争得了荣誉。这是我国运动员第一次在世界性体育比赛中获得冠军，五星红旗第一次在国际体坛上空升起。但我国仰泳项目与其他三种姿势相比，仍较落后。20 世纪 90 年代以来，我国的游泳技术获得了可喜进步，在国际性的游泳比赛中也日益取得不错的成绩。

二、仰泳的技术动作

仰泳是身体仰卧水中，两臂轮流在体侧向后划水，两腿交替上下打水，多采用打水 6 次、划臂 2 次、呼吸 1 次的配合技术。图 3-1 是仰泳一个完整动作周期的连续动作图。

第一，左臂在肩的正前入水，手臂伸直，手掌朝外，小指领先入水。右臂已完成划水动作，开始向上提臂，左腿向斜上方踢水。[见图 3-1（1）]

图 3-1（1） 左臂入水

第二，左臂入水后，直臂向下准备抱水，右臂向上提出水面。[见图 3-1（2）]

图 3-1（2） 右臂出水

第三，左臂向侧下方勾手腕、屈肘抱水。右臂继续向上移臂。右腿处于向下打水的最下方，准备向斜上方踢水。[见图 3-1（3）]

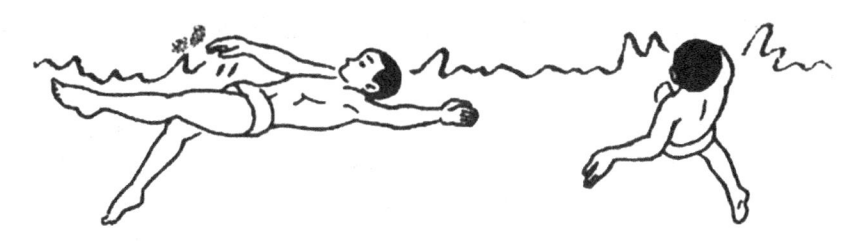

图 3-1（3） 右腿打水

第四，左臂继续向后划水，屈臂程度逐步加大，手掌几乎正对后方。右臂在垂直面上向前移臂，右腿开始向斜上方踢水。[见图 3-1（4）]

图 3-1（4） 左臂划水

第五，左臂划至肩侧时，屈臂程度最大，肘关节约成 90°～100°角。右臂继续前移，手掌心开始转向外侧。[见图 3-1（5）]

图 3-1（5） 右臂前移

第六，左臂开始向后推水。右臂移至肩上方，手掌转向外侧。[见图 3-1（6）]

图 3-1（6） 左臂推水

第七，左手向后推水至髋部，手掌靠近身体，准备继续向后下方推水，右臂继续在垂直面上前移。[见图3-1（7）]

图 3-1（7） 右臂上移

第八，左手在完成向下推压水的动作之后，手臂要伸直，手掌心应向下。此时，右臂直臂，小指领先入水，手掌向外。[见图3-1（8）]

图 3-1（8） 右臂入水

第九，左肩在左臂出水前出水。右臂入水后直臂向下，准备抱水。[见图3-1（9）]

图 3-1（9） 左肩出水

第十，左臂领先出水，小指向上并向前上方移臂。右臂完成抱水动作后，开始屈臂向后划水，左腿开始向上踢水。[见图3-1（10）]

图 3-1（10） 左腿踢水

第十一，左臂移至肩上方。右臂划至肩侧，肘关节成 90°～100°角，准备向后推水，左腿开始向斜上方踢水。[见图 3-1（11）]

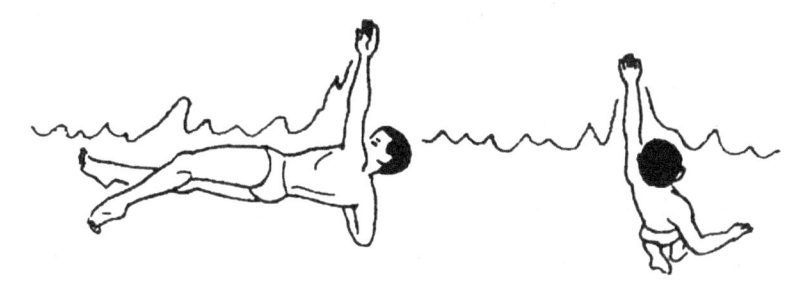

图 3-1（11）　左臂上移

第十二，左臂沿垂直面继续向前移臂，右臂向后下方推压水。[见图 3-1（12）]

图 3-1（12）　右臂压水

第十三，左臂移臂将结束，准备入水，右手推压水结束。整个仰泳动作周期完成。[见图 3-1（13）]

图 3-1（13）　结束运作

三、仰泳的技术要点

（一）身体姿势

仰泳时，身体要自然伸展，仰卧在水中形成较好流线形，头和肩略高于臀，腰腹和腿部保持水平，身体纵轴在水平面上构成 4°～6°迎角，腹部和两腿均在水面下 10～15cm。（见图 3-2）

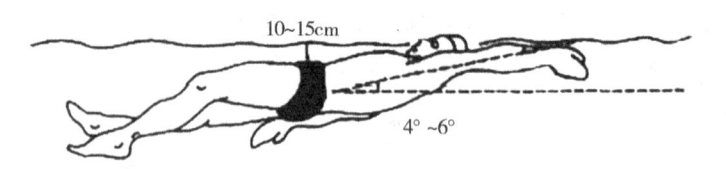

图 3-2 仰泳的身体姿势

仰泳时，头起"舵"的作用，应保持相对稳定，并要自然地平枕在水中，避免左右晃动，颈部肌肉要自然放松，后脑浸在水中，脸露出水面，下颌稍靠近胸部，两眼看向后上方，从整个身体姿势看上去，好像平躺在床上一样，臀部及腰部的肌肉要保持适度紧张。

游仰泳时，上体随划水和移臂而向两侧转动，这种转动有利于加强划水力量和移臂动作，上体向每侧转动的幅度约为 40°（两肩的连线与水面的角度），但头应尽量保持稳定。（见图 3-3）

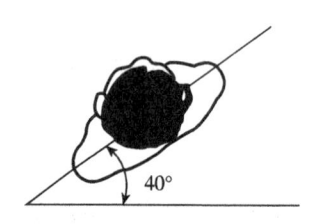

图 3-3 仰泳时转动的幅度

（二）腿部动作

仰泳的腿部动作不仅可以使腿部保持较高的位置，维持身体平衡，减小身体的侧向摆动以减小水阻力，还可以产生较大的推进力，发挥一定的推进作用。

仰泳腿部动作与爬泳相似，也可用"大腿带小腿，两腿鞭打水"来形象地描述。但由于是仰卧，所以产生推进力的动作是向上打腿。此外，仰泳打腿时膝关节弯曲的程度大于爬泳，约成 135° 角，打腿的幅度也比爬泳深，约为 45 厘米。

向下打腿是直腿完成的，大腿带动小腿，下压到一定深度后，大腿停止下压，并转入向上打腿过程，此时小腿和脚在惯性的作用下仍继续下压，使膝关节弯曲成 135° 角左右。

向上打腿是产生推进力的动作，因而要用较大的力量来完成，当大腿向上移动到一定高度，膝关节即将露出水面时，大腿结束向上移动，转为下压，而小腿和脚仍继续上移直至接近水面，膝关节伸直形成鞭状打水动作。

仰泳腿部动作的全过程如图 3-4 所示，图 3-4 中的小箭头表示腿的各部分运动的方向。仰泳打腿过程中，无论何时，膝关节、小腿和脚都不能露出水面。

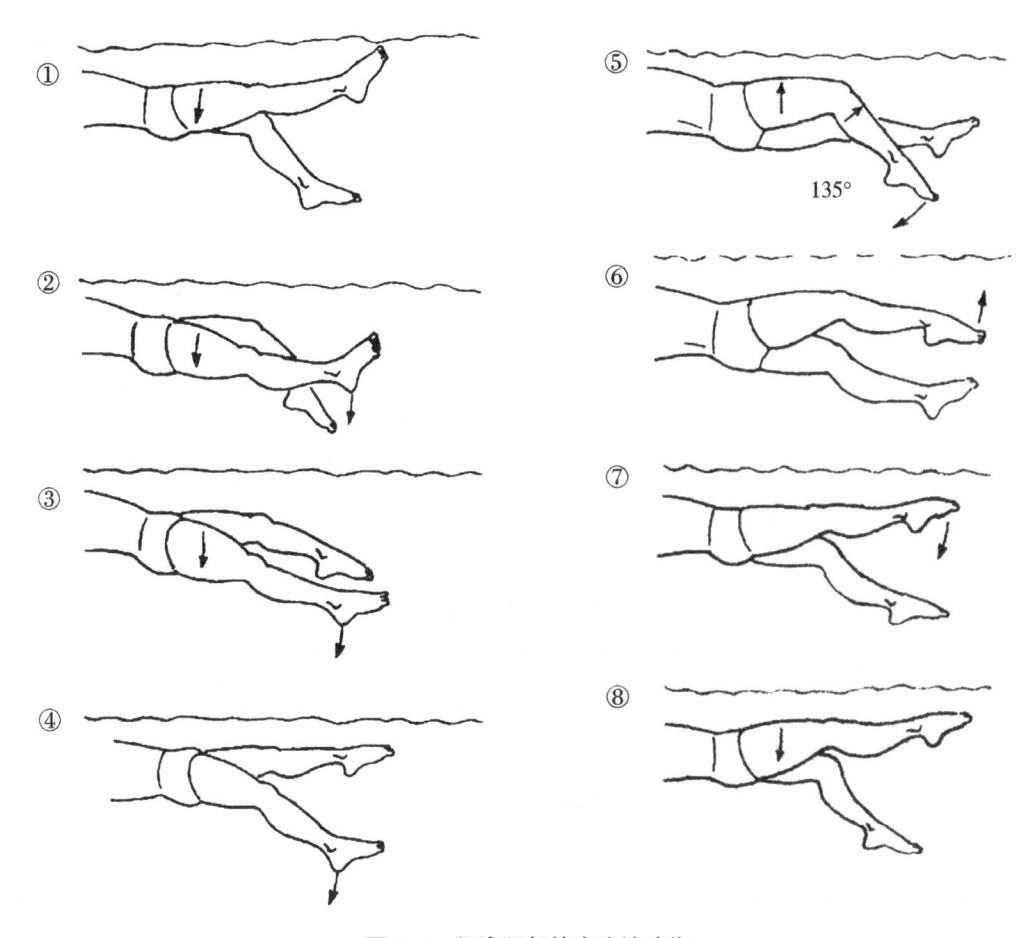

图 3-4　仰泳腿部技术连续动作

（三）手臂动作

在仰泳时，两臂交替地向后划水产生推动身体前进的主要动力，臂划水技术的好坏直接影响游速。仰泳的臂部动作分为入水、划水、出水和空中移臂 4 部分。

1. 入水

臂的入水动作应与身体的转动相协调，在臂入水时，身体向同侧转动，手臂伸直放松，掌心朝外，并以小拇指领先在头前同侧肩的延长线上快速切入水中，以减小入水时的阻力。在入水时，手掌与前臂成 150°～160°（见图 3-5）。

2. 抓水

手臂入水后努力下滑抓水，并配合身体围绕纵轴转动，手掌向下，向侧移动，通过积极伸肩、屈腕，手臂外旋，使手掌、前臂和上臂处于最有利的向后对水位置，形成有利的划水面并有压力的感觉，手掌距水面约 30cm，肩保持较高的位置（见图 3-6）。

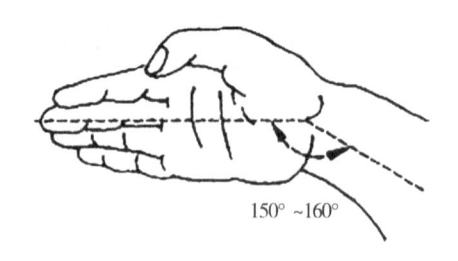

图 3-5 仰泳入水掌形　　　　图 3-6 仰泳抓水动作

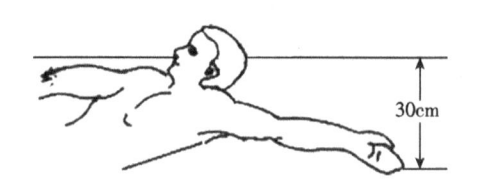

3. 划水

仰泳的划水动作产生推动身体前进的主要动力。划水动作从手臂下划开始，手臂以肩为轴，划至大腿侧下方为止。根据手臂划水的主要轨迹方向，划水包括下划、上划和第二次下划、第二次上划四个动作。

(1) 下划

在臂入水后，应积极下滑，而不宜过早向后划水。随着身体的转动和积极的伸肩动作，肩臂向外旋转，勾腕并稍屈肘，手指向外，使前臂内侧和手掌对准水，直至有压水的感觉。此时，划水的主要肌肉群（胸大肌、背阔肌和肩带肌群）应适当拉长，以便划水时充分发挥力量。下划结束时，手掌距水面 30~40cm，肘关节弯曲成 150°~160°角，形成"抱水"动作，为上划创造有利条件。

(2) 上划

上划时身体继续向侧下方转动，手向后、向上、向内划水，肘关节逐渐加大弯曲程度。在上划过程中，手的运动速度应快于肘，并逐渐使手、前臂和上臂形成良好的对水面，当手划至肩侧，上划动作结束，此时身体转动角度达到最大，且肘关节弯曲也达到最大，并呈 90°~120°角，手掌离水面 10~15cm，指尖朝向外上方。

(3) 第二次下划

当手掌划过肩关节转入下划阶段时，身体开始向划水臂的对侧转动，手掌、前臂、上臂同时向后、向下、向内加速推水。为使推水动作更加有力，肘关节和前臂应逐渐向身体靠近。推水即将结束时，前臂内旋向下做压水动作，直至在大腿下完全伸直。前臂和手腕的压水动作要快速，犹如甩鞭子一样。推水结束时，手臂伸直，手掌朝下，指尖向外，并位于大腿侧下方，距水面 30~40cm。

(4) 第二次上划

关于第二次上划的概念是马格利索最先在《Swimming Even Faster》中提出的。第二次上划是指第二次鞭状下划后和出水前的这段划水。第二次下划后，手掌朝下，指尖向外，并通过直臂外旋和伸腕动作向上划水，同时手掌由朝下向后、向内拨水至腿旁则完成上划动作。第二次的划水动作非常短暂，其主要体现在一些运动员第二次下划比较靠外，在手掌因准备出水而从向下到向内的转动过程中，由于手掌此时对水形成一个向后的倾斜角度及由外向内的横向运动，可能无意中产生了推进力。如果第二次下划靠大腿近，就不可能出现类似的上划动作，并产生推进力。

4. 出水

出水是指手臂划水结束后迅速提出水面的动作过程。出水时，借助手臂向下压水的反作用力和肩部肌肉的收缩，迅速把手臂提出水面，同时先压水，使手臂伸直，然后提转肩，使肩露出水面，并由肩带动上臂、前臂和手依次出水（见图3-7）。与爬泳出水动作不同的是，仰泳是直臂出水。在出水时，掌心转向大腿，大拇指领先出水，这样做所受阻力较小，且手臂比较自然放松。

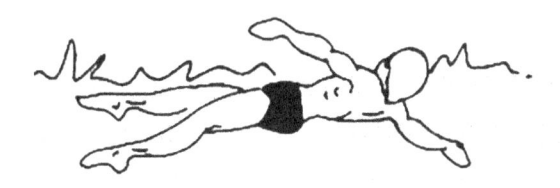

图 3-7　仰泳出水动作

5. 空中移臂

在手臂出水后，应以肩为轴，沿着同侧肩的上方，并在水的垂直面上直臂向前移动（见图3-8）。当手臂移至肩的正上方时，前臂向内旋转，使掌心转向外，小手指领先并为入水做好准备。在空中移臂时，臂要伸直放松。

仰泳时，两臂的配合应保证身体得到连贯均匀的推进力。游进时两臂的动作基本处于相对位置：在一臂入水时，另一臂划水结束；一臂处于划水的中部时，另一臂则处于移臂的一半。这样的配合能保证两臂动作的连贯性，使身体匀速前进。

图 3-8　仰泳空中移臂动作

（四）动作配合

1. 手臂与呼吸的配合

仰泳的呼吸技术比其他泳式简单，但为了避免呼吸不充分造成的动作紊乱，游进时需要注意掌握好呼吸方法和呼吸节奏，一般是划臂两次，呼吸一次，吸气时要用口来进行，用口和鼻呼气，应在一臂移臂时吸气，另一臂移臂时呼气。

2. 仰泳完整配合

在现代仰泳技术中，一般采用6∶2∶1的配合形式，即6次打腿、2次划臂、1次呼吸。

第二节 蝶泳技术

在四种竞技游泳姿势中,蝶泳是最年轻的一种泳式,它是从蛙泳中派生出来的,深受游泳者喜爱。

一、蝶泳的基本认知

(一)蝶泳的含义

蝶泳是因其动作外形而得名。游蝶泳时,身体俯卧水中,两臂同时向后划水后,同时提出水面,经空中向前移臂,同时两腿向后蹬水或同时上下打水。因两臂动作像蝴蝶展翅,因而被人们称为"蝶泳"。

最初的蝶泳技术是两臂同时向后划水,经空中向前移臂,像蝴蝶飞舞,两腿做蛙泳蹬夹动作,称为蛙式蝶泳。后来规则允许两腿同时做上下打水动作,于是,蝶泳腿的技术便发展为躯干和腿同时做上下波浪式打水技术,其动作像海豚游泳,故被称为海豚式蝶泳,简称为海豚泳。由于海豚泳的阻力比蛙式蝶泳小,游进速度明显快于蛙式蝶泳,因而在蝶泳比赛中,运动员都采用海豚泳,蛙式蝶泳逐渐被淘汰。久而久之,人们就习惯把蝶泳称为海豚泳,把海豚泳和蝶泳等同起来。现代的蝶泳指的就是海豚泳。

(二)蝶泳的产生与演变

蝶泳是在蛙泳动作的基础上演变而来的。在蛙泳技术发展的过程中,为寻求更快的速度,人们先是将划臂路线延长,使两手臂划到大腿旁,以后又改为两臂划水后提出水面,经水面上向前移臂,这使游速大为改善。据记载,这种蛙泳技术在1924年首先出现于菲律宾。1933年在美国,有人首先在比赛中采用。1936年国际泳联对竞赛规则做了修改补充,正式允许蛙泳两臂划水后从水面上向前移臂。之后,这种技术很快得到广泛流传,并在竞赛中逐步取代传统的蛙泳技术,这也就是蝶泳的产生及其发展的最初阶段。

1952年第十五届奥运会后,国际泳联决定正式设立蝶泳姿势的比赛,使蛙泳和蝶式蛙泳(即蝶泳)分开进行比赛。从此,蝶泳便作为正式比赛项目并得以发展。初期的蝶泳比赛,运动员采用的都是蛙式蝶泳技术,但两腿动作逐渐改为以蹬为主,动作幅度变小,频率加快。1953年匈牙利运动员乔·董贝克模仿海豚游泳的姿势,在蝶泳比赛中采用了一种海豚式的打水技术,并获得了巨大成功,连续5次创蝶泳世界纪录,受到了人们的关注。海豚泳技术流传很快,1956年以后,在世界性的蝶泳比赛中,几乎没有人再采用蛙式蝶泳，而几乎全都采用海豚泳。海豚泳技术的发展，也从早期的大波浪发展到小波浪技术，20世纪70年代后又从高肘技术发展到低、平、直的移臂技术。随着技术的发展，世界纪录不断被刷新。

二、蝶泳的技术动作

蝶泳技术动作由躯干和腿、臂、呼吸几部分动作及其协调配合组成，一般是采用2∶1∶1配合，即腿打水2次、臂划水1次、呼吸1次的配合。图3-9是蝶泳的连续动作图。

第一，两臂在同肩宽的前方入水。入水时，手掌领先，前臂和上臂依次入水，眼睛稍向前下看。脚尖绷直，准备向后下方打水。[见图3-9（1）]

图3-9（1）　两臂入水

第二，两臂入水后前伸，手掌向外侧后方抓水，两腿开始向后下打水。[见图3-9（2）]

图3-9（2）　前伸抓水

第三，两臂继续外划抓水。腿打水将要完成，向下打水的反作用力使臀部上提到水面。[见图3-9（3）]

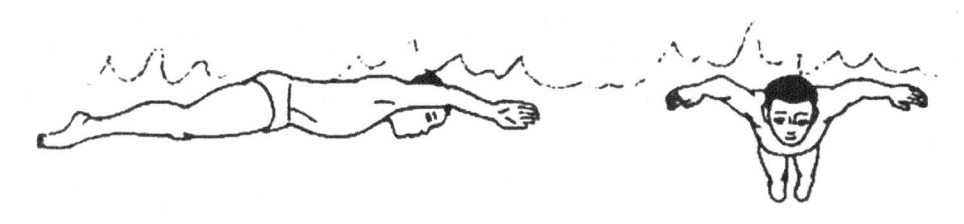

图3-9（3）　臀部上提

第四，肘部提起，两臂继续外划。两腿开始向上打水，踝关节弯曲。头自然上抬，但不出水。[见图3-9（4）]

图 3-9（4）　两腿打水

第五，臂向两侧划至最大宽度，即继续高肘开始转向下、内、后方划水。两腿继续直腿向上抬。[见图 3-9（5）]

图 3-9（5）　高肘划水

第六，两臂继续向内、向后划水。大腿开始向下，小腿继续向上，膝微屈。[见图 3-9（6）]

图 3-9（6）　开始收腿

第七，两手划水经肩下方时，几乎并拢，两肘在身体外侧，肘关节弯曲约90°。大腿继续向下，开始第二次打水，此时小腿由于惯性仍继续向上。[见图 3-9（7）]

图 3-9（7）　第二次打水

第八，两肘内收，向身体靠拢，两手和前臂向后推水。大腿继续向下带动，小腿开始向下打水，脚尖绷直，此时稍低头。[见图 3-9（8）]

图 3-9（8） 收肘推水

第九，两手推水动作结束，开始向外摆动，准备做移臂动作。第二次向下打水动作即将完成，继续低头。[见图 3-9（9）]

图 3-9（9） 外摆移臂

第十，两腿在两手提出水面之前一瞬间，完成向下的打水动作。肘部开始上抬，臀部保持在接近水面处，使身体成流线形。[见图 3-9（10）]

图 3-9（10） 身体成流线形

第十一，两臂提出水面并向前移臂，两腿伸直上抬，脸部几乎与池底平。[见图 3-9（11）]

图 3-9（11） 两臂出水

第十二，两臂向前摆动过肩时，手掌转向下，臂伸直放松，两腿继续向上打水。[见图 3-9（12）]

图 3-9（12） 两臂前摆

第十三，两臂准备入水，低头。大腿开始向下，小腿继续向上打水。[见图 3-9（13）]

图 3-9（13） 低头

第十四，两手在肩前开始入水。大腿向下，小腿向上至最高点准备打水，膝弯曲角度增加，脚尖绷直。[见图 3-9（14）]

图 3-9（14） 两臂入水

第十五，两臂入水后，前伸、外划。腿向下打水将完成，臀部提到水面，开始呼气。[见图 3-9（15）]

图 3-9（15） 打水提臀

第十六，两臂高肘开始转向内，向后划水。两腿直腿向上抬起。抬头向上，继续呼气。[见图 3-9（16）]

图 3-9（16）　划水抬头

第十七，两手划至肩下时，又几乎并拢，大腿向下，小腿继续向上打水。[见图 3-9（17）]

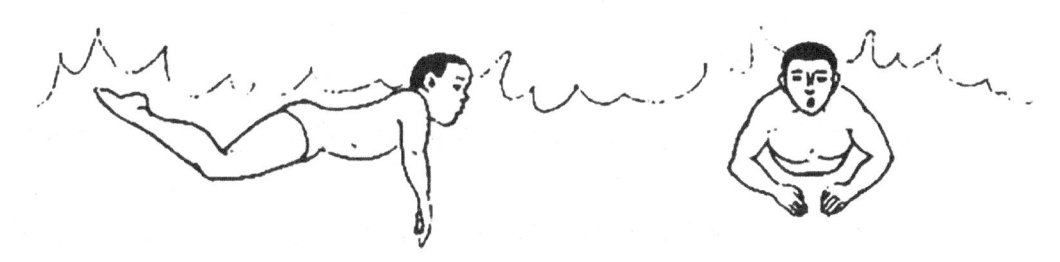

图 3-9（17）　下划打水

第十八，两手向后推水，同时两腿向下打水。颈部向前伸展，抬头，口开始在水面上吸气。[见图 3-9（18）]

图 3-9（18）　推水抬头

第十九，开始移臂时，吸气已完成。同时，第二次向下打水也已完成。[见图 3-9（19）]

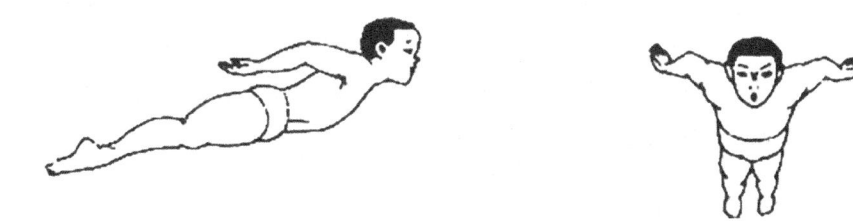

图 3-9（19）　吸气打水

第二十，吸气后，脸部浸入水中，低头。两腿向上，移臂结束。[见图 3-9（20）]

图 3-9（20） 吸气低头

三、蝶泳的技术要点

（一）身体姿势

蝶泳没有固定的身体姿势，以腰为中心，躯干和腿做有节奏的上下波浪摆动。头部和肩部只是吸气时才抬出水面，接着又潜入水中。

蝶泳整个动作要求身体俯卧在水中，两臂同时向前方入水，经抱水、划水至大腿外，然后提肘出水，在空中移臂后再入水；腰部发力，带动大腿、小腿及脚进行波浪形的鞭状打水。整个动作从头、颈、躯干到脚沿着身体纵轴做传动式的起伏。（见图 3-10）

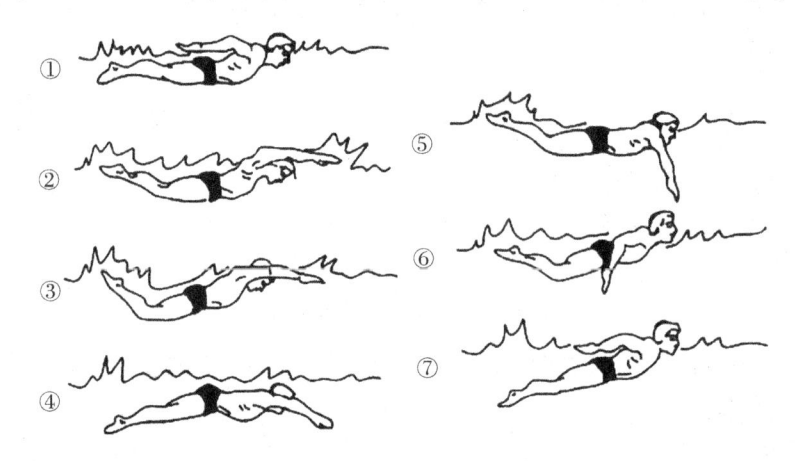

图 3-10 蝶泳的身体姿势

蝶泳时，要求身体姿势相对稳定，身体应有节奏地起伏，但不应起伏太大，否则会破坏身体的水平游进状态并增加水对身体的阻力。

（二）躯干与腿部动作

正确的蝶泳技术是以腰为中心，躯干和腿做有节奏的摆动动作。发力点在腰部，以大腿带动小腿，做上下的打水动作，而这些动作与头和臂部动作紧密联系在一起，形成蝶泳所特有的波浪动作。它虽然不是最主要的游进动力，但可以弥补臂部动作间断时速度下降的不足，而且能使身体保持平衡。

躯干和腿部动作的开始姿势是：两腿并拢，脚掌稍内旋，踝关节放松。在鞭打水时，从腰部发力，带动脊柱、髋、膝、踝各部位相继屈伸，形成波浪式的动作。

向下打水时开始屈膝约成110°，髋关节几乎伸直，脚上抬到最高点至水面，然后向后下方打水，当小腿继续向下打水时，腿部打水的反作用力使臀部升高，大腿和躯干约成160°，脚跟距水面约为50cm（见图3-11）。然后，两腿伸直向上移动，由腰部发力，带动臀部下降，髋关节逐渐展开，使脚后跟与臀部几乎在同一水平面上，伸直膝关节，身体也几乎成水平，这时在臀部带动下，大腿开始下压，膝关节随大腿的下压而逐渐弯曲，随着屈膝程度增加，脚向上抬到最高点接近水面，再准备向下打水。

当脚向下打水时，踝关节放松，脚面呈缓坡，此时是蝶泳腿打水产生推进力的最佳阶段。然后，脚面和小腿随着大腿加速下压的动作，使脚面和小腿加速向后推水。当两脚继续加速向下打水尚未结束时，大腿再一次开始向上移动。当膝关节伸直时，一次向下打水的动作即告结束。

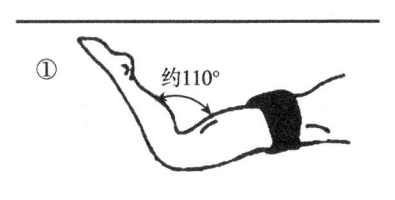

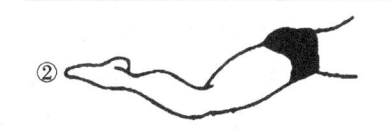

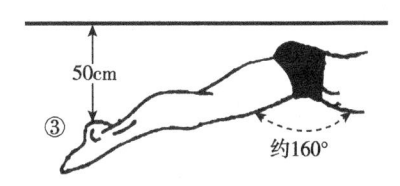

图3-11 蝶泳下肢鞭状打水动作

（三）手臂动作

蝶泳手臂的划水动作是推动身体前进的主要因素。蝶泳的臂部动作与爬泳类似，有所不同的是，蝶泳两臂同时划水，而爬泳是轮流划水。蝶泳手臂动作可分为入水、抱水、划水、出水、空中移臂五个部分，但各部分动作是连贯、不可分割的。

1. 入水

两手的入水点应该在两肩的延长线上，太宽易使划水路线缩短，太窄则不利于入水后划水和抱水。入水应以大拇指领先，手掌斜插入水，然后前臂和上臂依次入水，入水时掌心朝向侧下方，手掌与水面约成40°角。（见图3-12）

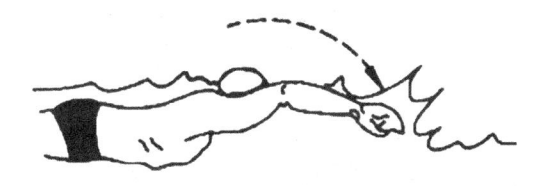

图3-12 蝶泳的入水动作

2. 抱水

臂入水后,手和前臂向外旋转,手臂同时向外、向后运动。当两手向外划至头的侧前方时,通过勾手腕、屈肘完成抱水动作。抱水动作过程就像是用手臂去抱一个大圆球,目的是为划水做准备。

一般来说,抱水时,手和前臂的速度比肘部快,这时前臂与水面约成45°,肘关节约屈成150°,上臂与水平面约成20°,两手掌距离略比肩宽。(见图3-13)

3. 划水

做好抱水的动作后,手臂立即转入向内划水,划水时继续屈肘,并保持高肘姿势,手的运动方向是向内、向后和向上的。当手臂划至肩的下方时,肘关节弯曲成90°~100°角,两手相接近。然后,手臂同时向后、向外和向上运动,肘关节逐渐伸直。当手划到大腿两侧时,划水动作结束,转入出水。整个划水过程手的运动路线是双"S"形曲线。肌肉的用力,前半段为拉水,后半段为推水。手划至肩下时,肘关节弯曲的角度如图3-14所示。

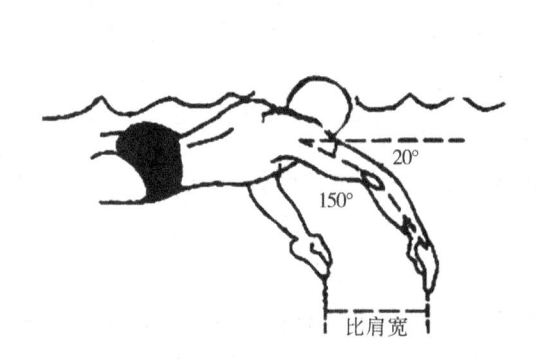

图3-13 蝶泳的抱水动作

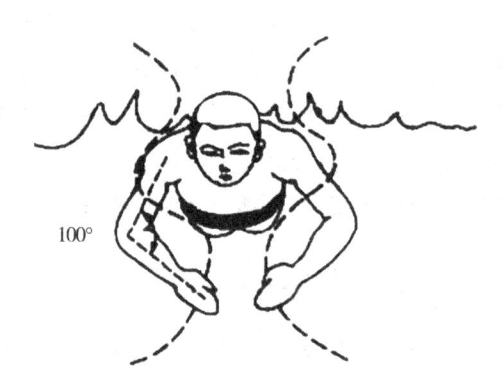

图3-14 蝶泳的划水动作

4. 出水

在向后推水尚未结束时,肘已经开始向上抬起。手推水结束时,利用推水的惯性,肘和肩带动手臂提拉出水。(见图3-15)

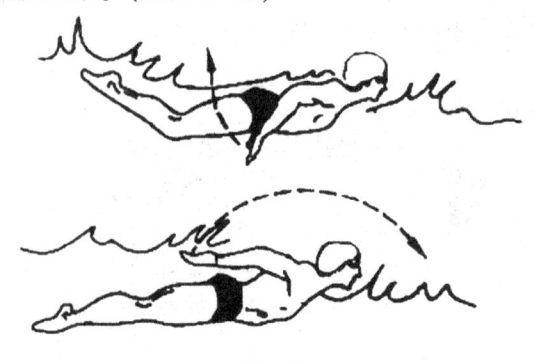

图3-15 蝶泳的出水动作

5. 空中移臂

出水后，在肩的带动下，臂迅速从空中前移至头前，为入水做好准备。蝶泳移臂一般采用直臂移臂或肘关节微屈、高肘的移臂方式。在移臂过程中，前臂和手腕放松。（见图3-16）

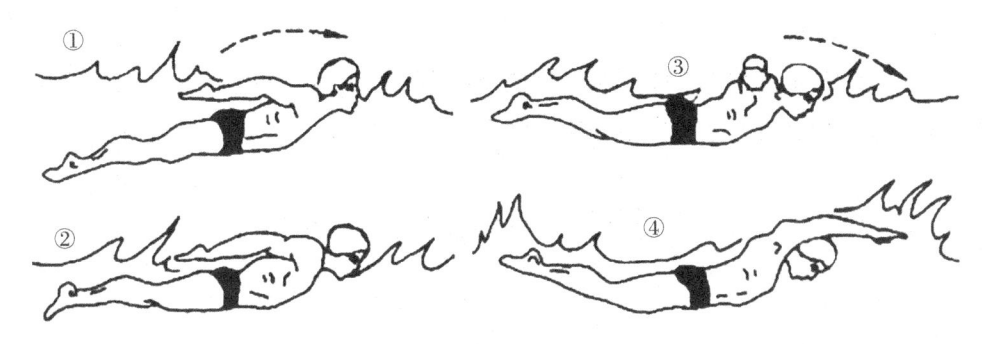

图3-16 蝶泳的空中移臂

蝶泳手臂水下划水是产生推进力的阶段，因而两手的划水应由慢到快，加速完成。两手的移动路线因人而异，主要有两种划水路线，如图3-17所示。

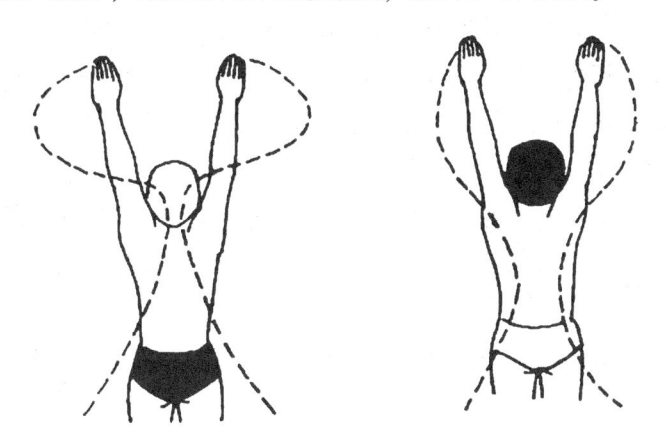

图3-17 蝶泳的水下划水路线

（四）动作配合

1. 手臂与呼吸的配合

蝶泳的呼吸，一般采用臂划1次、呼吸1次的方式。当两臂抱水结束并开始划水时，开始呼气。随着两臂划水动作的进行，头和肩部的位置逐渐升高，呼气也由慢到快地进行并逐渐抬头。当两手划水至腹部下方时，嘴露出水面，并张口吸气。推水结束时，吸气结束，向前移臂时低头闭气。

2. 手臂与腿的配合

蝶泳臂、腿配合动作要节奏鲜明，打水连贯有力。目前，运动员都采用2∶1的配合方式，即打腿2次、划臂1次。

臂腿配合的方法是：两臂入水时腿做第一次向下打水，当两臂划至胸腹下方时，腿开始做第二次向下打水，臂推水结束，打水结束。移臂时，腿又向上准备做下一周期的打水动作。

3. 完整配合动作

由于躯干的波浪动作，蝶泳完整配合要求动作正确，节奏感强，臂、腿和躯干协调发力，肩和腰、腹要有较强的力量，并具有良好的柔韧性。

第三节　出发与转身技术

一、出发技术

出发是游泳比赛的开始，是竞技游泳的重要组成部分。一般而言，出发对练习者游泳技术和水性都有较高要求，通常是在练习者熟练掌握一两种泳姿后，才开始进行出发技术的练习。为防止事故发生，练习出发技术应在深水区进行。在竞技游泳比赛中，蝶泳、蛙泳和自由泳都是从出发台上出发，而仰泳则从水中出发。

从出发台出发主要有摆臂式、抓台式、蹲踞式和洞式4种姿势。摆臂式多为游泳初学者所采用，而抓台式和洞式出发则多为游泳运动员训练和比赛时所采用。

（一）摆臂式出发

摆臂式出发技术由预备姿势、起跳、腾空入水、滑行起游四个部分组成。

1. 预备姿势

两脚平行站立，与肩同宽，屈膝，脚趾扣住出发台前缘，上体前倾，双臂自然下垂，低头，身体重心落在两脚中间。（见图3-18）

2. 起跳

两臂先向后，再用力向前上方摆动，同时身体前倒、伸髋、伸膝，并借助手臂前摆的惯性，两脚用力蹬离出发台。（见图3-19）

3. 腾空入水

两脚蹬离出发台，身体腾空向前下方，头和两臂稍向下移，两脚上移稍高过头。身体按臂、头、躯干、下肢顺序入水。（见图3-20）

4. 滑行起游

入水后，借助起跳获得的惯性在水中向前滑行，当滑行速度开始下降时，打水起游。

图 3-18 摆臂式出发预备姿势　　　　图 3-19 摆臂式出发起跳

图 3-20 摆臂式出发腾空入水

（二）抓台式出发

抓台式出发与摆臂式出发基本相同，完整抓台式出发技术可分为预备姿势、起跳、腾空入水、滑行起游四个阶段。

1. 预备姿势

两脚开立，与肩同宽，两臂自然下垂，抓出发台前沿或侧沿，身体向下，头与上体紧贴大腿，屈膝角度略小于摆臂式，身体重心也低于摆臂式。（见图3-21）

图 3-21 抓台式出发预备姿势

2. 起跳

两臂屈肘向上提拉，身体重心前移至台前，随后通过伸髋、伸膝、前摆双臂、两脚蹬离出发台。（见图3-22）

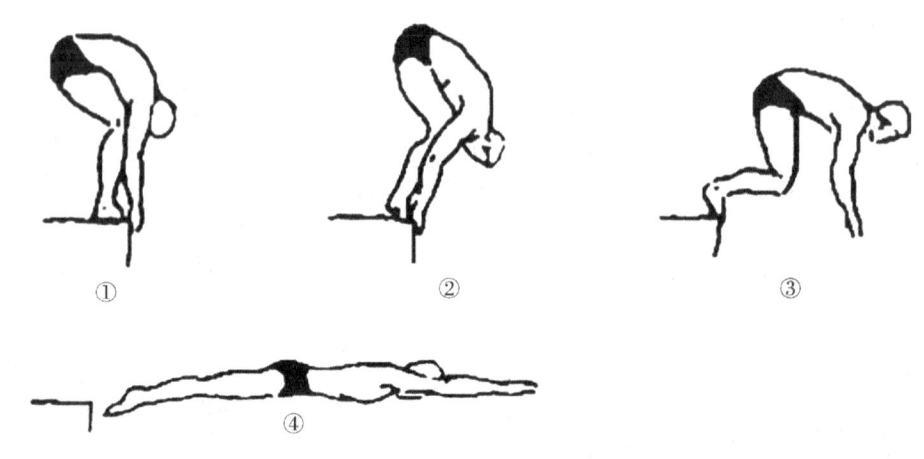

图3-22 抓台式出发起跳

3. 腾空入水

稍低头，手臂前伸并拢，全身伸展成较好的流线形。入水时，按臂、头、躯干、下肢的顺序依次入水，身体与水平面成锐角。（见图3-23）

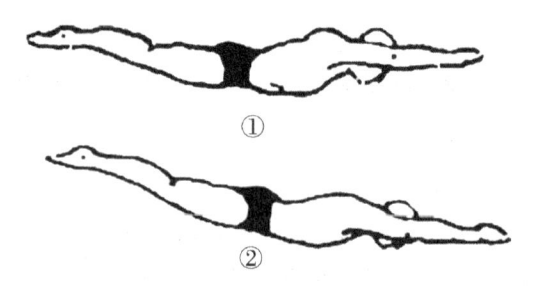

图3-23 抓台式出发腾空入水

4. 滑行起游

入水后，借助起跳获得的惯性在水中向前滑行，当滑行速度开始下降时，开始打水起游。

（三）蹲踞式出发

1. 预备姿势

两脚前后开立，前脚置于出发台前沿，后脚置于出发台的后部，其他姿势与抓台式相同，但身体重心的位置低于抓台式。（见图3-24）

图 3-24 蹲踞式出发预备姿势

2. 起跳

后脚用力蹬出发台后，前脚用力蹬出发台，其他姿势与抓台式出发相同。（见图 3-25）

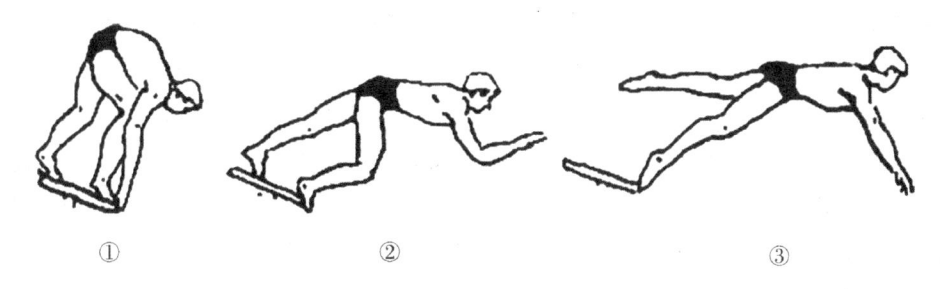

① ② ③

图 3-25 蹲踞式出发起跳

3. 腾空入水与滑行起游

蹲踞式入水的姿势和动作与抓台式基本相同，但腾空高度和距离稍小于抓台式。

（四）洞式出发

洞式出发入水时，手臂、头、腿、脚依次在某一点上入水，也称为"一点式入水"，洞式出发常采用抓台洞式出发技术。

1. 预备姿势

洞式出发的预备姿势与抓台式出发相同。

2. 起跳

洞式出发的预备姿势与抓台式出发相同，但起跳角度大于抓台式出发，身体重心轨迹较高。

3. 腾空入水

蹬离出发台后，身体伸直，然后迅速低头、提臀、收腹、屈体，使身体保持流线形姿势入水。（见图 3-26）

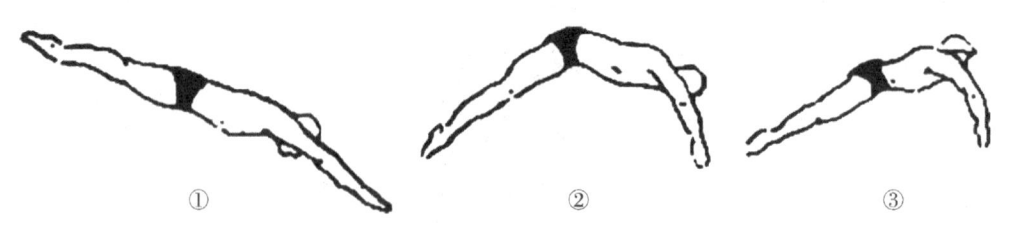

图 3-26 洞式出发腾空入水

4. 入水起游

保持身体入水顺序在某一点上。洞式入水一般较深，入水后应向上抬手，向下压腿，使身体迅速上浮起游。

（五）仰泳出发

仰泳的出发是在水中进行的，其动作要领为：面对池壁，两手握住握手器或池壁水槽团身，两脚蹬在池壁上（脚趾低于水平面），听到"各就位"的口令时，两臂即把身体向前上方拉起，枪响后立即松开握手器或池壁水槽，手臂经体侧向游进方向摆动，同时仰头、挺胸，两脚用力蹬池壁，两臂摆至头前时伸直并拢，身体在空中形成反弓形，入水后身体应立即恢复平直状态，在水中稍滑行后即开始做腿部动作，当身体升至水面时，开始手臂动作。

仰泳出发技术也可分为预备姿势、起跳、腾空入水、滑行起游四个阶段。

1. 预备姿势

面对池壁，两臂紧握扶手器，两臂自然放松。随后低头，团身，屈臂，将两膝收向胸前。同时，两脚掌抵住池壁，脚趾不能露出水面。（见图3-27）

图 3-27 仰泳出发预备姿势

2. 起跳

起跳时，双手下压，髋关节和膝关节伸展，把身体向上拉起。随后两臂向后侧方摆动，头后仰，两腿用力蹬池壁，身体充分伸展呈流线形。（见图3-28）

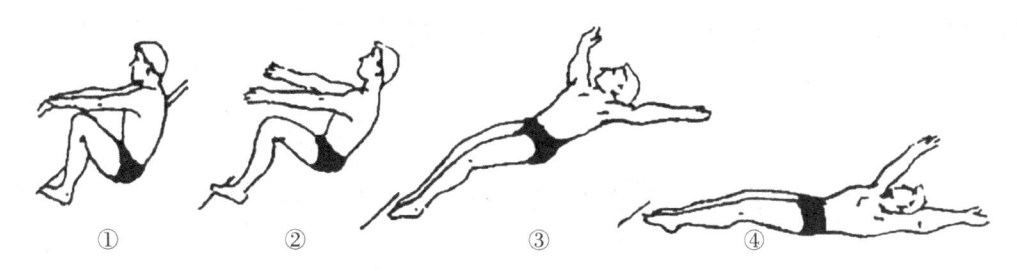

图 3-28　仰泳出发起跳

3. 腾空入水

腾空时，昂首挺胸，全身伸展，身体呈反弓形姿势；入水时，身体呈流线形姿势，按手臂、头、躯干、下肢顺序依次入水。(见图3-29)

图 3-29　仰泳出发腾空入水

4. 滑行起游

入水后，利用身体惯性向前滑行，当滑行速度开始下降时，做仰泳或"反海豚式"打腿动作，使身体逐渐上浮起游。

二、转身技术

游泳比赛是在50米或25米长的游泳池中进行，除50米池的50米比赛以外，其余所有项目比赛都必须在游泳池中往返一次或多次。运动员游到池端后折返回头继续游进，这一折返动作称为转身。转身是游泳比赛的一部分，比赛距离越长，转身次数越多。可见，转身动作的快慢，对比赛成绩有直接影响。现代高水平游泳比赛，常常百分之一秒决定胜负，故掌握正确的转身技术有着重要意义。

游泳转身的方法很多，不同的泳式有不同的转身方法和规则要求，同一泳式也有多种转身方法。不论采用什么转身方法，在技术上总的要求是游近池壁不减速、转得快、蹬得远、滑行阻力小、与起游衔接好、符合竞赛规则规定。

(一) 爬泳平转身技术

该技术的要领（以右手触壁为例）是，手触壁后，屈肘、抬头，身体从俯卧向直立姿势转变，并逐渐屈膝靠近池壁；随后，右臂向左用力推池壁，转身后继续屈膝，使两

脚掌抵住池壁并低头前伸两臂，两腿用力向后蹬池壁滑行打腿至起游。（见图3-30）

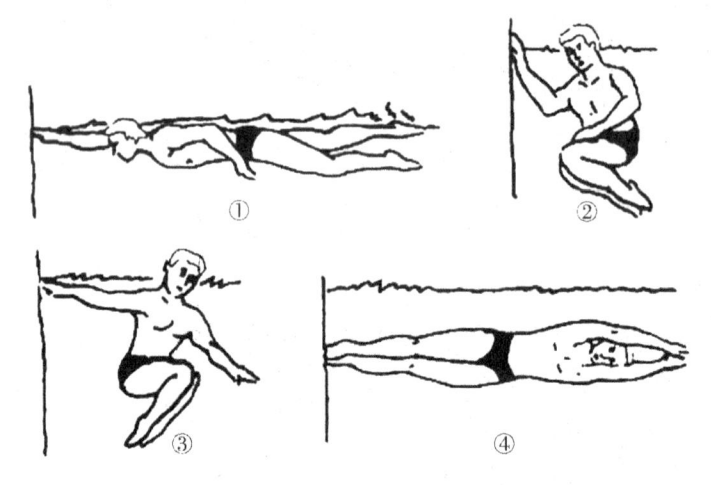

图 3-30 爬泳平转身

（二）爬泳摆动式转身技术

爬泳摆动式转身与蝶泳（蛙泳）摆动式转身基本相同，不同之处在于爬泳触壁为单手触壁，而蝶泳为双手同时触壁。（见图3-31）

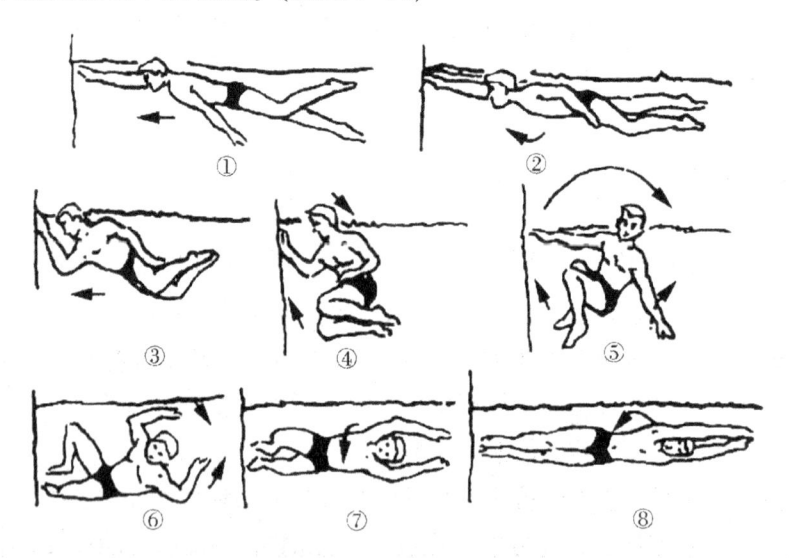

图 3-31 爬泳摆动式转身

（三）爬泳前滚翻转身技术

该技术要领是，当游近池壁时，做最后一次划水动作，使两臂处于体侧位置，借助向后划水的速度和反作用力低头，两手掌向下并压水，两腿并拢屈膝，做一次海豚泳打腿动作，帮助臀部向上提起，开始团身滚翻动作，当翻至头处于臀部下方时开始屈膝，然后使两脚从水面上甩向池壁，当两脚触及池壁时，两手在头前并拢前伸，然后两脚用力蹬离池壁，蹬出后在滑行过程中，身体绕纵轴转动成俯卧姿势。（见图3-32）

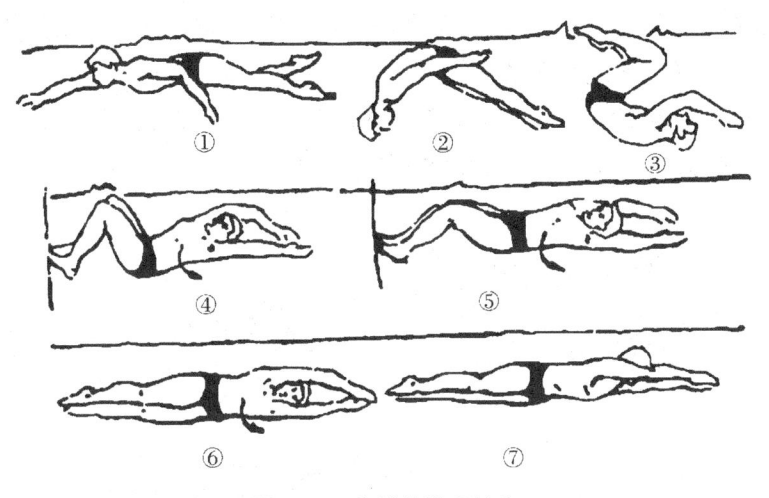

图 3-32　爬泳前滚翻转身

（四）蝶泳（蛙泳）平转身技术

该技术要领（以向左侧转身为例）是，游近池壁时，随着腿部打水、蹬腿动作结束，两臂前伸同时触壁后，双臂同时屈肘，身体向池壁靠拢；随即右手向左用力推池壁，使右臂屈肘程度加大并协助身体绕纵轴向左转动，同时团身屈膝；随后，两臂随身体转动，屈臂向游进方向摆动，两腿抵住池壁，低头团身，前伸两臂，双脚蹬离池壁滑行。（见图3-33）当滑行速度下降时，蝶泳开始打腿，蛙泳开始做长划臂动作。

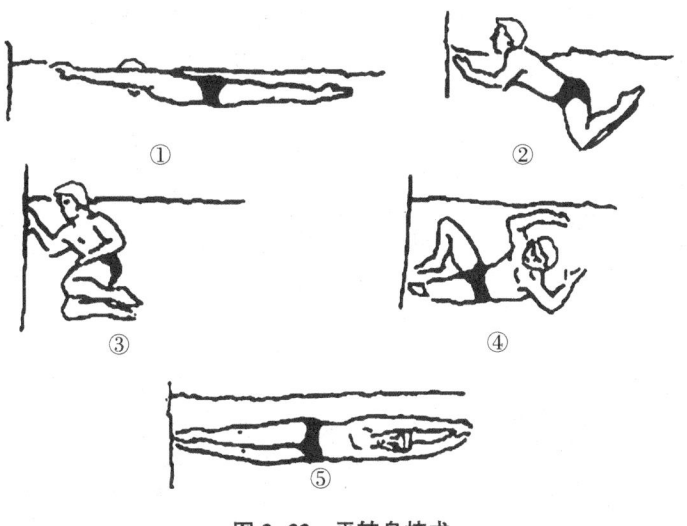

图 3-33　平转身技术

(五) 蝶泳（蛙泳）摆动式转身技术

该技术的要领（以向左侧转身为例）是，蝶泳（蛙泳）摆动式转身技术的前部分与平转身技术相同，两臂触壁推池壁后，上体后仰，左臂先推离池壁，随身体绕纵轴向左转动而摆至胸前，右臂推离池壁随身体绕纵轴向左转动的动作从水面上和头、肩一起往回摆动。此时，两腿继续向池壁靠拢直至抵住池壁后用力蹬离池壁滑行。（见图3-34）蝶泳（蛙泳）摆动式转身的起游技术也与平转身相同。

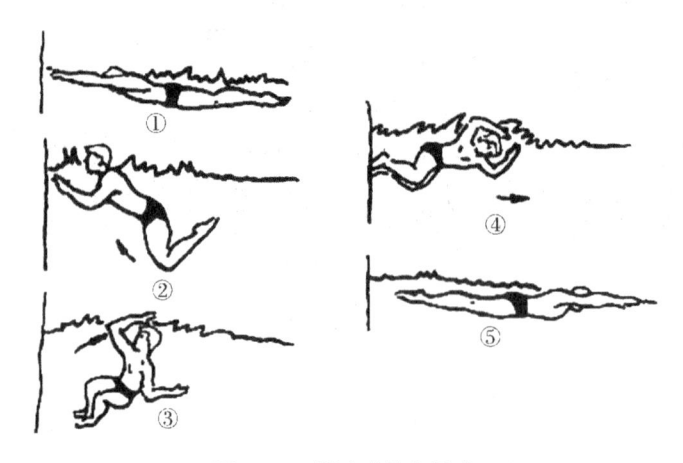

图 3-34 摆动式转身技术

(六) 仰泳平转身技术

该技术的要领（以右手触壁为例）是，右手触壁时，应偏向头的左前方，头和肩像舵一样绕冠状轴向左转动，带动躯干和下肢向右摆动，随后右手臂屈肘向右用力推池壁，帮助头和肩向左摆动，同时团身屈膝，以髋关节带动腿向右摆动。两脚触池壁后，两臂在头前并拢伸直，两腿用力向后蹬离池壁滑行后接仰泳腿或反海豚式游，当头露出水面后起游。（见图3-35）

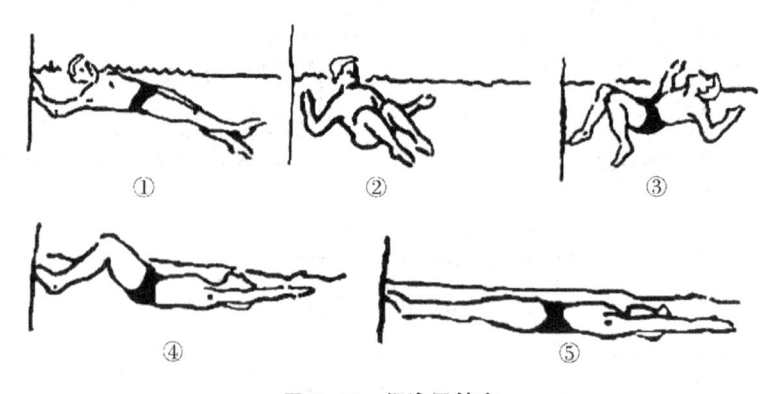

图 3-35 仰泳平转身

（七）仰泳前滚翻转身技术

该技术的要领（以向左侧转身为例）是，转身之前，身体应先绕身体纵轴向左翻转呈俯卧姿势。右手划完最后一个动作时，左手一边划水，身体一边绕纵轴旋转，当身体转过垂直位置时，低头、团身、屈膝、右臂向后划水协助身体绕横轴向前滚翻，当两腿甩向池壁时，两臂前伸至头前，两腿屈膝用力蹬离池壁，身体呈流线形姿势向前滑行，打腿起游。（见图3-36）

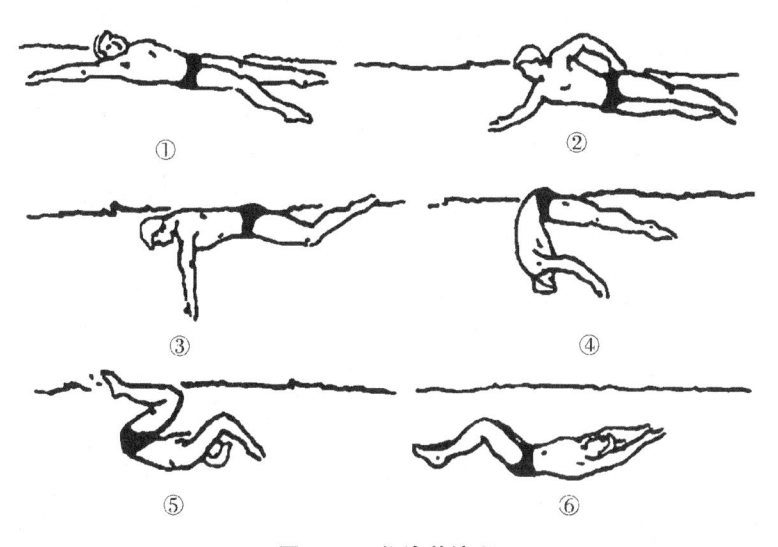

图3-36 仰泳前滚翻

第四章
游泳教学理论与方法

　　游泳教学与其他体育项目的教学一样,是教师与学生以课程内容为中介的有目的、有组织的教和学的双边活动。通过教学使学生掌握一定的知识、技术和技能,可以促进学生的身心发展。在教学中,要遵循人们认识事物的规律,动作技能形成的规律,学生生理、心理活动变化和身心发展的规律,同时要遵循一定的原则和方法。只有这样,游泳教学才能取得理想的效果。

第一节　游泳教学原则

　　在开展游泳教学实践时,教学原则是必须遵守的。教学原则是教学实践中具有普遍意义的经验总结与概括,是教学过程客观规律的反映,也是教学工作的基本要求。在游泳教学实践中,应根据学生身心发展的规律和游泳教学特点,正确运用教学原则,只有这样才能获得良好的教学效果,并使教学质量得到不断提高。具体来看,游泳教学的原则主要有以下几个。

一、安全第一原则

　　游泳教学是在水的环境中进行的,水对学生,尤其是对不会游泳和初学游泳的学生的生命安全,存在着潜在的威胁,并可导致溺水或其他伤亡事故的发生。因此,在游泳教学中,必须认真贯彻安全第一的原则,必须使游泳教学过程百分之百地在确保学生安全的前提下进行。此外,安全第一的原则,是实现其他各原则的保证,只有在保证学生安全的情况下,其他各项原则才有实现的可能。在游泳教学中坚持安全第一的原则时,必须注意以下几点。

(一) 树立安全第一的教学指导思想

　　游泳教师必须树立安全第一的教学指导思想,必须将安全问题置于教学中的一切问题之首。每一位从事游泳教学的教师,必须充分意识到安全问题对确保学生生命安全和顺利完成教学任务的重要性。只有在确保学生安全的前提下，才有完成教学任务的可能。在游泳教学中，对学生安全问题的任何忽视和大意，都将招致不可挽回的重大损失。对此，必须予以高度重视。

（二）加强安全教育

加强对学生的安全教育，对确保游泳教学中学生的安全有着十分重要的意义。由于青少年的生理和心理特点，往往会过高估计自己的健康状况、水上运动能力和游泳技术水平，并由此导致对安全问题的忽视。因此，必须加强对学生的安全教育。加强安全教育首先可通过游泳伤亡事故的惨痛教训，使学生充分认识到水对自己安全的潜在威胁，并对游泳事故予以高度警惕。另外，让学生了解游泳事故的发生原因和预防方法，使学生能有效地对游泳事故加以防范，将游泳事故消灭在发生之前。

（三）做好强有力的安全措施

强有力的安全措施，是游泳教学顺利进行的重要保证。游泳的安全措施，既包括游泳教学过程中所采用的监控、保护、救助等安全手段，又包括对游泳场地的了解和正确使用。还应注意对不同情况的学生，因人而异地采用不同的安全措施，以确保所有学生的安全和游泳教学的顺利进行。

二、自觉性原则

教师在教学中要善于启发学生对学习的自觉性，充分调动学生的积极性和主动性。此外，自觉性原则是实现其他各原则的前提，没有学生自觉积极的学习态度，其他原则也就无从贯彻。也只有自觉积极的活动符合其他原则所提出的要求时，这种活动才可以认为是一种真正的自觉积极活动。在游泳教学中，运用自觉性原则时应注意以下几点。

（一）明确学习目的，端正学习态度

从教学开始，即应向学生反复进行学习游泳目的、意义的教育，使学生认识游泳在健身、实用、竞赛、教育等方面的重要意义，促进学生对游泳运动的全面认识，增进学习游泳的自觉性和积极性。教学开始时，应向学生宣布教学的目的、任务、要求、考核项目与标准。每次课均须使学生明确本课的任务与要求。在学习每一个动作时，都应向学生讲明所学动作的作用，使学生始终能有目的地进行学习。

（二）培养对学习游泳的兴趣

兴趣对学习的自觉性和积极性有重要影响。游泳教学中，除应通过思想教育端正学

习态度外，还应注意培养学生对游泳的兴趣。

对初学者的教学首先应通过熟悉水性练习，消除怕水的心理，使学生由怕水到爱水，增强学好游泳的信心。在教学中，要善于根据学生的情况，提出切合实际的要求，使学生通过一定的努力能够完成，使其每一课都有新的体会和进步。对基础较差、进步较慢的学生，要多给予鼓励和帮助，运用适合他们的教学方法，加快其掌握动作的过程，对基础好、进步快的学生，要适当提高教学要求，使他们能学到更多知识、技术和技能。游泳课的组织应多样化，应动静交替、水陆结合，不同身体部位的动作练习穿插进行，适当采用游戏、比赛等方法，以激发学生对游泳学习的兴趣，在生动、活泼的教学过程中使学习者的知识和技能得到培养和巩固。

（三）了解和掌握学生的心理活动

要善于了解和掌握学生的心理活动，有针对性地解决教学过程中出现的不良心理现象和由此引发的具体问题，如初学时的怕水心理，遇到困难完不成任务时的悲观失望心理等。教师在教学中除应进行必要的思想教育外，还应根据产生不良心理的不同原因，因人而异地"对症下药"，采用正确方法来消除不良的心理现象，如通过熟悉水性消除怕水心理，通过逐步增长游距来消除怕苦怕累心理，通过逐步提高要求以逐渐增长游距来消除悲观和安于现状的心理等。

要使学生自觉积极地学习，教师的主导作用尤为重要。教师应有高度的思想觉悟，热爱游泳教学工作，为人师表，教书育人。业务上应刻苦钻研，精益求精。对学生要严格要求，耐心指导，要真诚地关心和爱护学生建立良好的师生关系。

三、直观性原则

在游泳教学中，学生除通过视觉、听觉来感知动作的形象外，还要通过触觉和肌肉的本体感觉来感知动作的要领、方位、肌肉的用力程度和方法，从而建立完整、正确的动作形象和概念。所以，在游泳教学中正确运用直观性原则，对于加快教学进度、提高教学质量均有重要作用。

游泳教学中常用的直观教学方式有动作的正确示范、生动形象的讲解、直观教具的演示以及手势的运用等。

直观教具的运用，是游泳教学中运用直观性原则的一个重要方面。通常运用的直观教具有挂图、照片、电影、电视、录像等。挂图、照片的运用较为方便，应广泛运用。电影、电视虽需一定的条件，但直观效果甚佳，应创造条件充分运用。对某些结构复杂、速度较快而难以用示范和挂图等充分显示的动作（如爬泳的前滚翻转身、蝶泳的躯干和腿的波浪动作），若借用电影或录像的慢放和暂停技术，则能更好地显示和了解其技术过程，收到更好的直观效果。运用直观教具时应注意运用时机的选择，过早或过晚均会降低教学效果。

四、循序渐进原则

循序渐进原则是游泳教学的重要原则，在游泳教学中应根据学生认识活动的特点，人体机能和动作技能形成的规律，正确安排教学内容，逐步增加运动量，使其由易到难、由简到繁、由小到大、由已知到未知，逐步深化、逐渐增加，循序渐进，使学生能系统学习，逐步掌握知识、技术、技能并有效地增强体质。在游泳教学中，运用循序渐进的原则时应注意以下几点。

第一，在安排教学内容和组织教学时，由易到难、由简到繁、由浅入深，循序渐进，逐步提高教学要求，以利于学生接受，如初学者须先熟悉水性再学习某一游泳姿势的技术；教授各种泳式的游泳技术时，先教爬泳、仰泳，再教蝶泳；教授某一动作时先做陆上模仿练习，再到水中练习；在水中练习时，先进行有固定支撑的练习，后进行无固定支撑的练习等。

第二，在巩固已学的知识、技术、技能的基础上学习新教材。每次课均应安排复习前次课的教材内容，以利于在已有的基础上加强对新教材的学习掌握。课与课之间教学内容的衔接要系统连贯，能承上启下。如学习完整配合技术时应先复习臂与腿、臂与呼吸的配合，以促进完整技术的学习和掌握。

第三，运动量的安排应由小到大逐步增加。课的运动量应由小到大，逐渐上升，在保持一定水平后，再逐步增加。一个学期和一个阶段的运动量安排，也必须遵循这一原则。这不仅有利于增强学生的体质，提高运动能力，而且有利于动作技术的巩固提高。初学者由于水性差、练习时肌肉紧张，容易疲劳，应注意负荷适当。开始时游距可短些，间歇时间长些，待身体、技术基础提高后，再逐步增长游距和缩短间歇时间。

第四，必须制订完整的教学工作计划文件（大纲、计划、进度、教案），保证游泳教学工作系统、有序进行。

五、实事求是原则

在游泳教学中，教学的任务、内容、要求、组织、教法和运动量的安排，都要力求符合学生的年龄、性别、基础和身体发展水平，以及符合学校的场地、器材、设备和地区气候等实际情况，既使学生能够接受，又便于教学工作顺利进行。在游泳教学中，运用实事求是原则时应注意以下几点。

（一）深入调查研究，切实掌握学生的情况

教师要通过各种途径和方法，全面掌握学生的游泳基础、思想活动、意志品质、组织纪律、接受能力、身体情况等，既要掌握教学班中的一般情况，又要掌握个别学生的特殊情况。

（二）一般要求与个别对待相结合

一般要求是根据游泳教学大纲的基本要求确定的，是全体学生必须达到的。教师应把主要精力放在一般要求的教学活动上，对完成有困难和无困难的学生，教师应区别对待，因材施教，使之达到一般要求或更高的要求。如教蛙泳臂与呼吸配合时，对多数学生要求掌握"早呼吸"技术；对少数基础较好的学生，要求掌握"晚呼吸"技术。安排运动量时，对基础一般的多数学生安排中等运动量，对少数基础较好的学生安排较大的运动量。

（三）注意场地、器材、设备、气候和水温情况

游泳教学时，首先应根据场地情况，采取切实可行的安全措施，并充分利用现有场地、器材、设备，以丰富练习内容和教学手段。根据游泳池的大小，安排练习队形。如根据水温、气温情况，适当调整水、陆练习的时间比例，水温低时，适当减少水中练习时间，上岸次数宜少。

六、巩固性原则

在游泳教学中，不仅要让学生自觉地学习游泳知识和技术，更要让他们注意巩固已掌握的知识和技术，使其在巩固过程中不断提高。在游泳教学中，运用巩固性原则时应注意以下几点。

第一，要使学生明确正确的动作概念、要领和完成动作的方法。

第二，注意发展学生的身体素质，使其具有一定的身体训练水平。

第三，反复练习，逐步增长游距。在教学过程中，每周至少有 2~3 次水上练习，避免间歇时间过长而引起的条件反射消退现象的发生。水上练习中，应通过短距离重复游和逐渐增长距离游，来积累数量和提高水感，使动作从量变到质变，达到正确的技术定型。

第四，有针对性地提问。提问是巩固所学知识、技术的又一方法，教学中应有计划

地加以运用。有针对性地提问，既可检查学生的学习效果，起到加深理解和巩固所学知识、技术的作用，又可促进新动作的学习。如教仰泳腿、臂动作技术时，提问已学过的爬泳腿、臂动作技术，既可巩固爬泳腿、臂技术，又可促进仰泳腿、臂技术的学习和掌握。

第五，组织学生进行相互的动作技术观摩。在教学的适当阶段，组织学生进行相互的动作技术观摩。要求观摩者扼要地指出所观察动作的优缺点。这样，既可提高观摩者的观察、分析动作技术的能力，加深对所学知识、技术的理解，又可使做动作者了解自己掌握动作的情况，以利于进一步改进和提高。组织学生进行相互动作观摩，最好在每一泳式的教学结束，学生基本掌握这一泳式的动作技术时进行。

第六，每一教学单元，均应提出具体的技术要求和距离指标，并进行技术评定和距离考查，促进技术、技能的巩固提高。

第七，通过测验、比赛，巩固所学的技术、技能。教学测验和比赛，是在变换学习环境和提高难度的情况下进行的教学过程，对巩固学生所学的技术、技能有重要的作用。因此，在教学计划中，应适当安排。

七、结合性原则

游泳教学包括水上教学和适当的陆上教学，二者的相辅相成和有机结合，构成了一个完整和完善的教学过程。水陆教学的有机结合，可利用陆上的固定支撑，降低动作练习的难度，利用视觉，帮助体会动作，又可使学生通过水上练习，获得游泳技术动作的实感，从而有利于学生的动作技能较快形成和对动作技术顺利掌握。运用水陆结合、以水为主的原则时，应注意以下几点。

第一，学习一种新姿势和一个新动作时，必须首先在陆上进行必要的模仿练习，基本建立所学动作的基本概念后，再到水中进行练习。

第二，学习新姿势和新动作的开始阶段，陆上练习的时间可多些，然后随学生掌握动作的程度，逐渐增大水上练习时间比例，直至完全过渡到水上练习。

第三，注意水陆练习的适时转换。学生在陆上练习中基本建立动作概念后，即应转入水上练习。陆上练习是不能代替水中练习的，过长的陆上练习，不仅会过多地占用水上练习的时间，影响水上动作实感的建立，而且会加长教学过程，影响教学进度。

第二节 游泳教学的基本方法

教师和学生在教学过程中为实现教学目的，完成教学任务而采取的教与学的活动方式、手段、途径的总称，便是教学方法。教学活动是教师和学生的双边活动，其包括教师的教和学生的学，教师的教直接影响着学生的学，因此，教学方法对实现教学目的和完成教学任务上起着重要作用。

游泳技术教学的目的主要是使学生掌握游泳技术、技能和相关理论知识，因此，教学内容包含技术教学和相关的理论知识教学，这就要求游泳技术教学既要符合人们认识事物的一般规律，又要符合运动技术形成的规律。根据游泳教学的特点及前人的经验，目前在游泳技术教学实践中，人们经常采用的教学方法主要有以下几种。

一、讲解法与示范法

在游泳教学中，讲解法主要是教师运用语言向学生讲解、说明所学技术动作名称、作用、要领、做法、要求等，指导学生学习的方法；而示范法则是教师通过具体的动作示范向学生演示所学技术的动作形象结构，引导学生进行学习的方法。虽然这两种教学方法侧重点不同，但正确运用都能在一定程度上启发学生的思维，加深对教材的理解，建立正确动作的印象，从而加速对知识、技术和技能的掌握。同时，在游泳教学实践中，讲解法与示范法往往是结合运用的，以发挥其最佳教学效果，如先讲解、后示范，先示范、后讲解或边讲解、边示范等，都有利于学生加深对所学技术动作的理解、想象和建立正确的动作概念，而且可提高学生的学习兴趣，激发学生的学习积极性，对教学效果的提高有重要作用。此外，在综合运用讲解法与示范法时，要特别注意以下几个方面。

（一）要根据实际情况安排讲解、示范的比例

一般对年龄小、理解能力差的对象，应多进行示范；对年龄较大、理解能力较强的对象，应讲解和示范并重。在教新动作时，讲解必须配合足够的示范；上复习课时，示范应有重点和针对性，讲解应着重对动作的分析。

（二）要明确目的，突出重点

在游泳教学中，教师讲解、示范要有明确的目的，并应根据课的任务、内容和教学对象，确定讲解什么，示范什么，怎样讲和如何示范，同时根据课的内容，突出教材的重点和难点，如学习蛙泳腿部动作时，应先进行蛙泳腿部完整动作示范，然后讲解其动作结构和动作过程，使学生对蛙泳腿部动作有完整的了解，再进行分解动作或重点动作的讲解和示范（如收腿中大腿与躯干的夹角、勾脚趾翻脚掌动作等）。在学习分解动作时，应通过讲解和示范让学生明确该动作在完整动作中的位置。在每次讲解示范时，都

应强调学生听什么、思考什么和看什么。不要面面俱到地让学生什么都看、泛泛而听，结果什么都不清楚。

(三) 要把握好讲解、示范的位置与队形

讲解、示范的队形和位置是保证讲解、示范效果的基本因素之一（见图4-1）。游泳教学中讲解和示范可水陆结合，教师位置和学生的队形应根据所需示范动作的结构、学生人数、场地条件等情况灵活选择，其目的是有利于学生的观察，使每一名学生都能看得见、听得清。在深水池教学中，学生队形常采用直角和平行队形；而在浅水池教学中，学生队形可采用陆上教学的各种讲解、示范队形。在水中示范时，学生应在岸上观看，这比在水中看得清楚，必要时也可让学生戴上泳镜在水下观看水下动作示范。

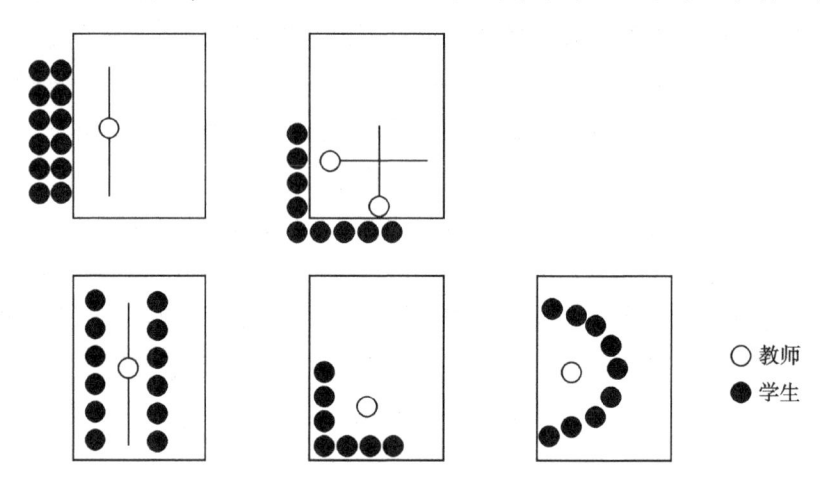

图4-1 讲解、示范的位置与队形

游泳教学的示范有正面示范、侧面示范和背面示范。示范面的选择应根据所教泳式和动作而定。如教爬泳腿和臂配合技术时，应以侧面示范为主；在强调仰泳手臂入水点时，应采用正面示范；在强调蛙泳翻脚动作时，应采用背面示范。示范的速度以中速为宜，有时为了使学生看得更清楚，也可用较慢的速度进行示范。

(四) 要保证讲解、示范的正确性

讲解、示范的正确性是保证讲解、示范质量的基本要求，为此，教师必须认真钻研教材和教学方法，并应勤学苦练教材中的技术动作，提高技术水平。在讲解时要善于把教材文字变成教学语言，如蛙泳收腿时大腿与躯干的夹角，若直接讲120°~140°角，学生很难想象收腿的位置，也不易掌握，若用"收腿时脚底朝上"来表述（收腿结束时小腿与水面垂直），学生则容易理解和掌握动作，并收到良好的教学效果。

为扩大教师讲解与示范效果，可充分利用现代教育技术手段，并采用计算机辅助的

多媒体教学。比如，运用游泳计算机辅助课件教学、观看优秀运动员技术动作和比赛等音像与图片材料，提高学生对技术的理解和欣赏水平。

（五）要有层次地进行讲解与示范

教师应使动作概念在学生头脑里逐步发展，过多过早地讲解或示范易导致学生对所学动作难以理解。根据教材的课时量合理安排讲解、示范的内容和重点，循序渐进，其基本要求是：先做结构性讲解示范——主要讲解、示范动作过程和结构；再做关键性讲解、示范——讲解、示范动作的重点与难点。随着教学的深入，讲解、示范更要围绕学生的学习情况和教学目标进行，如针对性讲解、示范是针对学生练习情况和存在的问题进行的讲解、示范，分析性讲解、示范是着重围绕提高技术效果而进行的讲解和示范。

（六）要水陆结合进行讲解与示范

学生在水中，由于多种因素影响，注意力容易分散，难以听清教师讲解的内容。因此，应在学生下水前将教学内容、要求、组织措施等主要问题讲解清楚。在学生下水后，教师主要是根据学生的练习情况做一些补充性讲解，更多应当以手势示意和语言强化动作要领。

（七）要注意讲解时求简求精

只有教师"精讲"，学生才能有时间"多练"。游泳术语和口诀能简明地概括动作的要领和要求，如蛙泳配合动作的"划手腿不动，收手又收腿，手将伸直蹬夹腿，蹬夹腿毕漂一会"等口诀，既便于记忆，又形象直观，应在教学中注意研究，广泛运用。讲解要生动形象，示范要技术规范、动作优美，这有利于学生形成粗略的动作印象，并加深对技术动作的理解。

（八）要注意在示范时进行正误对比

在纠正错误动作时，教师可对学生的错误动作进行形象的模仿，使学生了解自己的错误所在。教师也可在正确的动作示范之后再做错误动作模仿或在错误动作模仿之后再做正确动作示范，正、误对比示范不仅可使学生通过正确动作和错误动作的鲜明对比，对所学动作有更加明确的认识和了解，而且能了解正确动作和错误动作的区别，有利于改进和避免错误动作，还可提高学生对技术动作的观察、判断和分析能力。

（九）要有效地运用手势

由于游泳动作结构的特点和特殊的教学环境，利用手势来帮助提高教学效果已成为游泳教学的基本手段之一。在游泳教学中，运用的手势有两种：一是表示教师组织工作意图的组织教学手势，教师通过不同的手势，如开始、停止、下水、上岸、组织队形、示意距离等组织教学；二是说明技术动作的技术手势。手势不仅能演示四种泳式的手臂动作，而且能演示四种泳式的腿部动作，这就极大地方便了教师的教学。如运用手势演示游泳技术动作时，教师可以在岸上演示，这样既能观察学生练习，又能及时通过手势向学生示意动作，强化动作要领，有利于教师带领学生进行练习。如学生俯卧池边练习蛙泳腿时，教师可面对学生通过手势带领和指导学生，同时发挥利用学生的视觉（看教师手势动作）动觉（控制练习动作）学习动作的优势，从而有利于教与学的活动。

二、完整法与分解法

完整法与分解法既是教师教的方法，也是学生学习和练习的方法。在游泳教学实践中，这两种教学方法都要根据教材特点和教学需要有机结合之后再运用到游泳技术教学之中，以充分发挥各自的优势，提高教学效果。

（一）完整法与分解法的界定

完整法是指从动作开始到结束，不分部分和段落，完整地进行教学。其优点是使学生完整地学习和掌握动作，不破坏动作结构的完整性，并能保持各部分动作的内在联系，使学生形成整体动作的概念。但这不利于复杂技术动作的教学，给学生学习和掌握较为复杂的动作带来困难。

分解法是指把完整的动作按其技术结构或身体活动部位，合理分解成几段或几部分，并按所分的段落、部分依次进行教学，最后达到全部掌握的目的。其优点是简化教学过程，降低动作难度，增强学生学习信心，这有利于学生加快掌握复杂技术动作的速度，更有利于突出重点。但若分解和运用不当，则容易破坏动作结构的完整性及动作的内在联系。

此外，分解教学不是目的，而是降低学生学习的难度。因此，分解教学应有利于向完整教学过渡。在游泳教学中，分解教学向完整教学是逐步过渡的，即逐步减少分解部分以达到完整教学。比如，先进行爬泳的直腿打腿、蝶泳的水下侧摆腿等练习，再逐步过渡到完整打腿练习；爬泳和仰泳两臂配合技术也可采用"扶练习板单臂练习—两臂扶练习板，左、右臂交替练习—前交叉配合练习"的方式；蝶泳配合可采用"单臂蝶泳配合—左、右臂交替蝶泳配合—完整蝶泳配合"的方式。在完整教学过程中，同样要发挥分解教学在改进和提高技术环节中的作用，从而提高学生完整技术的质量。

(二) 完整法与分解法的运用

采用完整法和分解法进行游泳教学时，应注意以下两点。

1. 根据教学实际选择和组合分解法与完整法

在游泳教学中，教任何泳式基本上都是按腿—臂—臂—腿配合这种分解形式和教学顺序来进行的。在教具体动作时，可结合该动作结构特点选择不同的教学方法。如教蛙泳腿部动作，常采用分解法练习收、翻、蹬夹动作；而在教爬泳、仰泳和蝶泳腿部动作时，则常用完整法教学。

2. 注意突出重点，逐步提高

依据游泳技术的特点，游泳技术教学应首先强调动作姿势（形状、角度），即对水面、高肘屈臂、蛙腿翻脚等；再强调动作过程的方向、路线和幅度变化，如曲线划水和动作幅度等；最后要求掌握动作节奏，如爬泳时腿上打慢、下打快，蛙泳时腿慢收、快蹬和加速划水等。

三、练习法

练习法是游泳教学的基本方法之一，其特点是学生在练习中，有机体要承受一定的运动负荷，消耗一定的体力，引起一定的疲劳。因此，练习之间应有适量的休息时间，以调节学生的体力，恢复运动能力。在游泳教学中，常采用的练习法有两种，即重复练习法和变换练习法。

（一）重复练习法

1. 重复练习法的界定

重复练习法是根据练习任务的需要，在相对固定的条件下反复进行练习的方法。重复某一动作或姿势的练习有利于加速所学动作和条件反射的形成与巩固；也有利于加强身体锻炼，提高游泳所需的专项素质，并可迅速增长游距；同时，还有利于教师观察、指导学生改进动作。

2. 重复练习法的运用

在运用重复练习法时，需要特别注意以下几点。

第一，要注意控制练习的重复次数和练习的距离，以免负荷过大，使学生过早疲劳而影响技术动作的学习与掌握。在游泳教学中，重复练习的距离应根据学生技术动作掌握的情况和练习内容的难易程度确定，其通常是先短，然后逐步加长。重复次数则按照练习距离和对练习动作强化的具体要求而定，当练习距离短时重复次数多，反之则重复次数少。但在一些原地练习中，如俯卧在池边蹬蛙泳腿或扶池练爬泳打腿动作等，一次练习通常以动作练习次数或练习时间为固定的练习单位，此类练习主要以重复练习单位的次数来强化练习动作和增加练习强度。

第二，要控制好每组练习之间的休息时间。重复练习的间歇时间在游泳教学中没有很严格的规定，一般是以分组（2~3组）轮流游作为间歇控制的标准。若不分组，则每游完一次，教师会以简要讲解、示范或纠正错误作为间歇休息。

（二）变换练习法

1. 变换练习法的界定

变换练习法是根据教学任务的需要，在变换条件下进行练习的方法。其变换的条件主要有动作形式、练习内容组合结构、附加条件练习、练习速度等。其中，变换动作形式的练习设计，如在爬泳腿教学中可采用俯卧、仰卧或侧卧打腿练习的方式，通过体位变换强化学生的动作感觉；又如，蛙泳腿教学的练习方式组合，采用坐池边蹬腿练习—垂直支撑池边蹬腿练习—俯卧池边蹬腿练习—扶池边憋气蹬腿练习—憋气滑行蹬腿练习—扶练习板蹬腿练习的方式。练习内容组合结构的设计，如夹板蛙泳划手与扶板蹬蛙泳腿组合、扶板蹬蛙泳腿与扶板爬泳打腿组合等。附加条件练习，如以固定的距离扶板蹬蛙泳腿数计算动作效果的"计算法"、仰泳练习时额头上放置苹果以提高头部稳定性的练习等。练习速度，如25米快、25米慢或50米滑行式蛙泳、50米连接式蛙泳等。

2. 变换练习法的运用

在游泳教学中，变换练习法的设计与运用应贯彻由以视觉控制为主向以动觉控制为主过渡，由直立体位练习向平卧体位练习过渡，由有固定支撑练习到无固定支撑练习向无支撑练习过渡，分解练习向完整练习过渡，臂、腿配合动作练习相互交替的思想。

此外，由于练习条件和运动负荷的不断变换有利于提高学生对上述变化的适应能力和进行练习的积极性，而且可使局部肢体和机体张弛相济、劳逸结合，同时也有利于动作技术的学习掌握和运动水平的提高，所以当采用变换练习法时，应注意条件的变换和运动负荷的安排，应使其既符合练习任务的要求，又考虑学生的接受能力和负荷能力。

四、错误动作纠正法

错误动作纠正法是指教师对学生在练习中产生的错误动作，有针对性地采用有效的手段及时进行矫正的方法。在游泳教学中，由于教学双方的原因，学生的动作常会出现错误，如不注意纠正或纠正不及时会使错误动力定型，这样学生不仅掌握不了正确的技术动作，而且难以纠正养成的错误动作。

(一) 错误动作的产生

要纠正错误动作必须先了解错误动作产生的原因，这样才能有的放矢地加以纠正。在游泳教学中，产生错误动作的原因主要有以下几种。

第一，动作概念不清。比如，爬泳时的打腿动作是直腿打水还是屈腿打水，蛙泳腿的"蹬夹"动作是边蹬边夹还是先蹬后夹。

第二，身体素质差。比如，肩关节灵活性差造成移臂困难，踝关节灵活性差造成勾脚打水等。

第三，某些动作动力定型的影响。比如，侧泳的剪水动作影响了蛙泳腿动作的对称，"大爬式"移臂影响了爬泳的高肘移臂。

第四，心理紧张。初学游泳的学生，在水中进行练习时，尤其是在较深的水中时，因担心自己的安全而产生紧张心理，从而造成动作僵硬、不协调，甚至出现乱蹬、乱划现象。

第五，教法不当。比如，蛙泳时腿部动作的分解练习时间过长，这样容易造成动作脱节；爬泳时两臂分解配合练习过多，易造成完整配合动作不连贯等。

(二) 错误动作的纠正方法

在游泳教学中，学生一旦出现错误动作，教师首先要帮助学生找出原因，分析原因，并反复讲解、示范，尤其是加强正误示范，使学生明确动作要领，建立自觉改进动作的意识。接着，针对错误动作选择有效的纠正方法，对症下药。对由学生内因如身体素质较差而引发的错误动作，教师要有预见性，并有计划地在课中或课外同步安排有关身体素质的练习，如蛙泳腿的教学应从教学开始就安排压蛙泳腿的练习，这既锻炼了蛙泳腿的柔韧性，又强化了蛙泳腿的翻脚动作；而对由旧动作定型引发的错误，应运用诱导、矫枉过正等方法加以纠正；由心理紧张引发的错误动作，应通过改变教学环境、加强保护帮助和增加引导性与准备性练习等逐步消除紧张心理，使其形成正常学习的心理状态。由于外因的影响导致学生产生错误动作，如教师教法不当、教学环境和条件太差，教师则应加强教学理论的学习，钻研教材，改进教学方法，提高运用教学方法的能力与技巧。教师还应针对现有的游泳教学场馆，提出有利于教学的建设性意见，加强游泳场馆和池水的卫生管理，改善教学条件，为学生营造优良的教学环境。

在纠正错误动作时，应特别注意以下几个方面。

第一，教师对学生出现的错误动作，应认真分析。在纠正错误动作时，应抓主要矛盾，先主后次依次解决。抓主要矛盾一是要抓同时出现的几个错误中的主要错误，二是要抓产生错误动作的主要原因。

第二，区别对待，有的放矢，对症下药。不同错误动作应采用不同的纠正方法，即使多名学生出现同一错误，也应根据学生各自的情况，因人而异地采用不同的纠正方法。

第三，带有共性的错误，应集体进行纠正。在学生人数较多的情况下，可将学生在基本教学中所产生的错误归纳成几种类型，先集体纠正普遍存在的错误，再单独纠正个别人的错误。

第四，观察学生的错误动作时，应根据学生产生错误动作的部位（头、躯干、腿、臂），选择适宜的观察位置，避免光线直射眼睛，并要充分考虑水中光线折射的影响，必要时也可潜入水中进行观察。

（三）错误动作的预防方法

在游泳教学中，减少学生学习过程中出现的错误动作是提高教学质量的根本保证，这也是教学技巧的具体体现。因此，预防错误动作的产生是教师教学设计必须考虑的主要因素。

第一，教师在教学前应认真分析教材的特点、重点、难点和常见错误动作，针对学生的具体情况，对教学过程中学生可能出现的错误动作应有预见性，并采取预防方法和应急措施。

第二，在教学中，教师的讲解与示范要达到启发学生思考的目的，帮助学生建立正确的动作表象，尤其是教师要对易出现的错误动作提出警示，使学生对错误动作产生警觉，这种教学前馈对预防错误动作有着良好效果。

第三，教学方法和练习方法的选择与组合，要符合认识规律和技能形成规律，在进行每个练习时都要提出准确而具体的要求，使学生明确练习的目的，并按照练习要求进行练习。

第四，加强课堂教学组织，营造优良的教学环境，这些都是保证教学过程顺利进行、减少学生学习过程中出现错误动作的基本措施与要求。

五、游戏法和比赛法

游戏法是以游戏的方式组织学生进行练习的方法，比赛法是在比赛的条件下组织学生进行练习的方法。前者具有较强的娱乐性，后者则具有较强的竞争性，因而采用上述方法进行练习时，可形成生动活泼、热烈紧张的练习气氛，这样不仅可提高学生的兴趣，激发学生练习的积极性，加快其学习、掌握动作技术的进程，而且可培养学生团结协作的团队精神和竞争意识。游泳教学中的水上游戏内容丰富，应注意有针对性地选用。游戏、比赛过程复杂多变，应加强组织工作，注意控制运动负荷，警惕伤害事故的发生。

六、深水教学法

在深水环境中进行游泳教学，必须设法使学生浮于水上，并将其置于可靠的安全保护措施之下。任何缺少安全保护措施的深水教学方法和手段都是不可取的，目前采用较多的深水教学方法有绳索牵拉助力法和深水浮具法两种。

（一）绳索牵拉助力法

这种方法是教师在岸上，通过牵拉捆系在学生腰部的绳索使学生浮于水上，并进行游泳技术学习的教学。此种教法的优点是安全、可靠，学生在教师的牵拉助力下，可放心大胆地学习游泳技术。缺点是采用此法，只能进行"一对一"的教学，不仅不能满足人数较多的学生集体教学的需要，并且会大大增加教师的体力负担。此外，还会因教师施加助力不当限制学生的动作，影响学生体会水中动作的实感。

（二）深水浮具法

这种方法是将浮具佩戴在学生的腰部（常使用的浮具有浮漂、浮带、浮漂背心等），使身体在浮具浮力的支持下浮于水上，进而学习游泳技术。

1. 深水浮具法的优缺点

（1）深水浮具法的优点

深水浮具法具有多个优点，具体介绍如下。

第一，学生佩戴浮具后，由于无须担心自己的安全，即可全力专注于动作技术的学习，有利于教学效果的提高。

第二，浮具的浮力有助于学生的身体在水中处于水平位置，从而有利于动作技术的学习和掌握。

第三，在佩戴浮具后，学生可在水中独立进行各种动作练习，避免了绳索牵拉的外力限制，有利于增强其对水中动作的感受。

第四，在浮具的助浮、保护之下，教师可放手进行人数较多的集体教学，这既可提高教学效率，又可减轻教师体力和精神上的负担。

（2）深水浮具法的缺点

深水浮具法也有一些缺点，即浮具佩戴位置不当会影响身体的水平位置；佩戴浮具的时间过长，会使学生对浮具产生依赖。

2. 深水浮具法的运用

在运用深水浮具法时，应注意以下几点。

第一，浮具的浮力应足以支持身体的重力，且在使用时应使头部完全浮出水面。

第二，浮具应由2~4个单独的浮子（球）组成，以便在教学过程中根据需要增减浮具的浮力。

第三，将串联浮子（球）捆系于学生腰间的绳索或橡皮筋必须结实可靠，且在使用中不会断裂、脱落。

第四，浮具佩戴的位置应根据所学动作技术需要适时调整，确保浮具的浮心始终处于身体重心之上。

第五，学生第一次佩戴浮具下水后，应先通过深水熟识水性练习，掌握在水中持板平浮和使身体平衡的技巧，然后开始腿部动作的学习。

第六，学生基本掌握动作技术后，应适时减小或逐步取消浮具的浮力支持，以免学生对浮具助力产生依赖。

第三节 游泳教学的顺序与组织

一、游泳教学的顺序

根据游泳教学的特点，对初学者的游泳教学必须首先熟悉水性，继而转入游泳技术的教学。至于先教哪种泳式、教某一泳式时应先教什么动作、学习多种泳式时其顺序如何安排，均须根据教学任务，学习时间，教学对象的年龄、性别、技术基础等具体情况而定。

（一）首教泳式

1. 先教蛙泳

如教学任务是尽快掌握一种泳式，并要求在较短时间内能完成一定的游距时，可首先选择蛙泳进行教学。一般高等和中等学校的游泳教学，教学时数不多，为加快教学进度和保证学生的安全，可先教蛙泳。因学蛙泳采用的是正面抬头呼吸，动作自然，相对简单易学；对称的臂腿运动便于身体保持平衡；动作节奏有明显的间歇，游进时较省力，基本掌握后即可迅速增长游距；蛙泳动作与踩水、反蛙泳动作相似，掌握蛙泳后可迅速掌握踩水和反蛙泳等实用游泳技术，有利于保证学生的安全。也可在蛙泳教学中结合踩水、反蛙泳等实用游泳技术的教学。

2. 先教爬泳

如教学任务是系统学习竞技四式技术，则可先教爬泳。因学爬泳动作接近人的行走动作，臂腿动作相对简单，其配合节奏也不如蛙泳要求高，较易学习掌握。而且在掌握爬泳技术之后，由于动作技术的相似转移，对学习仰泳、蝶泳技术均有一定的帮助。但爬泳的转头吸气技术较为复杂，掌握较为困难，是爬泳教学中的一个难点，教学中应予以充分关注。

3. 先教仰泳

仰泳腿、臂及配合技术简单，脸露出水面呼吸可不受水的影响，易于初学者学习与掌握。由于仰泳动作与爬泳相似，掌握仰泳后有利于爬泳的学习。但仰泳作为首选泳式教学时，必须与踩水结合进行，以保证学生的安全。

另外，也可根据学生原有的游泳基础，来选择首教的泳式。如已会大爬式者，可先教爬泳；已会对称性的俯泳动作，可先教蛙泳；已会反蛙泳者，可先教仰泳。

（二）不同泳式的教学顺序

各种泳式的动作技术都包括腿臂与呼吸配合、臂与腿配合和完整配合动作。无论教哪种泳式，在采用分解教学法时，一般都按照"腿—臂（臂与呼吸配合）—臂与腿配合—完整配合"的顺序进行教学。在分解教学中应强调"先腿后臂"的教学顺序，因为各种泳式中腿部向下动作的反作用力，可使腿部上浮，从而有利于保持身体的平浮和手臂动作的学习与掌握。

（三）每个单一动作的教学顺序

游泳的每个单一动作（臂或腿部动作）的教法，都可采用完整法或分解法，但无论采用哪种教法，原则上都应按以下教法顺序进行。

第一，讲解、示范，使学生明确动作要领。

第二，陆上模仿练习（包括半陆半水模仿练习）。

第三，水中有固定支撑练习（扶池边、池槽、同伴，或由同伴扶持、牵引进行腿部动作练习，站在浅水中或由同伴扶腿进行划臂练习）。

第四，水中无固定支撑练习（利用浮板、浮枕等助浮器材进行腿或臂部动作练习，或滑行打腿、拖腿划臂及徒手进行各种分解、配合练习）。

第五，逐步增长游距，巩固和提高动作质量。

（四）四种竞技泳式教学的顺序

随着游泳运动的发展，学生对竞技游泳的要求日趋全面，四种竞技泳式的教学必将在游泳教学中得以实施。在目前的游泳教学实践中，竞技四式的教学顺序主要有以下几种安排。

第一，熟悉水性—爬泳—仰泳—蛙泳—蝶泳。
第二，熟悉水性—爬泳—仰泳—蝶泳—蛙泳。
第三，熟悉水性—仰泳—爬泳—蝶泳—蛙泳。
第四，熟悉水性—蛙泳—爬泳—仰泳—蝶泳。

二、游泳教学的组织

游泳教学和其他运动技术项目的教学一样，是通过一定的组织形式实现的。游泳教学的基本形式是游泳课。根据每次课具体任务的不同，可将课分为新授课、复习课、综合课、考核课等类型，按照人体生理活动的规律，各类游泳课的教学，可相应划分开始、准备、基本、结束四个部分或准备、基本、结束三个部分。无论哪种类型的课和课的哪一部分，都需要精心组织，才能使教学任务顺利地完成。

（一）上课时的安全组织

游泳课的安全组织工作是游泳教学顺利进行的重要保证。因此，应将安全组织工作认真落实到游泳教学的全过程及每个环节之中，并将安全组织工作及安全措施作为检查、评定游泳课的重要标准。游泳课的安全组织工作可分为以下几个方面。

1. 下水前的安全组织

第一，加强安全教育。通过墙报、板报、挂图、广播等宣传工具，大力开展游泳安全教育，宣传游泳安全的重要性及安全常识。同时，可组织专题讲座，对学生系统地传授游泳安全知识，也可采用授课的形式在第一次游泳课前对游泳安全卫生的有关问题进行讲授。

第二，进行健康检查。教学开始前，应对学生进行健康检查，凡患有心脏病、高血压、癫痫病、传染病等存在安全隐患病症的学生，应采用限制性的保护措施，禁止他们下水游泳。

第三，了解场地情况。在上课前教师应对游泳教学的场地情况（如水的深度，深、浅区的范围，池岸和池底的形状、坡度等）进行全面了解，标出深、浅区。如在天然水域上课，更应勘察好上课场地的水情、地形，对存在安全隐患的水域，必须设置明显的禁游警示标志。

第四，准备好救生、助浮器材。在上课前，教师应准备一些简单、实用的救生器材，如救生圈、救生杆、绳子及充气车胎等。在天然水域中，还应使用充气车胎或木材，并在远离河岸的一端设立安全岛或休息台。在深水游泳教学时，还应准备好浮漂、浮板等助浮器材。

第五，第一次水上课下水前，应向学生宣讲安全注意事项和上课纪律，强调安全工作对游泳教学的重要性，增强学生的安全意识。

第六，组织好安全小组。将3~5名学生编成一组，挑选责任心强、水性好的学生担任组长。要求小组成员互相关心、互相帮助，小组长应经常清点人数，发现有人溺水，应及时呼救。

第七，布置救生人员和设置安全监督岗。上课时应视上课水域的大小，配备相应的救生员（50米×25米的游泳池，每25米两岸应各设一名救生员），负责学生的安全和对溺水者进行施救。如救生员数量不足，可设置相应数量的安全监督岗，由暂不上课的学生担任，负责水面监视，发现情况立即发出呼救信号，再由救生人员下水施救。

第八，认真做好准备活动，每次游泳课下水前，都必须组织学生认真做好准备活动，以避免抽筋和水上不适应症的发生。如准备活动后学生身体出汗，可稍休息，擦干身体淋浴后再下水游泳。

第九，认真清点下水学生人数。

2. 下水时的安全组织

第一，了解学生游泳水平。上第一次课时，教师应对学生进行摸底测验，切实了解学生的游泳水平，做到胸中有数。

第二，进行教学分组。根据摸底测验所获情况进行适当的教学分组。

第三，经常检查人数，上课中，教师应经常检查上课学生的人数，10~15分钟检查一次（要求安全小组时刻注意清点本组人数），以便及早发现游泳事故。

第四，加强上课纪律。上课时必须强调组织纪律，实施令行禁止，要求学生做到"四不"（不在浅水池和水情不明水域中跳水，不在人多、拥挤的水域中潜泳，不在水中嬉戏，打闹，不随意乱呼救）。学生起水离队时须经教师同意，归队时须向教师报告后才可下水。

第五，严密教学组织。教师对游泳课的组织应充分考虑确保学生安全的需要，应将不会游泳和游泳基础较差的学生，始终置于自己的监控之下。教师的教学位置，既要有利于对所有学生的全面观察，又要有利于对不会游泳和游泳基础较差的学生的重点照顾。

3. 起水后的安全组织

第一，及时清点人数。游泳课结束学生起水上岸后，应立即整队集合，及时清点人数。如人数不够，应及时找寻或查缺人的原因。

第二，保暖。清点人数后，让学生擦干体表的水。天气冷时，披上浴巾，减少体热的散发。

第三，小结。小结上课情况，表扬好人好事，指出还应当注意的事项，不断增强学生的安全观念。

（二）游泳教学的分组

游泳教学通常是以班为单位，按分组的形式进行。合理的分组便于教师和学生的教学活动，有利于教学活动的顺利进行和教学效果的提高。在游泳教学中，常用的分组方法有以下两种。

1. 混合分组

所谓混合分组，就是把技术基础较好的学生与技术基础较差的学生混合分组。这种分组形式有利于学生互相帮助，互教互学，并能让基础较好的学生协助教师关注基础较差的学生的安全和完成教学任务。但这不利于对基础不同的学生提出不同的教学要求和组织不同的教学活动，难以满足基础较好的学生相对较高的学习要求，从而可能影响他们学习的积极性。因此，在教学过程中要安排一定的时间对他们进行专门辅导，使他们的水平得到提高。

2. 按技术水平分组

所谓按技术水平分组，就是按学生掌握游泳技术水平的高低分组进行教学。这种分组形式便于教师根据学生的技术情况，安排不同的练习内容和运动量，有助于区别对待，能满足不同技术水平的学生的不同要求。在教学过程中，还可根据学生掌握技术的情况，定期或不定期地调整组别，但调整时应注意使各组学生的技术水平相应地保持在一个水平之上，这有利于调动学生学习的积极性。

游泳教学的分组不宜过大，每组以 10 人为宜。若按技术分组，技术较好的组人数可多 2~3 人，也可在此原则基础上考虑年龄、性别等因素，按年龄、性别分组。分组时，应充分考虑教学场地大小和泳道的多少。同时，分组教学也可适当与个别教学相结合，使区别对待落到实处。

第四节　游泳技术的教学

游泳技术教学的有效开展，对于学生掌握规范的游泳技术具有积极意义。本节将从以下几个方面对游泳技术的教学进行详细阐述。

一、熟悉水性的教学

在开展游泳教学时，首先要进行的便是熟悉水性的教学。通过熟悉水性的教学可使初学者尽快适应水环境，改变人们在陆上生活所形成的思维方式和动作习惯，消除怕水心理。

（一）熟悉水性的教学内容

熟悉水性的教学内容熟悉水性教学的主要内容有水中行走、呼吸、漂浮和滑行。

1. 水中行走练习

（1）水中行走练习的目的

进行水中行走练习，主要是为了让初学者体会水的阻力、压力、浮力和保持水中平衡的方法，消除怕水心理。

（2）水中行走练习的方法

在进行水中行走练习时，可采用以下几种有效的方法。

第一，扶池边行走。双手扶池边和水槽向两侧行走。

第二，拉手行走。集体拉手在水中行走。

第三，划手行走。双手在水中向后拨水向前行走，双手向前拨水后退行走，双手向侧拨水相反的方向行走。

第四，扶池边跳跃。双手扶池边（池槽），双脚蹬池底，向上跳起。

第五，水中行走、跑步、跳跃。各个方向，单独进行。

第六，水中跑、走的各种游戏和接力。

第七，徒手跳跃。水中站立，两臂前伸平放水中，两臂向下压水，脚蹬池底，向上跳起。

2. 呼吸练习

（1）呼吸练习的目的

进行呼吸练习，主要是为了让初学者掌握在水中呼吸的专门技术，从而更容易地进行游泳。

（2）呼吸练习的要点

人们平时的呼吸动作是无意识的，用鼻子吸进呼出。而在水中的呼吸则不同，是嘴吸、嘴呼或嘴吸、嘴鼻呼。一个呼吸动作是由吸气—憋气—吐气组成的。例如，蛙泳呼吸，慢抬头，嘴露出水面时用力吐气，快速吸气后尽快低头短暂憋气，然后吐气，气快吐光的时候再抬头，如此循环。

呼吸时最重要的是用力吐气，这和我们的想象不一样。可以做这样的一个实验：心里想着吸气，连续使劲吸，结果是越想吸越吸不进气；反过来你只想用力吐气不想吸气的事儿，连续吐气反而吸到了气。这是因为用力吐气把气吐光之后，造成了一种"被动式"的吸气。

（3）呼吸练习的方法

在进行呼吸练习时，可采用陆上模仿练习和水中练习两种方法。

①陆上模仿练习

第一，闭气练习。直立、两手下垂、全身放松。闭气10~20秒（视情况灵活掌握）后吐气，重复3~5次。在进行这一练习时，要注意口吸口呼，把手掌放在嘴前一寸处，检查鼻子是否漏气。

第二，扶膝换气练习。双膝弯曲，两手扶在膝处；身体前倾，全身放松。按照"吸—憋—呼"的顺序反复练习。在进行这一练习时，要注意头后仰，头围绕横轴做动作，身体不能有起伏（双手不能离开膝盖）。

第三，扶墙换气练习。双手伸直扶墙，头夹在两臂之间，头后仰用力吐气，吸气后低头稍憋气，然后慢慢地吐气，快吐完时再头后仰用力吐气开始下一个循环。在进行这一练习时，要注意慢抬头，用力吐，快低头，换气的时间很短。

②水中练习

第一，肩膀与池边平行，头在水中，身体在岸上，进行憋气和换气练习，适用于水面与池岸持平的场地。

第二，双手扶池边站立呼吸，动作如陆上模仿练习。

第三，下蹲手摸池底后站立。

第四，憋气过障碍物。水中放置障碍物，要求学生憋气从障碍物（水线）下边通过。

第五，双手扶池边（或扶同伴的手、腰）漂浮呼吸。

（4）呼吸的错误动作

在练习游泳呼吸时，常会出现一些错误动作，主要有以下几个。

①换气动作过猛

猛抬头、屈肘、整个上半身都露出水面。纠正的方法是在做模仿练习时要向学生强调，必须是头后仰，不是抬头、抬身体。

②"假呼吸"

有的人不敢把气吐光，担心没气了怎么办，总是留着半口气，这半口气占地方，几次换气后就再也吸不进气了，只好停下来。这样的呼吸动作被称作"假呼吸"。纠正的方法是延长吐气的时间。

③鼻子进水

有的人在呼吸的时候鼻子里进水，这是因为没有掌握正确的呼吸技术，没有用嘴呼吸，用鼻子呼吸了。例如，洗脸的时候，双手捧着水，把脸放入水中的时候，你一定喷着响鼻，其实你的鼻子在呼气，所以你的鼻子不进水。可以把生活中的动作用到学游泳中来，就可以很快地掌握相应的动作。

④换气时间过长

由于在水下没有吐气，在水面上又吐又吸，时间长。呼吸的全过程是"吸气—憋气—吐气"，在水下稍稍憋气后，就要像鱼一样吐泡泡，要看到自己嘴的周围有很多气泡，就对了。

3. 漂浮练习

（1）漂浮练习的目的

进行漂浮练习，主要是为了让初学者体会水的浮力，继而能够保持身体俯卧平衡。

（2）漂浮练习的要点

做动作之前一定要吸足气，俯卧水中时身体要伸展，手腿伸直，全身放松（初学者往往全身紧张），脚跟尽量朝水面上伸。动作开始的时候由于重力作用会下沉，有人这时会害怕，想马上站起来，应鼓励学生憋住气，告诉他们经过短暂的下沉后马上就会升到水面上。

（3）漂浮练习的方法

在练习漂浮时，可借助以下几种有效的方法。

第一，抱膝浮体练习（仅浅水池适用）。站立水中，深呼吸，低头、双脚蹬池底、收腹、收大腿、双手抱膝或小腿，呈团身姿势，背部露出水面。

第二，扶池边漂浮练习。双手扶池边或同伴的手、腰，吸足气，低头并把头夹在两臂之间，水面在头顶处。当身体俯卧水中后，要求学生在水中睁开眼睛，身体平直。重点打开肩关节和髋关节。练习次数为（5~8次）×2组，而且练习时要注意憋住气，每次坚持5~10秒。

第三，伸展漂浮后站立。双手向下压水并抬头，屈膝收大腿（膝盖朝腹部收）使身体由俯卧转为垂直后，两腿同时伸直（展髋、伸膝），在池底站立。练习次数为5~8次，而且练习时要注意憋住气，每次坚持5~10秒。

4. 滑行练习

（1）滑行练习的目的

进行滑行练习，主要是为了使学生体会和掌握游泳时的水平位置和流线形姿势，为各种泳式的学习打下基础。

（2）滑行练习的方法

第一，扶板蹬壁滑行。双手伸直扶打水板，一只脚蹬地，一只脚蹬池壁（深水池双脚蹬壁）。深吸气、低头、身体前倾并屈膝，当头和肩没入水中时前脚掌用力蹬离池壁，两腿并拢向前滑行。

第二，徒手蹬壁滑行。动作技术同上。

第三，蹬地滑行（仅在浅水池进行）。两脚前后开立、两臂并拢前伸、深吸气后低头脚蹬地，使身体平卧在水面上滑行。滑行时自然吸气，身体尽量伸直，用力蹬边。对于滑行技术较差的学生可采用牵引滑行或助力滑行的方法。

（二）熟悉水性教学的注意事项

在开展熟悉水性的教学时，以下几个方面应特别予以注意。

第一，安全第一。教师要把初学者的安全放在首位，要求学生上课时穿泳装，要备有棍子等教学辅助器材。同时，教师要密切观察学生掌握动作的情况。在浅水池进行教学时要先确认学生掌握水中站立动作后，再进行漂浮动作的练习。在深水池，熟悉水性阶段可以省略漂浮练习，这时进行蹬池壁的漂浮练习会增强学生的怕水心理，漂浮练习可以结合扶板蹬蛙泳腿的练习进行。

第二，由浅入深。教师要按照动作难度循序渐进地安排练习手段，这有助于学生消除怕水心理。

第三，寓教于乐。用游戏进行教学是非常好的方法，教师要想尽办法根据场地条件，把技术动作和要求编进游戏中去，在教学初期，这是消除学生怕水心理的最好方法。这里简单介绍几个熟悉水性的游戏。一是水中跑跳，该游戏的目的是帮助学生克服怕水心理，体会水的阻力。该游戏的人数必须是偶数，但总人数不限。游戏方法是，两人一组，互相追逐，追到后，角色互换在游戏进行的过程中，教师可以规定用不同的动作追逐，直到教师喊停。二是打水仗，该游戏的目的是帮助学生克服怕水心理，习惯脸上有水。该游戏的人数必须是偶数，但总人数不限。游戏方法是，互相用手撩水，泼向对方。三是蜈蚣赛跑，该游戏的目的是帮助学生建立水中移动的信心。该游戏的人数必须为3人以上。游戏方法是，一臂间隔排成一行，用双手握住前面人的右腿，向前跳一段距离。

第四，留课后作业。留家庭作业（模仿动作），有助学生于更快地掌握动作。在两次练习之间的间隔时间较长的时候也要安排家庭作业，防止忘记动作，以使在下一次练习时减少复习时间，尽快进入新动作的学习，如一周一次的教学班，基本上是在课的2/3才能教新内容。

第五，反复练习。熟悉水性的教学在结束后，应将其作为一种准备活动，以增强学生的水感。

二、蛙泳技术的教学

在进行蛙泳技术的教学时，应包括以下几方面的内容。

（一）蛙泳腿部动作的教学

腿部动作是蛙泳技术中最重要的部分，学习蛙泳需要从陆上腿部动作做起。

1. 蛙泳腿部动作的要领

两腿从并拢伸直开始，大腿带动小腿向前收，边收边分，当大腿收到与躯干成

120°~140°角时，两膝与肩同宽，两脚紧靠臀部，小腿几乎与水平面垂直，脚底朝上，接着两脚勾脚外翻，使脚的两侧和小腿内侧对准后方，紧接着大腿发力，小腿和脚向后做弧形蹬夹水，蹬夹动作同时结束，两脚并拢伸直成流线形向前滑行。

2. 蛙泳腿部动作的练习方法

（1）陆上模仿练习

①勾绷脚练习

该练习的要点是，坐在地上，双腿伸直，做勾脚和绷脚（芭蕾脚）的练习。勾脚时要求脚尖朝天，绷脚时脚尖指向泳池对岸。该练习的重点是让学生明白什么是勾脚（绷脚），并能在听到相关指令后做出准确的动作。

②翻脚练习

坐在地上，双腿伸直，勾脚。双脚由里到外旋转。动作幅度要尽量大，结束时是绷脚，大脚趾碰在一起。

③坐撑蛙泳腿练习

坐在地上，双腿伸直，身体稍后仰，两手在体后撑地，按照收、翻、蹬、停4拍做动作。口令"1"收腿，用眼观察收腿时双膝的宽度同肩宽，脚后跟靠近大腿。"2"翻脚，脚后跟翻在臀部外边，脚尖朝外。"3"蹬腿，强调蹬水的路线是弧线，因为有视觉的帮助，可以看到蹬水的路线和勾着脚蹬水的动作。"4"停，双腿伸直，脚尖绷起成芭蕾脚。

④俯卧蛙泳腿

可俯卧在凳子上和泳池边上做。有时由于条件限制，让学生俯卧在地上做，这样只能收小腿和体会翻脚的动作。最好的方法是半陆半水的俯卧蛙泳腿练习，双手前伸，上体俯卧在池边上，髋关节在池沿处，双腿在水中，仍按收、翻、蹬、停4拍做动作。做此练习已经没有了视觉的帮助，学生完全用感觉来做动作，教师的提示是非常重要的。第一个层次明确动作概念，15次×5组，每次注意一个要点，第五组顺一遍；第二个层次"用力"的练习为15次×2组，第一组慢收快蹬练习，第二组加速蹬水练习，一开始就用力蹬水，这是学生把在陆地上的用力习惯用在水中了。因为水是流动的，一开始就用大力会把水蹬跑了，而由慢到快地加速蹬水，就能始终蹬上水，提高动作效果。

（2）水中练习

①扶池边蛙泳腿

由于身体全部浸入水中和浮力的作用，有的学生会害怕，这时可让学生睁开眼睛，看着水中周围的情况，可以减少一些害怕心理。更重要的是，扶池边的蛙泳腿还要结合呼吸进行练习，教法步骤是，憋气做蛙泳腿，要在这个练习中让学生掌握正确熟练的蛙泳腿技术；加呼吸的蛙泳腿，方法是3次腿1呼吸—2次腿1呼吸—1次腿1呼吸。

为什么用多腿少呼吸的方式呢？因为这时呼吸动作还不熟练，在一个蛙泳腿的动作周期内还不能把气差不多吐光，而用多腿少呼吸的方法就可以达到这个目的，3次腿完成前，气也快没了，这时抬头吸气，就能吸到气，避免了"假呼吸"的动作。随着呼吸技术的熟练程度增加，腿的次数减少，最后达到1次腿1呼吸。当这个练习技术熟练后，大多数学生就可以掌握带呼吸的蛙泳腿了。在学生做练习时，学生就要对错误动作进行纠正。

②扶板蛙泳腿

如果是在深水中进行教学，在熟悉水性阶段，因为少了一步漂浮滑行的教学，这时进行扶板蹬蛙泳腿的练习是第一次脱离池边，学生又一次表现出怕水的心理。可先做半陆半水的模仿，身体在岸上，腿在水中，双手拿着板子做，这样更像水中扶板腿练习的情况。按照收、翻、蹬、停的顺序做，在停时抬头换气，用力吐气说"啪"字。停的时候可让学生坚持3秒，换完气低头后再收腿。这一点必须突出强调先低头，后收腿。第一次扶板蹬腿，可以允许学生做抬头的蛙泳蹬腿8×25米，第二次练习必须加上呼吸动作，做腿和呼吸的练习。

3. 蛙泳腿部的错误动作

在练习蛙泳腿部动作时，常会出现一些错误动作，主要有以下几个。

(1) 平收腿

两膝之间太宽，大腿收得多，小腿收得少，往往会形成脚掌对水的动作（平收腿），减少对水面积，动作效果不佳。解决的方法是让学生坐在池边，双手后撑，腿放在水里，双膝把打水板紧紧夹住，然后收小腿，当脚后跟碰到池壁后双脚外展，画一个弧形后，双膝伸直双脚并拢，反复练习。这个练习也可以俯卧池边完成，要求相同。

(2) 撅臀

游蛙泳时撅臀部，主要是大腿收得太多、过猛，没有收小腿。很多人喜欢收大腿，形成撅臀的动作，这时可提示收小腿，让脚后跟朝臀部收。如果脚掌露出水面，那就是小腿收得太多了，反之让他收大腿。可以提醒学员要小腿朝臀部收，而不是膝盖朝肚子收。

(3) 翻脚

翻脚不是日常生活中的动作，所以是教学中的难点。翻好的脚是脚尖朝外，脚心朝天，脚跟在臀部两侧，像英文字母"W"。有的人脚腕很硬，翻不过来，这时就可以让他加大两膝之间的宽度来弥补这个缺陷。翻脚其实就是我们生活中勾脚的动作，由于不常做，刚开始做的时候会有些不习惯（其实很像卓别林用脚后跟走路的动作）。有些人的脚腕又硬又粗，常常为翻不好脚而苦恼。在前面介绍蛙泳腿的勾绷脚练习手段的时候已介绍了一些，就是双腿并拢，脚勾起，脚跟相对，两个脚尖朝外，这就是勾脚。可以坐在池边（臀线在池边的前沿），先伸直腿勾脚，然后收腿让脚跟碰池壁，注意观察是否保持了勾脚的姿势还可以扶墙站立，另一只手下垂，做收腿和翻脚的动作，注意脚主动去碰手。在做蛙泳腿动作时勾、绷脚的动作是变换的，有的学员分不清楚，指导员就可以先一直让他勾着脚做全部动作。这样做也可以改正"芭蕾脚"的错误动作，熟练了翻脚动作后，再做正规动作。

（4）内侧蹬水

蹬水的时候用脚和小腿的内侧蹬水，即先向外蹬再向里夹，是小腿围绕膝关节绕环的动作。蹬夹动作是连贯完成的，所以蹬水路线是弧形的，千万不要蹬完了以后再夹水。两膝太宽、脚腕硬且翻不过来脚的人，都是用脚掌蹬水，蹬水的面积减小，效果自然就差了。还有的人在蹬水的过程中过早把脚绷起来，这时应要求学生一直勾脚蹬水，直到双脚碰到一起时再把脚绷起来。

（5）发力过早

这是把陆上的动作习惯带到了水中，不是爆发式地用力，而是加速蹬水。

（6）没有滑行

双腿并拢伸直停顿3~5秒，有的教师只教3个动作收、翻、蹬，没有滑行练习，从而给后面的配合练习留下隐患。那种抬头的蛙泳动作的形成就是在教蛙泳腿的时候没有"滑行"这一动作的练习，双脚在不停地蹬，双手也就在不停地划。别小看这个滑行，几秒钟的滑行就可以完成呼吸动作，建立动作节奏，肌肉就可以有短暂的放松休息，增加游泳距离。

4. 蛙泳腿部动作教学的注意事项

第一，水中扶板练习时，可以让做得好的学生先下水做，给那些害怕水的学生以信心。在深水池，教师可以坐在池边，用自己的双腿支撑学生的身体，让学生做动作，先松开一条腿，如果能够掌握平衡就松开另一条腿，学生就可以自己游进了。当全部学生都进入水中后就可以起立观察学生的动作了。

第二，有一些过分紧张的学生，动作僵硬或不往前走，动作效果很差，可以拿一根棍子，压住打水板的前沿，用一点力往前拖，要有一点速度，再提醒学生慢收腿快蹬腿，就可以游进了。还有一些人把打水板当成了船，缩着肩膀，肘关节弯着，拼命压打水板。这时要提醒他，肩膀放松，肘关节伸直，肩膀放松了，人也就漂起来了。还有一种就是不往前走反而后退的人，这是大腿收得太多太用力，让他别收大腿，把脚后跟朝臀部收，并且慢收腿就行了。由于是第一次脱离池边进行练习，只有这一次可以做不带呼吸的蛙泳腿，当适应水中的平衡后，要马上把呼吸动作加上。

第三，在蛙泳教学中，技术动作的教学可以分为两个层次进行。第一个层次是教授动作概念，让学生掌握收、翻、蹬、停这4个动作，首先明确勾脚和绷脚的动作。第二个层次是教学生如何用力,在实际教学过程中有的教师是混合进行的或者忽视了第二个层次,这样教学效果就不好。

第四,可边讲解边示范。这可让学生明确动作概念和动作要点。教师最好在陆上示范,因为在水中做示范对于初学者来说不容易看明白。而在陆上做示范就可以把一个动作分解成几部分,在讲到重点动作时就可以来一个"定格",让学生看得更清楚。

第五,做动作时默念顺口溜有暗示和诱导作用,可帮助学生记住动作要点,顺利掌握动作。顺口溜是游泳教师在长期的教学工作中总结出来的经验,是动作要点的高度概括。

(二) 蛙泳手臂动作的教学

1. 蛙泳手臂动作的要领

两臂从并拢前伸开始,两臂内旋,掌心向斜下后方,两手向外划至同肩宽后,边划边屈肘,保持高肘向外、后、下、内、上做加速划水,划至颌下,两手靠拢向前伸,掌心转向下方。

2. 蛙泳手臂动作的练习方法

(1) 陆上模仿练习

第一,站立蛙泳手。身体前倾,双脚开立站立,双手向前伸直。口令"1"划手(外划),"2"收手(内划),"3"前伸。

第二,站立蛙泳手加呼吸。站立姿势同上。口令"1"分手抬头吸气,"2"收手低头憋气,"3"双手前伸吐气。

第三,深水池蛙泳手模仿可以增加半陆半水的练习。俯卧池边,头和上肢在水中,池边与腋窝齐平,也是先练划手,然后加上呼吸。

(2) 水中练习

第一,深水池。一手扶池边另一手划手前进,4×25米,左右两个方向各两次。身体可以站立也可以俯卧,俯卧练习时可以加上呼吸动作。

第二,浅水池。在浅水池进行蛙泳手的教学比较容易。站立在游泳池中,水位最好在胸口处,先教划手,然后再教划手和呼吸(要求同模仿练习)。在学生做练习的时候可以边走动边划手,这样学生可以更好地体会划手推动身体前进的效果,还可以安排双人练习,一个人俯卧在水中,另一个人用双手架住他的双腿,给他支撑,使他能够做划手动作。

3. 蛙泳手臂的错误动作

在练习蛙泳手臂动作时,常会出现一些错误动作,主要有以下几个。

(1) 划手过大

初学者往往会做出很大的划手动作，向后划到大腿旁边以后，从肚子下面才收手往前划。首先要进行陆上模仿明确动作概念：向后划的时候手不能过肩。内收时肘关节下去，手上来，手高肘低，在下颌处双手并拢前伸。

(2) 划手过深

初学者手开始外划的时候向下划手。教师可让他们划手的时候在斜前方大约45°的时候就做收手的动作，也就是用眼睛的余光还能看到手的时候就要收手了。可以采用踩水练习的方法改进划手动作，因为在踩水的时候可以看到自己划手的大小和动作。如果学生年龄小，就告诉他们用手划小圆圈就成了。

(3) 呼吸过晚

手与呼吸配合的关键动作是手一动、一往外划就必须抬头吸气，因为双手在前边有支撑，抬头吸气容易。这是早呼吸技术，初学者用早呼吸技术比较好，早呼吸的动作，可以使学生的嘴露出水面。吸不到气的人往往是双手划到肩的部位才抬头，没有了支撑，头抬不起来，所以就吸不到气了。手一动（开始外划）就要抬头，当嘴露出水面时用力吐气，吹开嘴边的水换气，收手低头稍憋气，手前伸吐气，如此循环。

(4) 抬头太高、太猛

抬头高、太猛会引起下肢下沉，吸完气后头部也下沉很多，再吸气时头就上不来了。呼吸只是很短一瞬间的事，抬头时一定要把气吐光。有的人在呼吸时喜欢晃脑袋，用手去抹脸上的水，这些多余动作在熟悉水性阶段就应该被纠正，如果在游蛙泳配合时还有这些问题，那就是教师的责任了。

4. 蛙泳手臂动作教学的注意事项

第一，蛙泳手的教学重点是内收动作，难点是划手与呼吸相配合。

第二，蛙泳手的动作比较简单，教师在讲解示范时要结合蛙泳手动作中的常见错误进行讲解示范。

第三，蛙泳手动作简单，手的控制能力又比腿强，所以，蛙泳手的练习可以不必花费过多时间。

（三）蛙泳配合动作的教学

1. 蛙泳配合动作的要领

(1) 蛙泳手臂与呼吸配合动作的要领

蛙泳手臂与早吸气配合时，臂抓水时开始抬头准备吸气，外划时口露出水面并张口吸气，内划时闭气，前伸滑行时头还原呼气。

蛙泳手臂与晚吸气配合时，臂外划时呼气，内划时口露出水面并吸气，前伸滑行时闭气。

(2) 蛙泳手臂与腿配合动作的要领

蛙泳手臂与腿配合动作的要领是，臂外划时腿不动，内划时收腿，手臂向前将伸直时蹬腿，蹬腿结束后手臂和腿伸直并拢，呈流线形姿势滑行。

(3) 蛙泳完整配合动作的要领

蛙泳完整配合动作的要领是，一般采用划臂 1 次，蹬腿 1 次，呼吸 1 次的配合，即两臂外划时腿不动，抬头吸气（早吸气），内划时收腿、闭气；臂向前将伸直时蹬夹腿，臂腿伸直滑行时呼气。

2. 蛙泳配合动作的练习方法

(1) 陆上模仿练习

第一，站立蛙泳配合模仿练习。直立，双臂上举，双手并拢。用口令进行练习："1"划手，"2"收手，"3"收腿，"4"伸手，"5"蹬腿。

第二，半陆半水蛙泳配合模仿练习。俯卧在池边，头放在水里或者把脚放在水中都可以，练习蛙泳的配合动作，口令同前一个练习。

(2) 水中练习

水中的蛙泳配合练习的方法有多种，要根据学生的实际情况加以选用。

第一，推拉板练习。此种方法适用于胆子比较小的学生。方法是双手抓住打水板，全身伸直俯卧水中，抬头吸气的时候肘关节弯曲，把板子拉到胸前，收腿、翻脚。低头吸气时把板子推出去，肘关节快伸直的时候蹬腿。

第二，池边练蛙泳配合（深水池用）。一只手抓住池边，另一只手和腿练习配合，然后换手再做一遍。

第三，憋气配合。减少了呼吸动作，降低了动作难度，比较容易掌握配合动作。

第四，完整配合。对过于害怕和年龄小的学生可以转动浮漂，把浮漂放在胸前练配合，这样戴浮漂会使人有一些安全感。

第五，从蹬腿到配合的过渡练习。3 腿 1 手（小划手仅供呼吸）—2 腿 1 手—1 腿 1 手。

3. 蛙泳配合动作的错误动作

在练习蛙泳配合动作时，常会出现一些错误动作，主要有以下几个。

(1) "假呼吸"

做了呼吸的动作但吸不到气，游了几个动作后就得停下来喘气，这就是所谓的"假呼吸"。造成这种错误动作的原因就是在水中不敢吐气，要把气快吐光的时候再抬头，在池边蛙泳腿练习的时候，就要采用多腿少呼吸的练习把这个错误动作纠正过来。

(2) 游泳时干使劲儿不往前走

出现这一问题的原因是收腿与蹬腿的力量用得一样多,收腿和蹬腿的速度一样快。要慢收快蹬。教师在教蛙泳腿的时候一定要教会学生如何用力,尤其是加速用力的动作要掌握好,用力过猛还容易拉伤大腿根部的肌肉。

(3) 收手的同时收腿,伸手的同时蹬腿

改进的方法是:模仿练习,建立正确的动作概念(收手后再收腿,伸手后再蹬腿);不带呼吸的蛙泳配合,一边做一边默念蛙泳配合的要领,还要提醒学生游泳不仅是用体力,更重要的是要动脑筋。同时,要在学生动作做正确后再加呼吸动作。

4. 蛙泳配合动作教学的注意事项

第一,蛙泳配合教学的重点是手、腿、呼吸的配合时机。难点是配合中的滑行动作,没有滑行动作,就不能持续游较长距离。

第二,模仿练习时可以两组学生面对面做,互相纠正错误动作陆上模仿的教法步骤。也可以教师带做并进行语言提示。学生自己做,教师仅做语言提示。学生默念顺口溜独立做,配合动作要连贯。

第三,模仿练习可以站立做,也可半陆半水(身体在岸上,腿在水里,反之亦可)。

第四,在深水池进行教学,先做憋气蛙泳配合,3~4次配合进行8~10组,然后呼吸。如果缺少憋气的配合练习,则容易形成站立式蛙泳。

第五,逐步增加蛙泳完整配合的距离。一开始可以让学生在规定的距离内任意停顿,然后减少停顿次数,最后加长游距。学完配合后,在每次课结束前可以安排提高游泳距离的小测验以激励学生。

第六,教学后期,要根据学生的水平,能力强的安排长游,技术差的提高技术。

三、爬泳技术的教学

(一) 爬泳身体姿势和腿部动作的教学

1. 爬泳身体姿势和腿部动作的要领

两腿自然伸直,脚尖内扣,大腿发力带动小腿和脚做上下交替鞭状打水,两脚打水幅度30~40厘米。下打时,脚背绷直向后下方打水,上抬时,脚背自然伸直。

2. 爬泳身体姿势和腿部动作的练习方法

(1) 陆上模仿练习

①池边坐撑打水模仿练习

坐在游泳池边,两手后撑,身体略向后仰。两腿伸直并拢,脚背绷直,两腿先慢慢地交替上下打水,打水幅度约为30厘米,然后逐渐加快打水速度,并逐渐放松膝关节。

注意打水时脚趾应指向对岸，不能向上，打水的水花要像烧开的水，但不要四溅。

②俯卧池边打水模仿练习

半陆半水，即身体在岸上，腿在水里。直腿打水，腿像鼓槌敲鼓一样敲打水面。

(2) 水中练习

①扶池边爬泳腿

两手轻扶水槽或池边，两臂和肩前伸，身体放松而平直地俯卧于水面上，低头，使头与躯干成一条直线。两腿上下交替打水，每打水6次，抬头吸气一次，吸气时躯干仍然保持俯卧姿势，腿不要因吸气而停止打水，仍然是直腿打水，但要教学生向下打用力，向上打不用力。

②扶板打水

在此之前一直教的是直腿打水，这样教的好处是自然会有大腿上下打的动作，避免了大腿不动，仅仅小腿动的错误。但是带来的副作用就是动作紧张或者是不往前走。这时可以提醒学生稍屈膝，上抬小腿，当脚掌刚刚露出水面的时候就用力向下打腿。通过实验，这种先直后屈的教法比一开始就教鞭状打水的方法错误动作的出现率小。

③徒手伸臂打水练习

两臂和肩前伸，身体放松平直俯卧于水面，两腿交替打水，每打6次腿抬头吸气1次。初学时如果抬头有困难，可借助蛙泳划水帮助吸气，但吸气时打腿不能停止，身体位置不能被破坏。

④扶池边身体转动打水练习

单手扶池边，另一臂放在体侧。低头均匀地呼气，身体俯卧，两腿打水6次。然后整个身体向扶池壁手臂的对侧转动，使身体成侧卧姿势，一侧肩与髋露出水面头与身体像旋转门一样作为一个整体一起转动，使嘴露出水面吸气。保持这种姿势再打水6次，然后再转回俯卧姿势，重复练习为了帮助学生掌握身体整体转动的技术，可以提示转动幅度大，要把肚脐转到水面上来。

⑤扶板身体转动打水平

要求同上，这一练习的目的是改进呼吸技术，提高打腿能力，在转动的过程中注意身体沿纵轴转动，一般每次练习8×25米。

3. 爬泳身体姿势和腿部动作的错误动作

在练习爬泳身体姿势和腿部动作时，常会出现一些错误动作，主要有以下几个。

(1) 在水面上打腿

在水面上打腿是由于小腿上抬过多，上抬时水面位于小腿肚子中间并发出很大的"咚咚"声。这样做虽然浪费体力，但由于在空中打腿，阻力不大，也有一些效果，有的教师就不去纠正这种动作。其实，改进这一动作的方法很简单，控制脚露出水面的高度就可以了，在打水的时候把脚跟抬到水面就成了。

（2）屈髋打腿

屈髋打腿是最常见的错误动作，从外表看来，这个动作在躯干和大腿处不是直的，而是有一个非常明显的弯曲，使大腿下沉，这是腰部过于放松、屈髋造成的。这一弯曲不仅不能利用大肌肉群打水反而增加了阻力，这种错误动作改正的方法是塌腰、挺肚子、大腿上抬，脚跟朝水面上抬。也可以要求学生先直腿打水，大腿有了上抬的动作后再学鞭状打水。

（3）屈膝打腿，屈髋打腿必然伴随着屈膝的动作

有一些人是因为脚腕太硬（俗称"锄头脚"），为了使脚能够打到水，必须屈膝，这样的打腿效果也不好，改进方法同前。

4. 爬泳身体姿势和腿部动作教学的注意事项

第一，先示范后讲解，讲清楚动作要点，如已学过蛙泳，就要强调从蛙泳的勾脚改变为绷脚。

第二，以集体练习为主，但经常个别纠错。观察学生脚趾的方向，如果脚趾朝池底，说明没有绷脚，应加以改正。出现原地不前的原因是上下打腿用力一样，出现后退的原因是用力勾小腿上抬。

第三，不要刻意要求学生屈腿打腿，开始时一律要求直腿绷脚，但膝关节应放松。只要膝关节放松，在水中水阻力的作用下，腿自然会形成弯曲动作。

第四，从15米开始，逐渐增加打腿距离。扶板打腿练习开始时可以把头放入水中，掌握技术后就可以把头抬起来。

第五，浮力较差的学生可能在开始练习时出现双腿下沉的情况，可在腰背部系一个浮漂，帮助身体浮起，体会打水动作，待动作熟练后解漂。一般爬泳的学习安排在蛙泳之后，学生学过的蛙泳腿动作容易给爬泳腿的学习带来不利影响，有些学生还摆脱不了翻脚蹬水的模式，常勾着脚向后踹。针对这种情况，可以先做陆上模仿直腿打腿练习（可以体会大腿上抬），以巩固正确动作的概念。

（二）爬泳手臂与配合动作的教学

1. 爬泳手臂与配合动作的要领

两臂交替在同侧肩前伸入水中，入水后手向后下方屈臂、高肘抱水并在身体下方向后做"S"形加速划水，划至大腿旁出水，经空中放松前移再入水。当一臂入水时，另一臂正在水下划水。另外，爬泳的呼吸是向侧转头的，以右侧呼吸为例，当右臂入水后开始慢呼气，右臂划至胸腹下方时，向右转头，在推水即将结束时口转出水面，并张口吸气，移臂至肩时，转头还原并闭气。

2. 爬泳手臂与配合动作的练习方法

(1) 陆上模仿练习

①单臂爬泳划手模仿

站立、弓箭步，一只手撑住膝盖，另一只手做单臂爬泳划手模仿。口令："1"手入水，"2"划水，两只手轮流做，10次×4组。在进行这一练习时，要注意手在头的前方入水，划手到大腿，手出水，移臂和划水动作可以先教直臂。

②双臂爬泳划手模仿

身体前倾90°，双手前伸做爬泳分解划手模仿练习。两手交换来做，动作要求同单臂，20次×2组。

③加呼吸的爬泳划手模仿

这属于弓箭步单手模仿。口令："1"边划手边转头慢吐气；"2"手划至大腿，用力吐气；"3"移臂，眼睛看手，手移至肩平处吸气完毕，随着手入水头复原，10次×2组。

④呼吸的模仿

双手扶墙，头夹在两个大臂之间。两次划手呼吸一次。要求转头呼吸时耳朵不能离开大臂（耳朵离开大臂，就是抬头吸气，不是转头吸气），眼睛看后面（眼睛看前面也是抬头吸气）。教学重点是两次划手，转头呼吸一次。躯干和肩随划水动作绕身体纵轴转动，两肩的相对位置不断变化。如右臂入水，左臂出水时，右肩低、左肩高。动作熟练后加上呼吸动作。

⑤池边高肘移臂练习

俯卧在池边上或长凳上（身体与池边平行），一只手伸直，另一只手在水中做划手动作，两手轮流做，20次×2组。高肘移臂的方法是：大臂带动小臂移臂；手在水面上移动时高抬肘关节（肘高手低）。打乒乓球时是小臂带动大臂，而爬泳的移臂与此相反。可以提示学生划手到大腿后，出水的动作就像手从裤兜里抽出来的动作一样，移臂的动作就像拉身体侧面的拉链。

⑥"独木舟"式配合模仿练习

两脚开立，上体前倾，两手轻握一根竹竿（像独木舟的桨），两臂连续做划水模仿练习。这个练习有助于体会身体和肩的转动、两臂协调连贯的配合和身体平衡的感觉。

(2) 水中练习

①浅水中站立单臂划水与呼吸

学生站在浅水中，一手扶池边或水槽，另一手做划水并配合呼吸的模仿动作。动作要求同陆上模仿基本相同，只是头要没入水中呼气，随身体转动转头，使嘴露出水面吸气，体会手臂对准水，并在水中克服阻力划动的感觉。

②边走动边划水练习

站在浅水中，一边做爬泳划水动作，一边向前走动，体会自己向前走动的动力来自手臂的划水动作。

③扶池边自由泳分解练习

动作和要求与双手扶墙的模仿练习近似，只是增加了打腿动作。双手扶池边低头憋气，打腿保持身体的平衡，然后开始划手。先做不带呼吸的配合，一般每次练习划手4~6次，做3~4组以后就可以加上呼吸练习配合动作，教学重点是随纵轴转动的呼吸动作。

④扶板爬泳配合练习

动作要求同池边配合练习，方法是双手扶板（肘关节在打水板的下沿，肘关节伸直，肩膀放松）先打腿5米左右，再进行配合的练习。先要打腿的目的有两个；一是腿打不起来，身体不能保持平衡；二是在开始练习配合的时候，人们往往忘记打腿。一般能够连续打腿25米以后再教配合也是这个道理。

3. 爬泳手臂与配合动作的错误动作

在练习爬泳手臂与配合动作时，常会出现一些错误动作，主要有以下几个。

（1）打腿不好

有的人脚腕很硬，打水效果很差；还有一些人因为打腿很累、气喘，不愿意打腿。我们特别提示过"腿是基础，呼吸是难点，配合是关键"，这基础不好，怎么办？只有用划手来弥补。当这些人打腿不好的时候，就不要强求他们了，因为在教学班短短的时间内不可能明显地提高他的打腿能力，只能以手带腿，如果划手好也能游爬泳，腿达到能够起到平衡的作用就可以了。如果学生腿较沉，可提醒他们略低头，眼睛看池底，以抬高腿部位置。还可以利用助浮器材改善身体的平衡，使学生能够坚持较长距离的配合练习，待手的划水动作掌握了以后再去掉浮漂。

（2）划水不到位（划步短，划到腰部手出水）

初学者在游爬泳的时候往往省略推水的动作，划手到腰部手就出水了，而直臂划水则有助于加长划水路线教直臂移臂比较方便，先教直臂再教屈臂就可以避免划步短的毛病。

（3）抬头呼吸

要让学生想象没有脖子，头直接长在胸口上，头的动作要和身体一起转动。一定要教早呼吸技术，让学生手一划就转头。晚呼吸时间短，初学者往往完不成动作。由于大多数人先学习完蛙泳后再学习爬泳，所以养成了抬头呼吸的习惯，要在教呼吸动作的时候，充分强调转头吸气的动作，改变在学蛙泳时养成的抬头呼吸动作习惯可以用一些生活中的动作进行诱导：用大饭店的旋转门开门的动作来做示范，门轴在头顶，身体围绕门轴转动，随着身体的转动头露出水面呼吸。在教授转头呼吸的时候，还可以提示学生首先要转动身体，即呼吸一侧的肩膀要露出水面，另一侧的肩膀要下去。如果双肩都在水面上，身体就没有转动，就成了集体站队时"向右看齐"的转头动作。要利用前面所说的用耳朵和眼睛有效地控制头部的动作。还要把手的动作和呼吸的动作结合在一起教，使呼吸动作与身体的转动动作同时进行。

（4）一侧手臂常常移不出水面

出现这一错误动作的原因是肩没有转动和划手不到位，要求学生划水大拇指碰到大腿手再出水，或者加大转肩的幅度。身体随手臂划水动作从一侧转向另一侧，始终有一肩露出水面。

（5）身体左右扭动

这可能是手入水时超过了身体中线，也可能是身体过于放松和打腿能力差，可根据情况，提高打腿能力加以改正。

（6）吸气时间过长

吐气的时间至少要比吸气时间多一倍。至于低肘的错误，可要求学生将腋窝张开，肩自然就顶起，肘自然也就高了。

（7）配合时忘记打腿

在吸气时，会导致下肢下沉，阻力急剧增大。应及时提醒学生加强打腿，在每次吸气时都给学员一个打腿的手势。

4. 爬泳手臂与配合动作教学的注意事项

第一，身体和肩的转动是这部分教学的难点，多数学生的身体和肩僵硬不动，手臂动作在离身体较远的位置进行。可以结合肩部的绕环练习进行，要求两肩不断形成位置差。

第二，呼吸和手臂动作的配合是这部分教学的重点，应向学生强调呼吸与身体的转动协调配合，当划右手，身体向右转动时，头也向右转动，左耳贴左臂。头和躯干应在一条直线上，整个身体像开门那样向一侧转动。

第三，持打水板的练习对于改进技术是非常好的手段，当错误动作出现的时候，就可以持板游，动作有了进步就去掉打水板，持板与不持板交替进行有利于掌握正确的配合技术。

第四，先练习直臂划水，再教屈臂划水。

第五，开始时用短距离、长间歇的方法形成正确技术，然后用加长距离，缩短间歇的方法巩固技术，提高能力。

四、仰泳技术的教学

(一) 仰泳身体姿势与腿部动作的教学

1. 仰泳身体姿势与腿部动作的要领

两腿自然伸直，脚稍内旋，以髋关节为支点，大腿发力带动小腿，上下交替做鞭状打水，两脚打水幅度约 40~50 厘米，上踢时屈腿，以脚背向后上方用力，下打时直腿下压。

2. 仰泳身体姿势与腿部动作的练习方法

(1) 陆上模仿练习

①池边坐撑打水

此练习与爬泳坐撑陆上打水模仿练习基本相同，要求绷脚，膝盖不要弯曲，打水幅度 30~40 厘米。

②仰卧池边打水

身体水平仰卧在池边，大腿以下放在水中，两腿交替上下打水。注意不要抬头看自己的腿和脚，依靠感觉完成动作。

在进行这一练习时，要注意以集体练习为主，教师随时纠正错误动作，每次练习 (30~60 秒) × (4~8 组)；练习前先讲解动作要点，并在陆上和水中分别进行示范；要强调绷脚、直腿的动作，要求学生的脚面朝上，脚尖朝前打水幅度不要太大，不要像锤子砸钉子那样用力，动作应连贯自然。先做直腿打水，可以体会打腿打动消退的动作。

(2) 水中练习

①扶边或水槽打水

两臂反握游泳池的池边或水槽，身体仰浮在水面上打水。两肩、两臂应放松，躯干保持适当紧张度，头颈自然放松，身体保持水平。

②双手握水线打水（深水）

双手握住水线，收下颌，眼睛看天花板，肚子贴住水线打腿，身体姿势像躺在水面睡觉。如果没有水线，可以单手扶池边，要求同前。这个练习的目的主要是让学生掌握正确的身体姿势。

③由同伴双手托头的仰泳打水

一人打水，另一人在练习者的前面用双手托他的头部，帮助练习者保持身体平直。

④持板仰泳打水

双手抓住打水板（手在腰部、肘下沉，肘不要在水面附近），挺腹，肚子贴在打水板上，打水板的下沿最好在大腿的上 1/3 处。

⑤两臂位于体侧的仰泳打水

以蹬边仰浮开始，逐渐加上慢速的打水，使身体维持在水面上。如果学生感到躯干和下肢下沉，可在腹部系一个浮漂，待身体位置稳定后，再去掉浮漂或浮板。

⑥双臂前伸仰泳打水（流线形仰泳打水）

待上个练习熟练后，再进行这个练习。两臂前伸，两手相叠，头夹在两臂之间仰卧蹬离池边，保持这种流线形姿势并打水。

3. 仰泳身体姿势与腿部动作的错误动作

在练习仰泳身体姿势与腿部动作时，常会出现一些错误动作，主要有以下几个。

（1）身体姿势的错误

仰卧在水中的时候，由于害怕，人们习惯于头后仰，下巴朝天，收腹、屈膝、勾脚，所有的关节都弯曲，没有伸直的地方。

仰卧在水中的时候最重要的是身体要伸展（展髋），腿伸直，头部放平，眼睛看斜前方，像睡觉一样自然地躺在水中。

（2）蹬自行车式的打水

坐姿、像骑自行车一样打腿，错误原因是大腿动作太大，屈膝抽动大腿，膝盖弯曲过多。本应向上踢水，结果变成了向后蹬。教师应在练习时提出明确的要求，大腿要有下压的动作（展髋），膝盖不得露出水面，当有学生膝盖出水时，用手或长竿轻点膝盖予以提醒。

（3）打水时只是小腿下沉和上踢

出现这一错误动作的原因是大腿没有动作。可以让学生直腿下压，也就是整条腿一起做向下压的动作。

为了避免以上错误动作的发生，开始学仰泳打腿的时候，可以先学直腿打水，然后再学鞭状打腿，因为做直腿打水的时候大腿必须有动作。体会大腿的动作对掌握正确的仰泳腿技术是很重要的，还有一个模仿练习对于体会大腿的动作也有帮助：一条腿伸直、绷脚、脚尖离地；另一条腿单足站立，一只手扶墙。直腿前摆，将腿抬高约30厘米，保持2秒再将腿放回，重复10~20次。

4. 仰泳身体姿势与腿部动作教学的注意事项

第一，初学仰泳者最难掌握的就是身体姿势。由于紧张害怕，一些学生开始时往往勾头，收腹，坐在水里打水。教师可以一手轻轻向上托学生的腰部，一手轻压学生的下巴，使身体平展，消除其恐惧心理，也可以坐在池边用脚挑起学生的腰部。

第二，要强调踢水出水花，是加速踢水的好方法。

第三，逐步增加打水距离：8×25米—6×50米—3×100米。

第四，为了避免练习枯燥，可以与爬泳腿交替进行，既可以增加运动量，增强体能，又可以达到动作技能转移并互相促进的目的。

（二）仰泳手臂动作的教学

1. 仰泳手臂动作的要领

两臂交替在肩前直臂入水，向前、下、外屈腕抓水，并屈臂在体侧向后做"S"形划水至大腿旁，然后转腕鞭状下压，接着提肩直臂出水，在肩的上方沿垂面直臂前移再入水。当一臂入水时，另一臂划水结束。

2. 仰泳手臂动作的练习方法

（1）陆上模仿练习

①站立单臂仰泳划手

身体的一侧靠墙站立，用靠近墙的手臂练习仰泳划手动作。开始时大拇指领先，手臂边向上移动边转动，当手臂到达头的正上方（入水位置时），掌心朝向墙壁。重复进行这个练习，手臂始终靠近墙壁。移臂时肘关节伸直，在肩的延长线上移臂。入水时大臂要贴近耳朵，划到大腿处手出水，至于划水的深浅则不必过多强调。两臂轮流进行，每次4×15次。

②单臂仰卧划水

躺在长凳上或仰卧游泳池边（身体与池边平行），使单臂可以做仰泳划水模仿练习。做屈臂曲线划水动作，初学者可先做直臂划水。由于是手在水中划动，则可以体会手臂划水时的阻力和加速划水的动作。

③站立式双臂仰泳

站立，两臂做交替划水模仿动作，先可以做分解划手，双臂放在体侧，一臂划完，再划另臂。然后两臂轮流划水，重点强化动作节奏。

在进行这一练习时，要注意采用一些形象化的语言描述动作，使学生易学易记，如移臂开始时手臂动作像准备握手，入水点像在钟表上的11点和1点的位置等；练习中比较容易出现的错误是移臂离身体较宽、屈臂移臂，划水时手指朝下等，教师应及时发现，并及时给予纠正；初学者的移臂如果总是弯曲，可要求他们出水以小拇指领先，这样手臂容易保持一定的紧张度，使手臂伸直。因为在水中游仰泳时，弯曲移臂会把水洒在脸上。

（2）水中练习

①双人划水练习

在浅水中由教师或同伴抓住练习者的双腿，使其能够仰卧在水面上，做仰泳划水动作练习。如果在深水中，可用双脚勾住水槽或水线，两臂划水。

②扶水槽单臂练习

单手扶水槽或池边，身体仰卧在水面，另一臂划水。

3. 仰泳手臂动作教学的注意事项

第一，这部分的教学以陆上练习为主，主要体会划水动作路线和动作节奏。以水中练习为辅，体会手臂对水的感觉、水的阻力和流动。但水中练习时，要加强保护，注意安全。

第二，水中与陆上练习基本相同，要注意提醒学生保持正确的身体姿势和稳定的头部位置。注意观察学生入水时的位置和姿势，确保两肩应有位置差。

（三）仰泳完整配合动作的教学

1. 仰泳完整配合动作的要领

身体平直地仰卧水面，两臂交替向后划水时，两腿不停地交替打水，打水6次、划臂2次、呼吸1次，即6∶2∶1配合方式，呼吸与手臂的配合动作为：一臂移臂时呼气，另一臂移臂时吸气。

2. 仰泳完整配合动作的练习方法

（1）陆上模仿练习

①立仰泳配合

两臂轮流划水，在划手的同时双脚踏步。

②仰卧池边仰泳配合

仰卧池边（臀线与池边齐平，腿在水中）双脚不停地打水，两臂轮流划水。

（2）水中练习

①仰泳分解练习

从池边蹬出（双手放体侧），打腿5~10米，当身体平衡、稳定前进的时候，就开始划水，一臂划完停至体侧，另一臂再开始划水，反复进行。

②单臂拉线划水

先仰卧打水，左臂前伸，右臂放在体侧，身体靠近左边的泳道线。左手抓住泳道线慢慢向后拉，然后继续向后下方推水。推水结束时提肩，使肩露出水面。保持这种姿势打水6次，然后重复这样的动作，25米后换一个方向，同时换另一臂练习。

③单臂分解练习

这个练习与上个练习基本相同，不再拉泳道线，但可以想象仍然拉泳道线。单臂分解可以有不同的组合形式，如左3右3、左2右2等。

④完整配合练习

与上一动作基本相同，但两臂不再有停留，连贯流畅地划水。

3. 仰泳完整配合动作的错误动作

在练习仰泳完整配合动作时，常会出现一些错误动作，主要有以下几个。

(1) 身体姿势常见错误

屈髋坐姿头后仰，下巴朝天；臀部随着划水左右扭动，像跳迪斯科一样；头也随划水左右摆动。这主要是在学习仰泳打腿时没有掌握正确的身体姿势和打腿技术，腿部力量不足所致。在进行腿部练习的时候，教师不要追求进度，要把腿的技术基础打好。

(2) 手、腿配合常见错误

加上划手，腿就下沉，此时应提醒学生保持强有力的打水，保持平直的身体姿势。还可以先做徒手打腿的练习，待身体保持平衡后，再加上手臂动作。

(3) 空中移臂常见错误

空中移臂弯曲是初学者常犯的错误，原因是划水不到位，手划到腰部就出水。教师可要求学生划水时手碰到大腿再出水。

以上这些都是动作概念上的毛病，改进的方法主要是明确动作概念和加强自我控制能力，多做模仿练习，教师在学生练习前要提示动作要点，在练习过程中也要不断提醒。

4. 仰泳完整配合动作教学的注意事项

第一，各种练习手段应多采用 25 米距离完成，随着技术熟练程度的提高逐渐增加游距，发现技术错误及时向学生指出。

第二，如果游泳池中没有泳道线，或学生人数较多，就不要使用单臂拉线划水练习。

第三，因为仰泳的身体姿势，学生一般能够看到教师，因此教师宜多用手势及时纠正学生的错误动作。

第四，在学习仰泳的时候，要加强这两种姿势的练习，提高体能和水感，将有助于仰泳技术的掌握。

五、蝶泳技术的教学

(一) 蝶泳身体姿势与腿部动作的教学

1. 蝶泳身体姿势与腿部动作的要领

两腿自然伸直并拢，脚稍内旋，由腰部发力，带动大腿、小腿和脚做上下鞭状打水，下打时提臀伸膝，足背向下方用力，上打时挺腹，腿自然伸直，两脚上下打水的幅度为 40~50 厘米。

2. 蝶泳躯干与腿部动作的练习方法

(1) 陆上模仿练习

陆上模仿练习主要是站立蝶泳腿模仿练习，具体练习动作如下。

第一，背对墙站立，手扶髋部，直腿向后送髋，臀碰墙的同时向前送胸（好像站在水龙头前探身准备喝水），然后向前送髋，挺肚子。开始动作慢些，幅度大一些，熟练后将动作连起来，幅度减小，流畅地进行。

第二，双手下垂，背对墙站立，臀部离墙壁10厘米。口令："1"挺肚子，"2"塌腰撅臀，臀碰墙、屈膝，"3"伸直膝盖。先分解做，然后连续做。

第三，双手上举，重复上述动作。

第四，右手扶墙，右脚站立，左手放体侧，左脚离地，体会用腰带动腿的打水动作。

在进行这一练习时，需要注意以下几个方面。

第一，先讲解动作要点，然后在水中示范，再陆上示范并引导学生练习。游蝶泳时有的人会觉得躯干和腿的波浪动作很难，所以要先给学生做示范。要用形象的语言如电视和电影中看到的海豚游泳的动作来提示。还可以用形象的语言去诱导，如提臀的动作是弯腰抬头去喝水管子里的水。

第二，用节拍控制动作节奏和速度，使学生逐渐加快频率。

（2）水中练习

①浅水直立躯干动作模仿

这个动作与陆上直立模仿相同，体会水的流动和阻力，在齐腰深的水中进行。

②深水直立打腿练习

双手扶池壁，手用力控制身体直立在水中（脚离池底），在水中直立做蝶泳腿的练习。

③俯卧双手放体侧蝶泳腿

开始做这个练习时，有的人为了能做出波浪动作，用头部上下钻来带动躯干的动作，第1~2次练习可以这样做，之后就要提出要求：头和肩部要保持在水面，用腰带动大腿和小腿做向下的抽打动作。为了强调腰部的动作，开始的时候还可以先直腿打水，腰部有了动作以后，再教鞭状打腿动作（同爬泳腿的教法）。

④双手前伸打蝶泳腿

在做这个练习的时候，为了呼吸，打腿就有停顿的动作，为了避免停顿，可以要求学生打腿4次，呼吸1次。这时，还要教学生上抬放松、下打用力的节奏和加速打水的动作。

⑤扶板蝶泳腿练习

两手扶打水板，俯卧做蝶泳打腿动作，体会打水板随打水动作节奏上下起伏的感觉。两手应扶住打水板的后缘，掌心向下，打腿4次，呼吸1次。

⑥蛙泳手蝶泳腿练习

每打2次腿，划蛙泳手1次，这个练习既是练习蝶泳腿，也为蝶泳配合的学习打下基础。

3. 仰泳身体姿势与腿部的错误动作

在练习仰泳身体姿势与腿部动作时，常会出现一些错误动作，主要有以下几个。

(1) 躯干和大腿没有动作

游蝶泳时，躯干和大腿没有动作，仅仅是屈膝、小腿上下打腿，这是最常见的错误动作，俗称"大板腰"。改进的方法是从模仿练习做起，多强调以腰带腿，建立动腰的正确动作概念后，再到水中进行练习。

(2) 屈膝太大

打腿时屈膝太大会产生很大的阻力，效果不好。改进的方法是当下打的动作完成后要主动上抬大腿，把大腿朝水面上抬。在教蝶泳腿的时候，教练员多强调下打的动作，对于上抬的动作往往被忽视，其实只有上抬的准备动作做好了，才有向下打腿的空间，效果才能好，尤其是大腿上抬的动作容易被忽视。其他的像双腿没有同时下打、动作幅度太小等毛病只要经常提醒，就很容易改正。

(3) 用头来引导打腿动作

用头来引导打腿动作看起来像是在水中上下钻。要控制头部的动作，使肩部保持在水平面附近，后脑勺不能没入水中。

4. 仰泳身体姿势与腿部动作教学的注意事项

第一，练习时，难度依次从低到高，可按照顺序循序渐进地进行安排。

第二，要先示范，后讲解，示范时可适当夸大躯干的波浪动作。开始时可以有意要求学生用较大的动作幅度，将臀露出水面，否则腰部的动作往往做不出来。

第三，教师要用形象化的语言提示动作，如鱼和海豚的摆尾动作，美人鱼样摆动作，鞭梢的抽打动作等。

第四，如果教学场地有脚蹼，在教学开始时可戴脚蹼练习，这有助于学生比较容易地掌握动作。

（二）蝶泳手臂动作的教学

1. 蝶泳手臂动作的要领

两臂对称同时在肩前入水前伸，并向侧后方分开后屈肘转腕抓水，然后两手在身体下方做双"S"形曲线划水，划水过程中保持屈臂高肘，手的运动方向是先向内、后方，然后向外后上方，两手加速划水至大腿旁，然后提肘出水并经空中前摆入水。

2. 蝶泳手臂动作的练习方法

(1) 陆上模仿练习

双臂划水模仿练习站立，腰部前屈，两臂同时做蝶泳划水模仿练习，逐渐加上与呼吸的配合。在进行这一练习时，需要注意以下几个方面。

第一，可采用集体练习。可站在墙壁前要求学生入水时手碰墙壁，用口令控制动作节奏。

第二，避免"拥抱式"的动作。移臂容易犯的错误是"拥抱式"动作，即大拇指朝上，掌心朝前，像要与别人拥抱。应要求学生用肘领先移臂，入水时上臂主动去碰头。

第三，注意发展身体的综合素质。一般在学习蝶泳之前，学生多已掌握了其他三种姿势，并已具有一定的体能基础。如果是青少年，1~2次课就可以掌握蝶泳技术，而力量较弱的儿童则要多花费一些时间。儿童躯干柔韧性好，鲽泳腿的技术掌握得比较好，但游蝶泳，由于缺乏力量划水无加速，配合技术往往不尽如人意，也就是说，除了技术原因外，划好蝶泳手，体能、节奏和协调能力是很重要的因素。

（2）水中练习

①浅水中站立或走动模仿练习

站在齐胸深的水中，双手同时做蝶泳划水模仿动作，体会水的流动和阻力。逐渐从站立变为走动，体会通过划水使自己前进的感觉。

②夹板蝶泳划手练习

把打水板紧紧地夹在膝关节处划蝶泳手。

3. 蝶泳手臂动作教学的注意事项

第一，要注意先示范、后讲解。在浅水池上述练习都可以进行，深水池练习方式受到一定限制。

第二，蝶泳移臂是教学与训练的难点。初学者，特别是儿童，由于力量较小，或身体柔韧性和协调性的原因，有的手臂根本移不出水面，在这种情况下可多做单臂练习。

第三，要利用分解练习建立动作节奏后，再练习完整配合。

（三）蝶泳配合动作的教学

1. 蝶泳配合动作的练习

（1）蝶泳手臂与呼吸配合的动作要领

当手臂开始划水时开始呼气，随着划水的进行，肩部位置逐渐升高并逐渐抬头。当两手划至腹部下方时，嘴露出水面并快速吸气，手臂出水移臂时低头闭气。

（2）蝶泳完整配合的动作要领

一般采用腿打2次、臂划1次、呼吸1次的配合方式，即两臂入水前伸时打第一次腿，两臂划水前半段时呼气，臂推水时打第二次腿，抬头吸气，空中移臂时头还原闭气。

2. 蝶泳配合动作的练习方法

（1）陆上模仿练习

①直立双臂手腿配合模仿练习

体前屈，双臂前伸，教师用口令控制节奏："1"打腿—手入水，"2"手推水—打腿。熟练后加呼吸配合，"1"入水—打腿—低头，"2"手向上推水—打腿—抬头换气。

②直立双臂躯干站立配合模仿练习

直立，双手斜上方前举。口令"1"划手挺肚子，"2"移臂体前屈撅臀手复原，反复练习。

(2) 水中练习

①水中跃起配合练习（浅水池）

站立在水中，双手同时向下划水，弯曲双腿，加速推水的时候双膝伸直、双脚蹬地向上跳起，连续做 5~10 次，体会第二次打腿时手的加速划水动作和手与腿的配合动作。

②单臂配合练习

单臂配合可分为两种：一种是单臂前伸，另一臂划水，同时与打腿和呼吸协调配合，转头吸气；另一种是一臂放在体侧，另一臂划水。练习第一种相对简单一些，适合初学者，练习时可要求学生将下潜动作做得夸张一些，想象自己从一条小船的尾部下潜，从船头出水。强调头在手之前入水及躯干的波浪动作，每 25 米更换手臂。

③不同形式的分解配合练习

这实际上是单臂配合的不同形式，5 次左手、5 次右手，3 次左手、3 次右手，1 次左手、1 次右手等。

④分解过渡配合练习

2 次左手单臂分解，2 次右手，2 次完整配合。这是从分解到完整配合之间的过渡练习，还可以选择其他组合次数。随着动作的熟练，分解的次数可减少，配合的动作次数可逐渐增多。

⑤完整配合练习

多腿练习，可以从 4 次腿 1 次手—3 次腿 1 次手—2 次腿 1 次手，根据学生掌握的情况，逐步减少打腿次数。注意保持打腿的节奏，尤其在呼吸的时候打腿不能停顿。对于初学者来说，保持 3 次腿 1 次手的配合可以游较长的距离。

3. 蝶泳配合动作的错误动作

在练习蝶泳配合动作时，常会出现一些错误动作，主要有以下两个。

(1) 手腿配合时机不对

主要是在手入水打第一次的时候，马上又打了第二次腿，打完腿再划手，打腿和划手配合不上。首先是加快划水速度，即加速划水。如果年龄小、力量差，可以做打 3 次腿划手 1 次的配合。多打腿，给手多一点休息。

另外一种方法是缩短划水路线，手划到腹下就向外划，划水路线缩短了，时间用得少了，就能和腿配合上了。

(2) 呼吸的错误动作

初学者在呼吸时常常把上身抬出水面很高，其实这样的动作弊端很多，上身抬得高，下身必然下沉，不仅增加游进阻力，而且会因为头部不能在第二个动作开始前恢复到原来的位置而影响下面的动作。可以看到这样的情况，第一个动作还能吸到气，第二个动作就吸不到气了，第三个动作干脆就不能游了。在呼吸的时候，上身不要抬得太高，下巴露出水面并沿水面向前伸。在做蝶泳划手和第二次打腿配合时，嘴露出水面换气，双臂移至与肩平时，头没入水中开始憋气，随着划水速度的加快也加快吐气的速度，当嘴露出水面时用力把气吐光并吸气，换气动作就完成了。

4. 蝶泳配合动作教学注意事项

第一，要注意进行集体练习。教师边引导边喊口令，控制好配合节奏。

第二，练习重点是头、臂、腿的配合时机，先将手臂与腿的配合节奏做熟练后，再加呼吸动作。

第三，先在陆上进行模仿练习，然后下水。

第四，尽量在学生中寻找动作较好的示范者，让学生感到蝶泳对他们来说并不是高不可攀的。

第五，初学者最难掌握的是空中移臂动作，在为移臂动作苦苦挣扎。既可以安排蝶泳打腿加上蛙泳长划臂的练习，体会划水加速的感觉，也可以降低动作难度，多做单臂分解配合练习，熟练掌握动作节奏后再做完整的配合。

六、出发与转身技术的教学

（一）出发技术的教学

1. 台上出发技术的教学

台上出发技术的练习方法，主要有以下两种。

（1）陆上模仿练习

原地摆臂高跳。动作要求：高跳，摆臂后双手夹住头（大臂在头后），双手重叠，摆臂后双手夹住头。

（2）水中练习

①垂直跳水

预备姿势：双臂夹住头（双手相握或重叠，手指交叉，肘关节伸直），站立池边。动作要求：在动作的全过程中保持双手夹住头和身体保持绷直的流线形姿势。该练习的目的是学习出发后的空中姿态。

②立定跳远跳水

预备姿势：与陆地立定跳远预备姿势相同，脚趾扣住池边。动作要求：摆臂，双脚用力蹬出，跳入水中。尽量跳得远一些，体会双脚蹬出和手腿配合的动作。

③坐池边跳水

预备姿势：坐池边双臂夹住头（双手相握或重叠，手指交叉，肘关节伸直），坐池边。动作要求：身体前倒，手和头先入水，体会头先入水。教师可以站立水中，用手拉住学生的双手，把学生拉入水中，拉的时候提醒学生低头。

④蹲池边跳水

预备姿势：蹲池边双臂夹住头，双手相握或重叠，手指交叉，肘关节伸直。动作要求：重心前移之后，双脚蹬出体会先重心移动，后蹬出的动作顺序。

⑤弓箭步跳水

预备姿势：站立池边，弓箭步（前腿弯曲，后腿伸直），脚趾扣住池边，双臂夹住头（要求同前）身体前倾，躯干贴近大腿，要求头低臀高。动作要求：身体前倒，当重心移出池壁时蹬腿，在空中时双腿并拢，头入水。先移重心再蹬腿，在空中双臂夹住头，千万不要抬头。重点是手臂夹住头和空中腿伸直并拢。

⑥池边夹头跳水

预备姿势：双腿站立在池边，双脚分开同肩宽，脚趾扣住池边，膝微屈，躯干尽量靠近大腿，手的动作要求同前。动作要求：身体前倒，重心移出池壁后用力蹬腿尽量往远处蹬，向前、下方蹬出。此动作的重点是移动重心，站不住了再蹬腿，在空中身体和腿保持伸直的姿态。必要时可在同伴帮助下体会重心移出的感觉。

⑦出发台夹头跳水

站在出发台上做出发动作。所有的动作都要提醒学生手臂夹住头，别抬头，手松开、抬头就一定挨拍。该练习可以采取逐步提高难度的方法进行练习，先在池边，然后上出发台。

⑧摆臂出发

先在陆上做模仿练习，腿的预备姿势同前，双臂微屈放在体侧。手臂前摆时加大屈膝程度，摆臂经腿部时用力伸膝蹬地向上跳起，手臂动作同前。

⑨抓台出发

所有动作要求与前面的练习相同，预备姿势时手臂可以放在双脚中间或者两侧。

2. 仰泳出发技术的教学

仰泳出发技术的练习方法，主要有以下两种。

（1）陆上模仿练习

原地下蹲，做抬头挺胸、两臂向体侧上摆、两腿蹬地跳起伸直模仿练习。

（2）水中练习

第一，面向池壁，两手扶泳池槽边，两脚蹬离池壁，两臂自然放在体侧滑行。

第二，按上述动作，两脚蹬离池壁后，两臂前伸，置于头前滑行。

第三,蹬池底从水中跃起,做反弓形入水动作。

第四,按上述动作,身体呈反弓形,做越过水道线练习。

第五,两手抓扶手器,做仰泳完整出发技术练习。

3. 摆臂式出发动作练习

摆臂式出发技术的练习方法,主要有以下两种。

(1) 陆上模仿练习

第一,两脚原地开立,与肩同宽,屈膝,模仿摆臂式出发技术做向上跳起动作练习。

第二,按上述动作跳起,同时收腹、挺胸、夹腿,两手掌重叠,身体伸直成一直线。

(2) 水中练习

第一,坐在池边,两脚置于水中,脚掌贴池壁,两臂前伸,低头并夹于两臂中间,随后上体前倾倒下,两脚用力后蹬水槽,按手臂、头、躯干、下肢顺序入水。

第二,站在池边,上体前倾,屈膝,摆臂,做上述入水动作练习。

第三,站在池边,做完整摆臂式出发技术动作练习。

第四,站在出发台上,做完整摆臂式出发动作练习。

4. 抓台式动作练习

抓台式出发技术的练习方法,主要有以下两种。

(1) 陆上模仿练习

预备姿势与摆臂式出发相同,起跳时,两脚用力蹬离地面,同时收腹、挺胸、夹腿,两臂直接上举并伸直,使身体呈一条直线。

(2) 水中练习

与摆臂式出发基本相同,不同之处在于摆臂式出发是先后摆手臂再前摆手臂,而抓台式出发则是直接前摆手臂。

5. 洞式出发的动作练习

洞式出发技术的练习方法,主要有以下两种。

(1) 陆上模仿练习

从准备姿势开始,起跳后,身体伸直、两臂前伸、两手掌重叠,然后迅速低头,夹于两臂之间,做提臀、收腹、屈体、落地动作。

(2) 水中练习

第一,池边蹲立,起跳后屈体,然后迅速伸展身体入水。

第二,站在出发台上,练习上述动作。

第三,站在出发台上,做腾空跃横杆练习,当身体重心下移时,迅速低头、提臀、屈髋,屈体入水。

第四,站在出发台上,做完整洞式入水技术练习。

(二) 转身技术的教学

1. 爬泳平转身技术动作练习

（1）陆上模仿练习

第一，面对墙站立，手触壁后，做爬泳平转身动作模仿练习。

第二，走至墙前，触壁后做上述动作练习。

（2）水中练习

第一，靠近池壁，手触壁后，做爬泳平转身动作练习。

第二，游近池壁，做完整爬泳平转身动作练习。

2. 爬泳摆动式转身动作练习

（1）陆上模仿练习

爬泳摆动式转身技术陆上模仿练习方法与蝶泳（蛙泳）摆动式转身陆上模仿练习方法相同。

（2）水中练习

爬泳摆动式转身技术水中练习方法与蝶泳（蛙泳）摆动式转身水中练习方法相同。

3. 爬泳前滚翻身技术的动作练习

（1）陆上模仿练习

第一，在陆上做前滚翻动作模仿练习。

第二，在陆上靠近墙做前滚翻动作，当两脚抵住墙时，做模仿仰卧（侧卧）蹬池壁动作练习。

（2）水中练习

第一，抓住水道线做低头、提臀、并腿、甩腿动作练习。

第二，水中站立，向前上方跃进，做前滚翻动作练习。

第三，靠近池壁做前滚翻仰（侧）卧蹬壁动作练习。

第四，做爬泳完整前滚翻转身动作练习。

4. 蝶泳（蛙泳）平转身技术动作练习

（1）陆上模仿练习

第一，面对墙站立，两手触壁，做蝶泳（蛙泳）平转身模仿动作练习。

第二，走动摸墙（触壁），做上述动作练习。

（2）水中练习

第一，面对池边站立，两手触壁后，做蝶泳（蛙泳）平转身动作练习。

第二，游近池壁，进行完整蝶泳（蛙泳）平转身动作练习。

5. 蝶泳（蛙泳）摆动式转身技术动作练习

（1）陆上模仿练习

蝶泳（蛙泳）摆动式转身技术的陆上模仿练习要领与平转身基本相同，二者的差别在于平转身手臂随身体转动平移，而摆动式则是手臂随身体绕纵轴转动，练习中应区别对待。

（2）水中练习

蝶泳（蛙泳）摆动式转身技术的水中练习方法与平转身相同，注意手臂摆动方法应与平转身区分开来。

6. 仰泳平转身技术动作练习

（1）陆上模仿练习

第一，背对墙，原地站立，手触壁后，做仰泳平转身模仿练习。

第二，靠墙放置一块垫子，仰卧其上，做触壁、团身屈膝转体平转身模仿练习。

（2）水中练习

仰泳打水至池壁时，单臂触壁做平转身动作练习。

7. 仰泳前滚翻转身技术的动作练习

（1）陆上模仿练习

第一，在垫上做前滚翻站立动作练习。

第二，在垫上靠墙做前滚翻动作，当两脚触壁、身体成仰卧姿势时，两脚蹬墙做仰泳前滚翻动作模仿练习。

（2）水中练习

第一，双手抓水道线，做低头、提臀、屈膝、甩腿前滚翻动作练习。

第二，水中站立，两腿迅速蹬离池底并向前上方跃起，做前滚翻动作练习。

第三，池边站立，前滚翻动作后，做仰卧姿势蹬离池壁动作练习。

第四，做仰泳完整前滚翻动作练习。

第五章
游泳身体功能训练

身体功能训练,是旨在提升人体在日常生活中活动表现的身体练习,其来源于国外,最初由医生运用在康复和健康领域之中,后来随着其理念的发展和方法体系的更新,被运动训练专家借鉴到运动员体能和技术的训练中,发展至今已经形成了一系列完整的理论体系和方法,逐渐被竞技体育界接纳并采用。在运动训练中引入和运用功能训练,无论是在提高运动员整体体能方面,还是在专项技术水平方面的提升以及运动员在提升运动训练热情上,都能取得良好的效果。

第一节 身体功能训练的基本理论

一、身体功能训练的概念

功能性训练源于物理性康复治疗领域,同时也受到力量训练、健美、举重等抗阻运动的影响。两次世界大战出现了大量的伤残人员,客观上推动了物理医学和康复医学的产生和发展。

第二次世界大战后,康复治疗的发展经历了骨骼肌肉、中枢神经系统、关节和动作四个阶段,逐渐由重视肌肉练习到更加关注以神经支配为主的动作控制。Panjabi 自 1985 年相继提出了脊柱稳定性和核心稳定性的概念,认为人体的核心稳定性是一种"稳定人体系统,以使椎间的中部区域保持在生理极限范围内的能力"。这也使得人们开始重视核心稳定性及核心肌群的训练。竞技体育领域的功能性训练起源于 20 世纪末的美国职业运动队。1997 年,Gary 首次提出了"功能性训练"的概念,并致力于功能性训练的理论与实践研究,指出运动员应注重身体的动力链作用,避免孤立地对一个环节进行力量训练,为功能性训练在体育领域的系统开展奠定了基础。在此期间,美国国家体能协会(NSCA)和美国国家运动医学会(NASM)都对功能性训练予以高度关注。比如,NASM 将其定义为"所有功能性训练形式都包含有运动链和运动三维平面中的加速、稳定和减速的动作",突出功能性训练的生物力学要素。NSCA 把体能训练定义为"以力量为核心的人体器官功能与机能系统活动的系统再平衡",强调力量训练和各系统机能特别是神经系统的整合。同期进行的体能训练师的培训认证,把功能性训练列为重要的培训内容。这些观点和做法对功能性训练在世界范围内的发展起到了极大的推动作用。

当前,对功能性训练的概念及理解还不统一。有人认为,功能训练不是一个严谨的概念,而是一个重要的理念。1996年,奥运会金牌获得者美国女子冰球国家队体能教练 Mike Boyle 将其解释为:训练运动的动作。而有"功能性训练之父"称谓的 Gary 给出的定义是:发展身体被设计的动作。

还有一些国外专家认为,功能性训练就是有目的的训练,是一种与专项训练不同的有价值的训练,其实质是为了克服一般和专项训练中负荷效果性质相对单一的不足而带来隐患所采用的动作设计体系。功能性训练重在提高训练手段的个体化、专项化,缩小训练和比赛的差距,有利于运动员达到最佳竞技状态。

目前认为,功能性训练是根据人体解剖结构、生理特征、动作特征以及相关理论知识而设计出来的成套动作模式训练。可以改善身体姿势,发展运动员在不同运动状态下对身体姿势的控制能力,形成主动肌、辅助肌、拮抗肌的合理互动,提高运动员完成动作的经济性和有效性。功能性训练中的动态平衡训练可以大幅度提升人体的平衡能力,加强运动员的本体感受和核心稳定性,有效地协调四肢运动,达到完成动作的最佳状态,深入挖掘运动员的运动潜力。此外,通过多种形式的动作控制练习,不仅可以加强运动员完成动作的稳定性、维持关节的灵活性及提高动作的精准性,还可以提高运动员全身关节及周围肌肉、肌腱和韧带的稳定性,确保赛时良好的运动表现,并且能够有效地预防运动损伤。

我国功能性训练起步较晚,2006年,国家体育总局为了改善我国运动员体能方面相对落后的现状,开始不断学习和吸收国外先进的训练方法、理论及经验。在此背景下,功能性训练逐渐走进我国广大教练员和体育学者的视野。这一全新的训练方法和理念不断地冲击传统训练的观点,并得到广泛关注。功能性训练作为一种新兴的训练方法体系,打破了以往的高强度、大负荷、单一性的传统训练方法和观点,注重高质量的正确动作模式训练,强调核心区的稳定性和身体控制下的动态平衡性,是符合生物力学特征的多关节、多平面进行的训练方式。

此外,身体功能训练与传统体能训练是有一定区别的。身体功能训练作为一种新的训练理论和方法体系,与当前世界竞技体育的发展特征和要求是密切相关的,具有一定的先进性。具体来看,身体功能训练与传统体能训练相比,其差异体现在下列几个方面。

第一,训练理念不同。传统体能训练多为躯干表浅肌群的动力性练习,动员的多为动力性肌肉,通常是以单关节肌、表浅的、多个分段、向心收缩形式的训练为主,能够产生爆发力和加速度;而身体功能训练涉及的肌肉,多以多关节肌、深层、短肌、等长收缩的形式训练为主,起到稳定作用。与传统力量训练相比,其增加了人体运动中的不稳定因素,更加强调人体核心稳定性的基础性作用。

第二,针对的部位不同。核心功能性训练重视人体核心部位在运动中起到的作用和价值,认为核心部位是人体运动时的"缸体",起到储存能量和输送能量的作用,强调核心部位所具有的强肌群是完成任何运动的基础。传统力量训练多以大肌肉群训练为主,注重四肢肌肉力量的发展。

第三,支撑条件不同。传统体能训练多在一种身体重心相对稳定的状态下练习,通过高强度、大负荷、器械等抗阻练习的方式来提高力量素质,容易导致平时训练所增加的力量在实际运动过程中发生丢失的现象。而身体功能训练多以一种不稳定、动态的形式进行,如瑞士球、平衡板及悬吊训练,更多是从运动训练的实际出发,注重平时训练所增加的力量在运动过程中得到充分利用。

第四,训练重点不同。传统体能训练的内容、手段、方法与专项能力的诸多训练非常相似或接近,以较大负荷甚至极限强度的力量、速度、耐力训练为主,同时重视上肢、下肢大肌肉力量的提高,动作模式及维度相对单一,以单维、双维为主。与传统体能训练对核心部位重视不够,协调、平衡、稳定、灵敏训练不足相比,身体功能训练注重从人体各组织、器官、系统的特征及需要出发,以人体解剖结构、生理特征、动作特点为基础,设计目的和功能不同的内容体系,以多关节、多维度的完整动作模式训练为主,注重身体各部位的均衡,强调在不稳定和动态环境中人体对神经肌肉、运动环节的精细支配。同时,可以有效地预防运动损伤,在康复上也能起到积极的作用。

总之,身体功能训练是在传统体能训练基础上的进步和优化,而不是完全否定和取代,但明确两者之间的差异十分必要。二者优势互补,注重核心部位力量与四肢力量的协同发展,力量与稳定性并重,动力性与静力性结合,才能更全面地发展体能。

二、身体功能训练的基本原理

(一) 以核心柱为支撑的神经肌肉控制体系训练

这里的核心柱是指肩关节、躯干、髋关节的联合体。与传统体能训练强调肌肉力量和动作速度不同,功能性训练注重以提高全身肌肉整体工作能力和效率为目的,强调以躯干(核心柱)部位支撑、各关节周围小肌肉群起到有序的稳定辅助作用的力量能力体系。功能性训练兼顾了专项和一般体能训练,兼顾了神经控制和肌肉用力,是一种为提高专项运动能力,通过加强核心力量并使神经肌肉系统更加有效率的训练方法,它包括身体的稳定性,动作衔接的加速、减速等练习在内的多关节、整体性、多维度的动作。

(二) 以人体运动链为依托的动作模式训练

人体运动功能的基本系统是运动系统,包括神经系统、肌肉系统和骨骼系统。这三大系统在能量系统的支持下,通过运动在人体链中相互作用,形成了人体生物力的动力链。功能性训练是一种依托动力链进行的动作模式训练,包括柔韧度训练、平衡训练、稳定性训练、核心训练和动态的本体感觉训练。

(三) 以关节灵活性为基础的多平面(维度)训练

人体运动是通过关节运动和肌肉收缩来实现的,对关节运动的控制在功能性训练中占有非常重要的位置。附着在关节上的肌肉,围绕人体不同的轴和面产生运动,活动幅度有很大差异性,分别起着稳定关节和使关节灵活的作用。运动时一旦伤害了稳定性关节就会产生运动损伤,同样,灵活性关节的活动度不足也会产生运动损伤。因此,训练实践中要按照人体解剖特点,有针对性地提高不同类型关节的稳定性和灵活性。

身体运动功能性训练应按照人体的基本位面来设计各种动作模式。其中,矢状面是指将身体分成左右两个部分且贯穿身体前后的垂直面,冠状面是指将身体或身体的其他部位分成前后两个部分且贯穿身体左右两侧的垂直面,水平面是指将身体分成上下两个部分。三个面交叉的部分(轴线)分别叫作垂直轴[上下入冠状轴(左右)矢状轴(前后)]。人体各环节的运动是复杂的,围绕不同的轴和面进行不同程度的运动,这就要求关节在神经肌肉系统的控制下,能够根据动作要求做出多维度的、适当的动作。

三、身体功能训练的作用

身体功能训练的作用,主要有以下几点。

(一) 能够丰富体能训练的理论与方法体系

身体功能训练根据人体解剖结构、生理特点及专项动作的需要,结合康复和物理治疗的理论知识,设计完整的动作模式进行训练,改变了传统以力量、速度、耐力为主的大运动量、高强度、较为单一的身体训练方法和理念,形成了新的训练理论,丰富了体能训练的理论与方法体系。

(二) 能够有效预防运动损伤

身体功能训练源于康复领域,注重通过矫正性训练克服肌肉、关节及其他身体能力的薄弱环节,使人体的系统机能、神经支配、运动素质处于更加平衡、和谐的状态,有效预防因某一能力和环节过度发达或不足，或者由于经常的代偿性动作而可能引发的运动伤病。

(三) 能够提高力量、能量在运动链之间的传递效益

由于身体功能训练注重全身各部位身体姿态的整体控制，使运动员在复杂、多变的运动状态下，身体各环节处于合理位置，主动肌、辅助肌、拮抗肌协同配合，使力量、能量在运动链之间的传递没有大的损耗，提高了人体完成动作的经济性和时效性。

(四) 能够挖掘运动潜力，形成最佳状态

运动训练就是不断挖掘运动员身体潜力的过程，竞技状态的高低在很大程度上与体能发展水平直接相关。功能性训练注重通过大量不同支撑条件下的动态平衡训练，提升运动员维持平衡的能力，加强人体本体感受的敏感性和核心稳定性，协调上下肢运动，可以有效挖掘身体潜力，使动作处于最佳状态。

(五) 能够提高运动员的运动表现

运动技术由动作环节组成，各个动作完成的效果直接影响整体运动技术的规格。功能性训练重视动作完成的合理性及效率，实质是注重神经对肌肉的精细控制，这不仅能加强动作完成的稳定性、精准性，促进关节的灵活性，还能提高运动员的全身关节及周围肌肉、肌腱和韧带的稳定性，使人体在激烈的运动、比赛中呈现良好的运动表现。

第二节 游泳运动员神经肌肉激活训练

神经肌肉激活技术是一种高水平的神经肌肉刺激，目的在于激活肌肉组织。运动训练领域的神经肌肉激活是为训练或比赛提供一种高效、系统、有针对性的激活方法，以满足专项训练的特殊需要。

一、神经肌肉激活训练的概念

神经肌肉激活训练的最终目标是实现"（专项所需的技术）动作准备与预先激活（运动所需的身体部位）"。不过，当前竞技训练领域对于"动作准备与预先激活"练习并没有统一的标准化范式，通常认为，只要是能使运动员的神经兴奋程度与肢体活动能力得到提高的练习都是行之有效的。例如，游泳运动员在赛前用以激活神经肌肉的弹力带练习、篮球和足球运动员进行的灵敏性绳梯练习等，都属于训练或赛前开展的专项化

的神经肌肉激活训练。

不过，神经肌肉激活训练并不等同于正式训练前的准备活动或热身活动，它是指运动员为了使全身神经肌肉、心血管等各个系统能够适应高强度训练或激烈比赛的需要而专门进行的一系列热身准备活动和动作练习。神经肌肉激活训练属于准备活动中的一个独立的系统板块，它包括"动作准备"与"预先激活"两部分的内容，这两部分内容通过独立开展与融合开展交互进行的方式来满足"激活"的需求，它是预防运动损伤和提高竞技能力的有效训练手段之一。

此外，动作准备与预先激活练习是在提倡通过"激活"来提升竞技表现的训练理念的引导下创设的一套训练模式，与传统的热身活动存在显著的区别。传统的准备活动虽然也存在多种练习方法或训练模式，也是训练实践中必不可少的一部分，但在具体练习方式和负荷安排上存在与专项结合不够紧密、神经兴奋动员不充分等问题，如传统热身准备练习过度强调静态拉伸和跑步练习，而动作准备与预先激活练习则可较好地解决此类问题。它强调通过动态方式进行强度递增的动作练习，能较好地增加身体温度、有效减少肌肉黏滞性、增加关节活动度、激活肌肉本体感受功能、逐步提高神经系统的兴奋性。动作准备与预先激活练习能够整合和强化人体运动的基本动作模式与符合运动专项需求的动作模式建立神经系统和肌肉系统之间的有效反馈，并且能够提高动作的准确性与经济性，及时调整训练或比赛时的动作效率。

二、神经肌肉激活训练的作用

神经肌肉激活训练的作用，主要有以下几点。

（一）有助于对正确的动作模式进行建立与强化

在神经肌肉激活练习的训练过程中，个体常通过具体的动作练习来强化身体整个动力链的协同参与，通过神经系统支配下各运动系统之间的相互联系，使身体各环节有序地组合运动，从而建立、强化正确的动作模式。这不仅可使热身训练的效益最大化地迁移至本专项技术层面，使动作精准、合理，同时也进一步减少了不必要的能量损失与泄漏，使动作更加节能、高效。正确的动作模式是运动技术的基础，动作模式的正确与否将会对运动员的机体的训练（或竞赛）安全和运动能力水平产生直接影响，最终影响竞技运动表现水平。

（二）有助于机体温度的提升

在神经肌肉激活训练中，通过一系列强度递增的动作练习，可使身体温度在合理范围内逐步升高。身体温度的升高可以降低肌肉黏滞性，提高肌肉收缩和舒张的速度，从而增加肌肉力量和爆发力。另外，适宜的动作练习还可以增加肌肉的供氧能力，增强机体内酶的活性，有助于能量物质代谢水平的提高。

（三）有助于肌肉的有效伸展

神经肌肉激活训练中的拉伸练习是以动态或动静结合的方式牵拉肌肉，它更符合人体多数日常运动的基本形式，而且能够发展在动态运动中所需的关节灵活性与柔韧性，能够预防运动损伤。以动态的方式牵拉伸展，不仅使肌肉得到了有效的延展和拉伸，并且增加了肌肉的弹性与爆发力，让肢体各运动器官得以更快速地进入工作状态，有利于提高肌肉工作能力。

（四）有助于唤醒、激活肌肉中的本体感受器

大多数的体育项目在进行运动时，身体的空间位置始终处于动态变化中，如跳跃类运动，由地面阶段的稳定支撑至腾空阶段的无支撑再过渡至着陆阶段的非稳定支撑，运动进行员经历了"稳定（固定支撑）—不稳定（无支撑）—不完全稳定（无固定支撑）"这样的变化过程。这类由环境空间变化或运动器械操控方式所产生的力学改变需要运动者具有较敏锐的本体感受力，能够依据特定的时空环境及时调整身体姿态，采取相应的动作模式来应对运动进程中的不同动作要求。

游泳运动由于"水"的特殊物理性质，对于运动员在非稳定支撑状态下的姿态控制能力要求极为严格。在专项训练前，唤醒、激活肌肉中的本体感受器，可以帮助运动个体更好地感受、接受和控制运动中的关节位置与动作方向，更好地发挥肌肉力量，更好地协调不同肌肉之间的用力程度，同时增强身体对于运动空间和运动介质的感知能力与肢体控制能力，能提升整体运动表现。因此，游泳运动员可通过神经肌肉激活训练中的多种介于稳定与不稳定状态之间进行动态转换的身体训练来唤醒、激活肌肉中的本体感受器，通过这一特定的动作练习方式来提升运动员的空间适应能力，使机体能够根据外部负荷的变化及时调整身体姿势、灵活应对不同物理条件的需求。

（五）有助于对神经系统进行唤醒与激活

神经系统神经肌肉激活训练板块中含有动态稳定性练习和反应性练习。此类练习可以有效提升运动员神经系统的专注度与参与度，使大脑反应速度加快，提升神经系统的兴奋性。神经系统兴奋性的提升不仅能加强运动中枢系统之间的相互协调，使机体在神经系统的支配下，有序、准确、协调地完成动作，而且能延缓运动疲劳感的出现，为正式训练或比赛做好各方面的准备。

三、游泳运动员神经肌肉激活训练的内容

(一) 臀肌激活训练

1. 臀肌激活训练的重要性

对于人体来说,臀肌是肌肉体积最大的肌群(包括臀大肌、臀中肌、臀肌),也是惰性最大的肌群。臀肌在身体上、下肢躯干的能量传递中发挥着"中继站"的关键作用,因此在参与训练和比赛前充分刺激臀部肌群的兴奋程度,可有效地提高髋关节的稳定能力,同时降低运动损伤的风险。

游泳是一项在水中借助四肢与水的相互作用来推动人体前进的运动项目,由于"水"这个特殊的运动环境,游泳运动员必须在游进过程中始终保持良好的流线形身体姿态,才能获得更好的游进效率,因此在进行专项训练前充分激活臀肌就显得十分必要。

2. 臀肌激活训练的方法

在进行臀肌激活训练时,可以借助以下几种有效的方法。

(1) 双腿支撑

动作功能:在稳定身体重心的前提下,高质量完成动作,充分激活臀大肌、腘绳肌和下背部肌群。

动作要点:仰卧姿势,双手环抱于胸前,屈膝勾脚尖;臀部尽力收缩的同时抬起髋部,直至肩、躯干、髋、膝在一条直线上;保持规定时间后回到起始位置,短暂休息后再次练习;注意背部不要出现弓形。

(2) 单脚支撑屈膝军步

动作功能:在稳定身体重心的前提下,高质量完成动作,激活臀部、大腿后侧、背部肌群。

动作要点:仰卧姿势,双手环抱于胸前,屈膝勾脚;臀部收缩抬起髋部,直至肩、躯干、髋、膝在一条直线上;保持臀肌桥姿势,屈膝抬起右腿,膝关节尽量向胸部贴近;保持规定时间后回到起始位置,双侧交替练习;注意背部不要出现弓形,膝关节贴近胸部时,髋部保持抬起高度。

(3) 下肢负重屈膝军步

动作功能:在稳定身体重心的前提下,高质量完成动作,激活臀部、大腿后侧、背部肌群、屈髋肌群、伸膝肌群。

动作要点:呈仰卧姿势,双手环抱于胸前,屈膝勾脚尖,弹力带放于双脚脚背上;臀部尽力收缩的同时抬起髋部,直至肩、躯干、髋、膝在一条直线上;保持臀肌桥姿势,屈膝抬起右腿,膝关节尽量向胸部贴近,撑开弹力带;保持规定时间后回到起始位

置，双侧交替练习，注意背部不要出现弓形，膝关节贴近胸部时，髋部保持抬起高度。

(4) 双脚负重直臂伸展

动作功能：脊柱核心肌群收紧，保持身体重心稳定，充分激活肩部、背部、臀部与大腿外侧肌群。

动作要点：俯卧姿势，双臂伸直贴于耳侧，双腿伸直与髋同宽，弹力带放于双腿踝关节外侧；背部用力收缩的同时抬起双臂和双腿，下巴微微回收，眼睛斜视前下方45°地面，双腿同时用力撑开弹力带；保持规定时间后回到起始位置；注意做背部练习时胸部应尽可能地抬离地面。

3. 臀肌激活训练的注意事项

激活臀肌的训练简便、易操作，在进行准备活动时，通过几组简单的练习便能使练习者的臀肌得到充分动员，使其主动参与到随后的运动中，从而使训练达到事半功倍的效果。在臀肌激活动作练习过程中，要求保持运动基本姿势；注意通过在膝关节上部及踝关节上部放置弹力带，进行以控制髋关节水平稳定为主的动作练习，以此突出臀部肌群在人体运动中的重要作用，使练习者深刻感受到参与高强度运动前充分激活、动员臀部肌肉的重要性。

(二) 动态拉伸训练

动态拉伸是以动态（运动）的方式进行肢体伸展与牵拉的练习，强调充分模拟专项技术动作进行拉伸。一般情况下，针对专项所需的神经肌肉激活训练大多以运动基本姿势为基本动作模式来设计拉伸动作，通常选择4~8个动作，每个动作拉伸至最大幅度时仅保持1~2秒便进入下一个动作。

在神经肌肉激活训练中所进行的肢体牵拉，是通过各种动态的拉伸实现肌肉、关节中的特殊需求，增加有针对性的拉伸练习及提升身体温度、使身体做好专项练习的准备。同时，通过各种基本动作模式的练习预热，使其在练习者的神经系统中留下运动痕迹，建立神经系统对目标肌肉、关节的紧密连接，减少运动过程中惯性动作的出现，提高动作完成质量。在动态拉伸中，当机体处于较大拉伸幅度时，运动关节周围的主动肌与拮抗肌之间是交互抑制的关系，交互抑制使不同肌肉产生收缩与舒张的交替变化，这种形式可以激活关节周围的小肌肉群，使其参与到维持关节稳定的工作中去，而小肌肉群的这种持续的、有效的工作将有助于改善运动姿势，降低发生损伤的风险。

(三) 动作技能整合训练

对于竞技运动来说，动作是不可分割的最小单位，是竞技运动组成的重要因素。"力量、速度、耐力"等运动能力的测量只是对动作绩效的定量描述，但却忽略了动作质量对速度、耐力等运动能力的影响与作用，因此仅拘泥于外在运动"绩效"的"数量"评价是毫无意义的。

正确的动作模式和良好的技术水平才是优异动作绩效的来源和优异动作表现的最佳保障。

动作技能整合训练，是基于动作模式的身体练习。动作整合中强调在身体整体动力链的参与下，建立专项运动所需的神经支配下的肌肉、关节等各运动系统之间的有机联系，通过身体各运动环节有序地组合运动，进一步强化正确的动作模式。整合并强化正确的动作模式，可以增加动作的经济性，减少不必要的能量损耗。在准备活动过程中采用与专项技术动作高度相似的基本动作模式的动作训练，依靠神经肌肉相互链连的痕迹效应可以更好地为开展高强度训练和竞赛做好身心准备。

（四）神经激活训练

神经激活训练可以很好地提高练习者在运动中神经系统的专注度与参与度，使大脑反应速度加快，从而提高中枢神经系统的兴奋性。神经系统兴奋性的提升能够加强运动中枢间的相互协调，使躯体在神经系统的支配下，有序、准确、协调地完成动作，进而提高身体的运动能力与运动效率，为正式训练或比赛做好准备。通常情况下，神经肌肉激活训练是以运动基本姿势为起始动作的，在尽可能模拟专项技术动作的基础上，尽快完成肢体移动、身体重心移动和反应性练习，力求在短时间内重复尽可能多次的动作。

四、游泳运动员神经肌肉激活训练的原则

在针对运动员进行神经肌肉激活训练时，必须遵守以下几个原则。

（一）科学性原则

让运动员通过适宜的准备活动使身体温度逐渐升高，能够在随后的训练或比赛中创造优异的运动表现，是神经肌肉激活训练的本质。因此，合理地安排准备阶段的练习内容、负荷与方法将体现训练的科学化水平，也是运动员开展科学化训练的客观需要。

运动负荷主要是指运动时人体所承担的生理负荷。运动量、运动强度和训练密度是构成运动负荷的核心要素。因为人体肌肉和内脏器官的惰性特点，人体在运动时总是遵循着由低变高的负荷适应特性，故不同专项运动员在准备时期的练习负荷也遵循负荷递增这一基本原则。把握神经肌肉激活训练的训练质量的关键是对练习负荷大小的把控，如若练习负荷量过大，会导致运动员过早出现疲劳，但是练习负荷量过小，又达不到热身的效果。因此，可以通过对运动时心率的监控来实现对练习负荷的精准控制。通

常情况下，动作准备阶段的心率应控制在 70%~75% 最大心率为宜。

（二）全面性原则

这一原则是指在开展神经肌肉激活相关练习的过程中，要将可能影响到热身效果和练习质量的因素考虑周全。通过对动作设计、活动顺序、练习负荷等因素的通盘考虑，应该运用合理的动作练习，全面调动身体机能、充分拉伸身体各部位肌群，使内脏器官和运动系统都能够迅速进入工作状态中，以满足训练或竞赛的需要。从动作所涉及的不同身体部位而言，动作练习应该围绕头颈部、躯干、髋部、膝部和踝部等主要运动关节与身体部位进行合理设计，可以通过动作变换设计出不同的动作形式，以满足不同运动专项的技术动作需要。从运动专项技术动作类型的角度设计练习动作时，应充分考虑练习动作与运动专项技术动作的匹配程度，尽可能以符合专项运动特点的动作模式完成练习，同时还要考虑不同动作模式的不同运用，应注重不同动作模式在不同身体重心、不同运动方向上的组合运用，以达到预先激活专项技术动作所涉及的目标肌群以及提高不同动作模式的实践运用能力这一目标，同时进一步提高内脏器官的工作水平，提升内在机能水平，满足训练和比赛的需要。

（三）针对性原则

这一原则是指在神经肌肉激活训练过程中，应对不同的要素进行区别对待，需要根据运动员的年龄、专项、身体特点、运动水平以及练习目的等不同，因人而异、有的放矢地进行专门的动作设计与创编。练习动作的难易程度及强度也是动作练习过程中应着重考虑的因素。实践中既要有针对性地选择与专项技术动作相似的动作来开展训练，又要研判不同难度的动作与不同强度的练习所产生的练习效应差异，力争做到精准掌控每一位练习者的练习效率。

（四）渐进性原则

神经肌肉激活的目的是使人体在进入正式训练前得到快速升温和激活，使机体达到最佳运动状态。但倘若动作准备设计不合理，不但无法达到预期目标，反而会导致运动疲劳过早出现（负荷刺激过大）或热身不充分（负荷刺激不足）等不良现象。因此，在准备阶段的负荷安排上要遵循渐进性的原则，精心组织安排练习内容与负荷递增形式，既要考虑不同运动员之间运动素质的差异性，还要考虑不同运动专项技术动作之间的共性与个性，科学、全面、系统地组织开展该阶段的训练。由于运动负荷与技术动作的难易程度紧密相关，因此神经肌肉激活训练的动作设计应遵循由易到难、由简到繁、由静态到动态、由稳定支撑到非稳定支撑、由小幅到大幅、由一维到多维、由神经系统和肌肉组织的单一反应到复合反应的渐进提升原则来安排准备阶段的练习动作和练习负荷，以求获取最佳练习效应。

五、游泳运动员神经肌肉激活训练的设计

在设计游泳运动员神经肌肉激活训练时，应涉及以下几方面的内容。

总体时间控制：8~15 分钟。

间歇时间：基本无间歇，不同动作练习转换之间自然过渡。

动作数目：臀部激活部分选择 2~4 个动作，动态拉伸部分选择 4~8 个动作，动作技能整合与神经激活部分各选择 5~6 个动作。

动作次数和组数：每个部分动作都只做 1~2 组，臀部激活部分每个动作保持 20~30 秒，动态拉伸部分每个动作 4~6 次（身体每侧），动作技能整合部分单侧动作每边行进距离 10~20 米，神经激活部分每次练习持续 10 秒左右。

动作的选择：在进行神经肌肉激活训练时，我们需要考虑不同运动专项的特殊需求和将要进行的训练课的主体训练内容，以这两方面的需求作为参考，进行有针对性的动作准备与预先激活练习。

第三节　游泳运动员核心力量训练

在当前的体能训练中，发展运动员的核心力量已经成为现代国内外专家学者研究的热点。这是因为，在所有的竞技体育运动项目中，核心力量都起着不可替代的作用。它不仅对运动员在运动过程中身体姿势的保持、完成基本动作和专项技术动作起着稳定和支持作用，而且是运动员身体发力的主要环节，对上下肢协调发力起着承上启下的枢纽作用。

一、核心力量训练的概念

核心力量训练最初来源于康复训练领域，主要针对腰以下病患者进行康复治疗。近年来，随着竞技体育理论的不断发展，核心力量训练也逐渐在竞技体育领域得以应用，并得到广泛认可。

核心力量训练又称核心区或核心稳定性训练，和功能性动作训练一起组成了身体功能训练的完整体系。因此，在理解核心力量训练的概念时，需要对核心区域有较为清晰的认知。核心区域主要是指肩部到髋关节的身体部分，也是人体运动链的核心环节，由

肩、躯干、腰、髋及向四肢辐射的肌肉组成，该部分有大约30对肌肉，力量大，储存能量多，附近是身体重心所在，起稳定、传导、发力、减少发力、平衡等作用，在带动小关节的运动中起先导作用，提高动作效率，髋关节是人体最粗壮的联合性关节，可以看作人体力量的"发动机"，而相邻的腰比较薄弱，容易受伤，背部也是如此。躯干部位可以作为支点，发力或带动发力的主要是髋部和肩部，在人体运动中十分重要。从运动链的角度来看，核心区域和四肢组成了完整的运动链，且处于中心环节。如果核心区力量不足，整个运动链就非常薄弱，造成力量、能量泄漏或内耗。核心力量训练作为一种有效的辅助训练手段，对运动核心区域肌肉力量的发展起到良好的作用，同时也促进运动技术的发展并降低运动损伤发生的概率。

二、游泳运动员核心力量训练的作用

游泳运动员核心力量训练的作用，主要有以下几点。

（一）增强核心部位的稳定性

核心力量的训练最主要的作用就是增强核心部位肌肉群发力的稳定性，在运动中控制骨盆和躯干部位肌肉的稳定姿势，为上下肢运动创造支点，并协调上下肢用力，使力量的产生、传递和控制达到最佳化。传统的力量训练是以某一块肌肉重点或是固定状态下进行训练，与实际运动轨迹不相符合。与此同时，核心力量训练强调深层次小肌肉群的训练，这对于稳定核心部位具有重要的实际意义。

（二）促进核心部位力量的有效传递

核心力量这一特点符合现在"运动链"的观点，即人体在运动过程中，身体的每个环节都是运动链中的一个环节，每个环节都对力量的传递起到积极作用。特别是人体核心部位，由于拥有强大的肌肉群，在这条链上起到了核心环节的作用。例如，短跑运动是通过上下肢的协调用力来完成的，网球的击球动作需要全身包括下肢用力。核心部位对力量的传输起到了承上启下的作用，可以提高远端环节完成各种动作的效率。

（三）支撑运动技术的提高

在众多运动项目，诸如赛艇、游泳、皮划艇等水上竞技运动项目以及标枪、跨栏等田径项目中，除了对体能素质要求较高以外，专项技术动作的优劣及其效率是能否取得良好运动成绩的关键因素。良好专项技术的形成与提高主要取决于核心力量的发展，只有两者协调发展密切结合才能更好地促进专项技术能力的提高。我国优秀跨栏运动员刘翔高超的过栏技术离不开核心力量的发展。孙海平教练在谈及刘翔的过栏技术时，也曾强调他具有突出的核心肌群力量，为良好的技术和优异的运动成绩打下坚实的基础。

（四）辅助传统力量训练

核心力量训练的本质不同于传统力量训练，能够弥补传统体能训练中协调、灵敏、平衡能力等方面的不足。核心力量训练通过对核心部位肌肉，特别是深层肌肉的刺激，能够很好地提高肌肉间的协调性、灵敏性和平衡性，这就弥补了传统力量训练在发展速度力量、力量耐力等方面的不足，同时也建立了一种新的训练理念，创新了力量训练方法与手段，为传统力量训练提供新的发展思路与方法。

（五）预防运动损伤

在运动过程中，身体处于一种不稳定的状态，如果核心力量不足，进而会出现能量补偿现象，四肢的部分肌肉将参与维持身体稳定性，使四肢部分肌肉超负荷做功，导致肌肉拉伤。核心力量训练中经常采用静力性的等长训练方式，可以使肌肉能够承受较大的负重，有效发展该部位的最大肌肉力量。另外，进行等长练习时，肌肉对血管造成很大的挤压，影响肌肉中血液的回流和氧气的运输，对肌肉无氧代谢能力的提高有积极的作用，如促进肌肉毛细血管增生、肌红蛋白含量增多。同时，肌膜厚度增加，使肌膜韧带的抗张程度增强。身体核心部位的肌肉分布多，肌纤维的走向复杂，一般训练对表面的大肌肉较为有效，对深层次的小肌肉效果受限。通过核心力量训练，可以加大对深层小肌肉群的刺激，弥补传统训练的不足，降低因小肌肉群力量不足可能带来的损伤。

三、游泳运动员核心力量训练的方法

（一）静态核心力量训练法

1. 跪式平板支撑

（1）单臂举

动作功能：刺激脊柱核心肌群收紧，提升身体重心稳定性和身体姿态控制能力，激活肩部及躯干肌群。

动作要点：双手推起躯干呈双手双膝跪姿，右手掌触地支撑，向前抬起左臂直至与同侧耳朵齐平；腰腹部肌群收紧，控制骨盆，使左右两侧保持水平；维持动作至规定时间后，回到起始位置，双侧手臂交替做相同的动作；练习时保持身体躯干稳定，控制身体重心，避免多余的动作。

(2) 单臂单腿伸

动作功能：刺激脊柱核心肌群收紧，提升身体重心稳定性和身体姿态控制能力，激活肩部及躯干肌群。

动作要点：双手推起躯干呈双手双膝跪姿，双臂伸直，腹背肌群收紧，控制身体重心；上抬右臂与左腿，直至与地面平行；回到起始姿态，换对侧肢体重复相同动作；收紧腹肌，运动中躯干不要出现多余动作，在保持脊柱稳定、不晃动的前提下，尽可能抬高臂腿（至水平位）。

(3) 膝触地单腿伸

动作功能：刺激脊柱核心肌群收紧，提升身体重心稳定性和身体姿态控制能力、激活肩部及躯干肌群。

动作要点：俯卧姿势，双膝触地，小腿折叠，双手支撑于肩部正下方；双手推起呈俯卧平板姿势，保持头部、背部、下肢呈一条直线；保持平板姿势，左腿直腿上抬，维持伸展姿势至规定时间；回到起始姿态，换对侧腿练习；在保持躯干稳定的前提下，尽可能地推高躯干。

(4) 膝触地单臂前伸

动作功能：刺激脊柱核心肌群收紧，提升身体重心稳定性和身体姿态控制能力，激活肩部及躯干肌群。

动作要点：俯卧姿势，双膝触地，小腿折叠，双手支撑于肩部正下方；双手推起呈俯卧平板姿势，保持头部、背部、下肢呈一条直线；保持俯卧平板支撑姿势，抬起左臂向前伸出并保持至规定时间；回到起始姿态，换对侧手臂做相同动作；在保持躯干稳定的前提下，尽可能地推高躯干，同时维持双侧肩膀在同一水平位置。

(5) 双手俯卧撑

动作功能：刺激脊柱核心肌群收紧，提升身体重心稳定性和身体姿态控制能力，激活肩部及躯干肌群。

动作要点：俯卧撑姿势；腹背部肌群收紧，双手推起，双手与躯干形成90°左右的夹角；身体重心稳定，不晃动，使躯干尽可能地远离地面；注意保持头部、肩部、躯干、踝关节呈一条直线。

2. 手式平板支撑

(1) 单臂伸

动作功能：刺激脊柱核心肌群收紧，提高核心肌群力量及稳定性，增强身体姿态控制能力，激活肩部及躯干肌群。

动作要点：俯卧撑姿势，双手、双脚与肩同宽，双臂支撑于肩部正下方；躯干保持不动，慢慢抬起左臂直至与同侧耳朵平齐，并与背部呈一条直线，维持该姿势至规定时间;回到起始姿态,换对侧手臂完成相同练习;注意抬起右臂时,重心保持在双脚之间,腹肌收紧,躯干保持稳定,不晃动。

(2) 单腿伸

动作功能:刺激脊柱核心肌群收紧,提高核心肌群力量及稳定性,增强身体姿态控制能力,激活肩部及躯干肌群。

动作要点:俯卧姿势,双手、双脚与肩同宽,双手支撑于肩部正下方;双手推起形成俯平板姿势,保持头部、臀部、下肢呈一条直线;保持平板支撑姿态,直膝上抬左腿,保持至规定时间;回到起始姿态,换对侧腿重复相同练习;在保持躯干稳定前提下,尽可能地推高躯干。

(3) 对侧臂腿伸

动作功能:刺激脊柱核心肌群收紧,提高核心肌群力量及稳定性,增强身体姿态控制能力,激活肩部及躯干肌群。

动作要点:俯卧撑姿势,双手和双脚分开、与肩同宽,双手支撑于肩部正下方;躯干保持不动,同时抬起左臂与右腿,直至与背部成一条直线,维持姿势至规定时间;回到起始姿态,换对侧臂与腿做相同动作;注意,抬起臂与腿时,重心需保持在双脚之间,腹肌收紧,维持躯干稳定、不晃动。

3. 肘式平板支撑

(1) 单臂伸

动作功能:刺激脊柱核心肌群收紧,提高核心肌群力量及稳定性,增强身体姿态控制能力,激活肩部及躯干肌群。

动作要点:俯卧,双臂屈肘90°,支撑于肩部正下方,手掌、小臂紧压地面,双脚分开与肩同宽,呈双肘双脚支撑姿势,保持背部平直呈一条直线;保持身体稳定不动,慢慢抬起左臂保持至规定时间;回到起始姿态,换对侧手臂做相同动作;保持腹部收紧,躯干稳定,身体重心位于双脚之间。

(2) 单腿伸

动作功能:刺激脊柱核心肌群收紧,提高核心肌群力量及稳定性,增强身体姿态控制能力,激活肩部及躯干肌群。

动作要点:俯卧,双臂屈肘90°、支撑于肩部正下方,手掌、小臂紧压地面,双脚分开与肩同宽,呈双肘双脚支撑姿势,保持背部平直呈一条直线;保持背部身体稳定、不动,慢慢抬起左腿,保持该姿势至规定时间,然后回到起始姿态,换对侧腿做相同动作;保持腹背部肌群收紧,躯干稳定不动,身体重心位于双脚之间。

(3) 单臂单腿伸

动作功能:刺激脊柱核心肌群收紧,提高核心肌群力量及稳定性,增强身体姿态控制能力，激活肩部、躯干及臀部肌群。

动作要点：俯卧，双臂屈肘90°，支撑于肩部正下方，手掌、小臂紧压地面，双脚分开与肩同宽，呈双肘双脚支撑姿势，保持背部平直呈一条直线；保持身体稳定不动，同时抬起右臂与左腿，持续至规定时间；回到起始姿势，对侧臂与腿重复相同动作；保持腹部收紧，躯干稳定，身体重心位于双脚之间。

4. 屈膝侧向撑

动作功能：刺激脊柱核心肌群收紧，提高核心肌群和身体侧向的力量。提升侧向身体姿态的控制能力，激活肩部、躯干及臀部肌群。

动作要点：右侧位卧于地面，双腿弯曲，右肘放于肩关节下方，手掌、小臂紧压地面；右肘发力推地，撑起髋部（离地），肘与膝支撑身体重量，使躯干保持平直姿势，左臂于肩部上方伸展；保持该动作至规定时间后回到起始姿势，旋转至对侧方向做相同动作；保持腹背部肌群收紧，将躯干维持在一条直线上。

5. 伸臂侧向撑

动作功能：刺激脊柱核心肌群收紧，提高核心肌群和身体侧链的力量。提升侧向身体姿态的控制能力，激活肩部、躯干及臀部肌群。

动作要点：身体呈一条直线，向右侧卧，右手放于肩关节下方；右臂屈肘90°，手掌与小臂紧压地面，向上推起躯干，双腿并拢伸直；保持躯干稳定后向上伸展左侧手臂；保持该动作至规定时间后，回到起始姿势，旋转至对侧方向做相同动作；推起躯干时，收紧腹肌，同时收下颌、伸髋动作保持阶段，躯干、伸展臂与双腿始终保持伸直状态，不能弯曲。

（二）动态核心力量训练法

1. 拉力带训练

（1）站立平行旋转

动作功能：提高躯干旋转动作的力量与爆发力，有助于发展、强化背部和躯干的整合力量，提高水平方位上"力"的产生速率，促进人体平衡与稳定能力的发展。

起始姿势：将拉力带固定在与胸部保持水平的位置处，保持运动基本姿势，站立于拉力带侧后方（进行向左旋转练习时身体位于拉力带左后侧位置，向右旋转练习则反向站立），双臂于胸前伸直，双手合十，握住拉力带。

动作步骤：右脚蹬地向左侧旋转，左脚脚跟微微向右转动以维持身体稳定，挺髋，躯干保持稳定的同时随下肢力量进行左侧转动，手臂保持稳定并随躯干的力量进行水平旋转；通过脚、膝、髋、躯干、手臂的力量层层递进传递，发力拉动拉力带；还原至起始姿势，重复多次练习；完成规定次数后，进行对侧方向练习。

（2）站立斜下旋转

动作功能：提高躯干旋转动作的力量与爆发力，有助于发展髋部和躯干的整合力量，提高整合性力量的产生速率，发展人体的平衡能力和稳定性。

起始姿势：将拉力带固定在头顶斜上方、手臂上举至45°处，保持运动的基本姿势，身体位于拉力带侧后方，双臂伸直、置于头部斜上方，握住拉力带，抬头盯住手的位置。

动作步骤：右脚向左蹬地旋转，左脚脚跟微微向右转动以维持身体稳定，挺髋，躯干保持稳定的同时随下肢力量进行左侧转动，手臂保持稳定并随躯干的力量向左下方进行转动；通过脚、髋、躯干和手臂的力量传递拉动拉力带；在蹬转过程中，向左斜下方旋转，手拉动拉力带直至髋部；还原至起始姿势，重复多次练习；完成规定次数后，进行对侧方向练习。

（3）仰卧单手直臂下拉

动作功能：提高躯干矢状面的上肢力量与爆发力，有助于发展躯干和肩带肌群的整合力量，提高"力"的产生速率，建立单侧上肢用力感和动作节奏，最大化模拟专项运动姿态。

起始姿势：以仰卧姿势平躺于地面，将拉力带固定于头部前方，左手自然贴于体侧，右手伸直，贴于耳侧，握拉力带，头部保持正常位置。

动作步骤：腹部发力，带动躯干、胸部、肩部、手臂，将动力传递到手上；前至后拉动拉力带，动作结束时运动臂尽可能地紧贴于髋部；按原动作轨迹还原至起始姿势，重复多次练习后，换对侧手臂做相同的动作。

2. 健腹轮与瑞士球训练

（1）健腹轮训练

①跪撑前行

动作功能：提升核心力量和躯干稳定性。

动作步骤：跪姿，双手握住健腹轮两侧，抬高小腿，双腿折叠，以膝关节为支点；身体前倾，推动健腹轮向前直至最大限度；核心发力，将健腹轮收回至初始位置；重复规定次数与组数。

②脚支撑前行

动作功能：提升核心力量和躯干稳定性。

动作步骤：俯卧姿势，双手握住健腹轮两侧，双脚贴紧地面，背部平直，以双脚为支撑点；身体前倾，推动健腹轮向前直至最大限度；核心发力，将健腹轮收回至初始位置；重复规定次数与组数。

(2) 瑞士球训练

①平板屈膝

动作功能：激活腹壁深层肌群，提高脊柱腰段稳定性，预防脊柱腰段运动损伤。

动作步骤：小腿置于瑞士球上，双手撑地呈俯卧撑姿势；屈膝、屈髋收腿，将大腿尽量向胸部贴近，直至脚尖触及瑞士球顶部；回到起始姿势，完成规定练习次数；注意运动过程中保持双肘伸直，背部平直，腹部收紧。

②手支撑

动作功能：激活腹部、臀部、躯干、肩部及手臂肌群。

动作步骤：以俯卧撑姿势双手放于瑞士球上，双脚撑于地面；腹部收紧，使肩、躯干、髋、膝、踝在一条直线上，保持姿势至规定练习时间。

四、游泳运动员核心力量训练的注意事项

游泳运动员在进行核心力量训练时，应特别注意以下几个方面。

（一）要多维度进行练习

传统腰背力量训练中，单维、双维训练较多，由于躯干部位肌肉多，走向复杂，深层次的肌肉往往很难得到训练，会影响训练效果。功能性核心力量训练，要求实施多方向、多维度、多支撑条件下的多样化训练，前后、左右、旋转等力量都可以得到有效改善。

（二）核心力量和一般力量都要以提高专项力量为目的

专项力量依然是运动训练的主要目的。核心力量训练要解决一般性力量与专项需要相差较大的矛盾，促进以脊柱为支撑的核心稳定性，为专项动作的发力提供良好的稳定基础。

（三）核心力量发展要优先于四肢力量

四肢力量主要是表层肌肉，走向简单，训练起来相对容易，但其力量的传递要通过核心部位。如果核心部位不稳，充实度不够，就会增加能量、力量的内耗，影响发力效果。因此，核心力量是其他部位力量的支撑系统，要优先发展。

（四）核心力量要分层安排

分层次安排核心力量训练，才能取得理想的训练效果。核心力量训练手段繁多，要

有整体使用的设计规划，由简到繁，由轻到重，由全面到专项，使骨骼、关节、肌腱、肌肉逐渐适应，打好基础，才能获得理想的效果。

第四节　游泳运动员拉伸练习与筋膜释放

一、游泳运动员拉伸训练

（一）游泳运动员拉伸训练的重要性

游泳运动员拉伸训练的重要性，主要体现在以下几个方面。

1. 有助于提高游泳运动员的运动表现

拉伸练习被大量应用到准备活动和训练后放松中是因为其不仅能解决身体柔韧性和协调度的问题，同时还可提高运动表现。拉伸练习的运动形式完美地契合了肌肉的练习：弹性、柔韧性和黏滞性。运动前的拉伸可减少肌肉黏滞性，降低运动时机体的内部损耗，提升肌肉弹性和柔韧性，提高肌肉收缩速度和力量，进一步提升关节活动度，令运动员可以更加高效、合理地完成技术动作，如游泳运动员通过增加肩关节的活动范围来增加划水幅度和推水效率，也可以通过扩大踝关节的活动范围来增加腿部"鞭打"动作的幅度与速率。

2. 有助于游泳运动员加速恢复

拉伸训练被大量运用到训练后放松和运动康复中已。多年的研究表明，拉伸训练可以有效放松肌肉，减少肌肉僵硬，使拉伸部位的血液循环加快，从而加速代谢废物排出和增快损伤部位修复。同时，拉伸训练也能有效减少肌肉酸痛，既包括运动中和运动后即刻出现的由于乳酸堆积而引起的肌肉酸痛，也包括运动一段时间后才出现的延迟性肌肉酸痛。研究显示，运动后进行静态拉伸能减少肌肉紧张的肌电信号，加速机体循环，减少肌纤维间的肿胀以及疼痛信号的产生和传递，可直接减少疼痛。

3. 有助于预防运动损伤

肌肉僵硬是造成肌肉损伤的重要原因之一，缺乏柔韧性是许多运动创伤的高频诱发因子。拉伸训练能改善肌肉僵硬，提高肌肉柔韧性和弹性，减少肌肉拉伤的频率、严重程度和恢复时间。另外，运动损伤往往发生在肌肉疲劳时，拉伸练习能加速肌肉恢复，减少疲劳积累，达到预防损伤的目的。此外，一次合理、高效的拉伸练习可提高训练效率和运动表现，节约更多时间，使练习者不用依赖专业医师来减轻身体疼痛，减少生理和心理负担。同时，练习者随着不断地体验到拉伸练习对运动训练的有效促进，能够逐渐养成良好的运动习惯，产生良性循环，最终实现科学化锻炼、终身锻炼的长远目标。

(二) 游泳运动员拉伸训练的类型

1. 静态拉伸

静态拉伸是增加柔韧性和关节活动范围最常用的方法之一，目的是在未激活拉伸反射的情况下提高柔韧性。静态拉伸是主动或被动地将肌肉或关节拉伸至最大活动范围并保持一定时间的拉伸方式，拉伸的持续时间分为三种：一是短时间的静态拉伸（少于30秒）；二是中度持续时间的静态拉伸（30~60秒）；三是长时间的静态拉伸（60~90秒），其中第一种和第二种拉伸持续时间适用于运动前的热身活动，而第三种通常用于治疗与康复。

静态拉伸的损伤风险小，无拉伸反射激活，避免了肌肉神经放电频率的升高；相对其他的拉伸方式，静态拉伸所需的能量消耗更少；在拉伸执行过程中，组织承受负荷的剂量较其他拉伸方式更大；可改善情绪；可以使有经验的教练员或运动员评估其肌肉和关节的实际功能状态。不过，静态拉伸时，肌肉单独拉伸的方式容易忽略对肌肉间协调性的培养；局部血液循环进展缓慢，较难达到积极的热身效果。

2. 冲击式拉伸

冲击式拉伸是基于活动者主动发力实现的。与静态拉伸不同的是，冲击式拉伸是通过自身主动施加动量，并以一定节拍或频率对被拉伸的肌肉或关节进行重复拉伸，直至拉伸至最大运动范围的一种拉伸技术。

冲击式拉伸通常被执行于训练或比赛前的准备活动，但该拉伸方法是利用身体主动发出的动量迫使肌肉或关节产生更大的活动范围，且拉伸的速度、强度以及施加的作用力都不易控制。当拉伸强度超过自身柔韧性最大范围时，有可能发生损伤，特别是在有旧伤或损伤未痊愈的部位进行冲击式拉伸是极其危险的。

3. 动态拉伸

动态拉伸是一种有专项运动针对性的功能性拉伸来练习，逐渐被各个项目的教练员和运动员所认可，现已频繁用于竞技体育的热身运动中。

动态拉伸在练习时采用功能性运动动作，如提踵走、行进同股四头肌伸爬、跪步转体走、手足爬行等，目的是使身体能更快适应接下来的训练或比赛。动态拉伸不同于静态拉伸，前者更注重涉及多关节、多肌群和多平面的拉伸动作模式，而静态拉伸却是注重单关节、单肌群和单平面的拉伸练习。相较冲击式拉伸，虽然动态拉伸与它在某些动作上近乎相似，但事实上，动态拉伸的特点从一定意义上弥补了冲击式拉伸的缺点。它避免了振荡，更易于控制，且受控的关节幅度普遍小于冲击式拉伸。

动态拉伸的优势在于快速、全面且充分地活动身体。此外，动态拉伸还具有诸多其他积极意义。首先，它本身就是一项专项身体素质训练；其次，练习中的很多拉伸动作是模仿专项动作和肌肉活动形式完成的，对专项技术有纠正、巩固、提升之功能。

此外，在动态拉伸时，拮抗作用增强，通过促进血液循环使肌肉温度或核心温度升高，因此，动态拉伸更适宜作为热身阶段的拉伸方法；动态拉伸时能刺激关节滑液分泌，起到保护作用，激活负责稳定关节周围的肌肉群，产生一定的神经兴奋，使身体更好地进入"比赛状态"；动态拉伸与练习中的许多动态负荷相似，可以更好地适应接下来的训练或比赛；动态拉伸引起的组织应激能力具有生物适应性，使组织更加坚固，能够承受更大的负荷。

二、游泳运动员筋膜释放

（一）筋膜释放的概念

筋膜释放技术是一种借助工具对肌肉筋膜等软组织进行放松的方法。目前，最常用的工具有泡沫轴、筋膜球等。其中，泡沫轴起源于欧洲，最早采用木质的材料制作，后来因为重量过重，不方便携带，被硬度适中、重量较轻的泡沫材料代替。泡沫轴有圆柱形和半圆形两种形状，直径约为15厘米，有3种长度规格，分别为92厘米、46厘米、36厘米。目前，不同的品牌也有不同的材质和规格。

此外，泡沫轴放松可用于训练前的热身、核心力量的训练及运动后的放松。20世纪中期，泡沫轴被应用于医学康复领域，作为康复训练工具。它可增强身体的柔韧性、关节活动度及核心力量，提升身体的平衡性、协调性及本体感觉。后来，各个专业队也使用泡沫轴来帮助运动员恢复肌肉疲劳，研究发现，通过泡沫轴进行筋膜释放技术能提高大脑神经对于肌肉的募集和控制能力，还可放松肌肉等软组织，增加核心肌群的力量及肌肉的柔韧性，预防运动损伤。

（二）筋膜释放的原则

在训后放松阶段，根据 NASM 推荐，筋膜释放技术和其他手法按摩类治疗方案类似，每天1次，每次在局部高痛点保持30秒，低痛点保持90秒左右为宜。

第六章
游泳竞赛组织与裁判法

游泳竞赛是开展游泳运动的一项重要内容，也是游泳教学和训练的重要组成部分。通过游泳竞赛可交流经验、互相学习、增进友谊，并更好地促进游泳技术水平的提高，培养运动员的意志品质和集体主义精神。同时，通过游泳竞赛还能有效地促进群众性游泳活动的开展，推动全民健身计划的实施。而在开展游泳竞赛时，为保障参赛运动员处于同等条件下公平竞争，使整个竞赛活动得以顺利进行，就必须制定竞赛活动的组织规程和确定统一的竞赛规则，以及设置执行规则、规程的裁判工作人员。本章将对游泳竞赛组织与裁判法的相关内容进行详细阐述。

第一节　游泳竞赛的组织

在组织游泳竞赛时，要贯彻执行国家有关体育运动竞赛的方针政策，有组织、有计划地进行。游泳竞赛的组织可分为赛前的筹备、竞赛期间的工作和竞赛的结束工作三个阶段。

一、游泳竞赛前的筹备

在组织游泳竞赛前，做好筹备工作是十分重要的。具体而言，游泳竞赛前的筹备工作主要有以下几项。

（一）成立领导机构

在组织游泳竞赛前，必须成立领导机构，即由主办单位（或承办单位）主要领导及有关部门的负责人组成组织委员会（前期为筹备委员会）。

组织委员会（简称组委会）是比赛大会的最高领导机构，负责竞赛的组织领导工作。组委会首先应研究决定运动会的组织方案、竞赛规程和工作计划等重大问题。组织方案是大会一切工作的依据，内容包括竞赛名称、目的、任务，竞赛规模、时间、地点，竞赛组织机构、人员以及经费预算等。

(二) 设立组织机构

游泳比赛大会在组委会的领导下,要设立必要的工作机构,如办公室、竞赛处(组)、行政处(组)、宣传处(组)、场地器材处(组)、保卫处(组)和仲裁委员会等。各机构按工作职责明确分工,团结协作,将大会各项工作做好。其中,竞赛处(组)负责具体的竞赛工作领队、教练会议,宣布竞赛有关事宜。宣传处(组)负责竞赛的宣传报道,拟定活动日程,聘请裁判员,扩大竞赛的社会影响,为竞赛创造良好的氛围。行政处(组)负责大会的一切后勤事务,如运动员、教练员、裁判员的报到、食宿安排、交通、医疗等。场地器材处(组)负责准备好比赛场地、设备及裁判工作用具,保证比赛条件符合竞赛规则要求,以使比赛顺利进行。保卫处(组)负责比赛期间的安全事务,保证运动员、教练员、裁判员及工作人员的安全。仲裁委员会负责接受申诉,审查和处理比赛期间执行竞赛规则、竞赛规程中发生的纠纷,保证规则和规程得以正确执行。

游泳竞赛的组织机构设置及形式,应根据比赛的规模、级别等具体情况而定。一般而言,基层比赛和规模小的比赛,组织机构应精简,但各项工作一定要由专人负责或兼管。省级以上的大型比赛,可根据需要增设科研组、兴奋剂检查站、外事、集资等机构。

(三) 制定游泳竞赛规程

游泳竞赛规程是举办游泳竞赛的指导文件,是组织者和所有参加者必须共同遵守的章程,是整个竞赛工作的依据。竞赛规程由主办单位根据举办比赛的目的任务及具体条件制定。竞赛规程要写得具体明确,并应及早发给有关单位,以便各单位做好准备工作,及时报名和参赛。游泳竞赛规程的内容,主要有以下几点。

第一,运动会名称。

第二,竞赛日期和地点。

第三,竞赛项目。

第四,参加单位。

第五,参加办法。包括参加条件,每单位男、女运动员可报人数,每人限报项数,每项每单位限报人数,教练员、工作人员限报人数等。

第六,竞赛办法。要明确规定比赛采用什么游泳规则,如"采用国家体育总局游泳运动管理中心审定的最新游泳竞赛规则",以及根据本次运动会的实际而制定的竞赛办法,如预、决赛的规定,弃权、犯规的处罚规定等。

第七,报名和报到时间。

第八,录取名次与奖励。要明确各单项录取、奖励名额,团体总分计算办法和奖励办法，创纪录的加分办法。

第九，裁判员。主要是总裁判、裁判员的选派、报到时间及要求。

第十，其他有关要求和注意事项。

（四）编排游泳竞赛日程

根据所编制的《竞赛规程》规定的比赛项目、时间、预计参赛人数编排竞赛日程。竞赛项目的安排是否合理，对大会能否顺利进行和提高运动成绩有直接关系。竞赛日程应随竞赛规程一起寄送给参赛单位，以作为报名的参考。

（五）组织报名

组织报名时，应将竞赛规程、竞赛日程和报名表一起尽早发（寄送）给参加单位。要求参赛单位按时、按要求报名，一般应于赛前 20 天截止报名。

收到各参赛单位的报名表后，按规程的要求，严格审查各单位的报名表，对各单位的报名人数、运动员的报名资格和报名项数认真核对，对违反规程、规则的情况及时进行处理。

（六）选派、聘任裁判

一般来说，全国性游泳比赛的总裁判、副总裁和部分裁判员由国家体育总局游泳运动管理中心选派，不足名额由承办单位选派。省、市各基层比赛的裁判员选派，参照此办法办理。在选派裁判员时要注意选派精通游泳规则和裁判法，工作作风正派，不徇私情，坚持原则，能严肃、认真、公正、准确执行任务的人员。总裁判与副总裁判的级别要与比赛大会的规模、水平相适应，如全国性比赛选派国家级裁判员，省、市级比赛选派一级以上裁判员担任。裁判员提前报到，并组织好赛前的学习和实习。

（七）编印秩序册

秩序册是提供运动会全面情况的基本文件，是大会竞赛工作的重要依据。因此，必须在竞赛前做好编印秩序册的工作。秩序册内容可根据比赛的规模确定，规模小的比赛可只印竞赛日程和竞赛分组表。

（八）准备好比赛场地与器材

在确定游泳比赛的场地后，有关领导要切实检查，确保场地、泳池、水质、水温、灯光、标志线等符合竞赛规则要求，裁判组工作所需的器材、用具也要预先准备好。

（九）食宿、交通及安全保卫工作

承办单位要事先安排好比赛期间运动员、教练员、工作人员的食宿和交通，做好比赛期间各类人员及赛场内外安全保卫工作。

（十）召开总裁判、教练员联席会议

大会竞赛组必须在比赛前主持召开总裁判和教练员联席会议，主要内容有以下几点。

第一，有关竞赛规程及补充通知中，不太明确或易引起争议的条文的说明，统一认识，共同执行。

第二，有关报名与竞赛分组情况说明。秩序册的编排中如有错漏，立即提出更正。

第三，总裁判关于规则、裁判法的说明（预先形成文字材料，印发给教练员）。

第四，有关大会开、闭幕式，队伍入场的要求，颁奖办法。

第五，有关竞赛的其他问题。

二、游泳竞赛期间的工作

在游泳竞赛期间，必须做好以下几方面的组织工作。

第一，确定大会报到日期，包括大会工作人员、裁判员和各参赛队等，做好接待工作。

第二，召开各类会议。包括组委会会议、裁判员动员大会、总裁判和教练员联席会议等。

第三，开幕式。

第四，组织比赛。根据竞赛规程和规则，按比赛日程和秩序册编排好的竞赛分组组织比赛和单项颁奖。

第五，比赛期间，大会各部门应经常与裁判员及各参赛队联系，深入听取意见，不断改进工作，保障竞赛顺利进行。

三、游泳竞赛结束后的工作

在游泳竞赛结束后，以下几项工作必须做好。

第一，闭幕式及团体颁奖。

第二，整理成绩资料，印发成绩册。

第三，各部门总结。

第四，安排和处理各队及裁判员离会事宜。

第五，组委会总结，向上汇报。

第六，大会人员离会。

第二节 游泳竞赛的编排

游泳竞赛的编排工作是保证游泳竞赛按计划、有条不紊顺利进行的关键环节。编排人员必须认真负责，头脑冷静，有吃苦耐劳的精神，在工作中应始终做到周密、细致、准确、及时。编排组一般设编排长1人，副编排长1人，编排员若干人。

一、游泳竞赛编排前的准备工作

在编排游泳竞赛前，必须做好以下几项准备工作。

（一）熟悉竞赛规程和竞赛规则

编排组开始工作后，首先应认真钻研竞赛规程和大会有关文件，明确各项有关规定，如竞赛项目、参加办法、竞赛办法等。对条款不清、难以理解的问题，应及时向主办单位请示，不得擅自做出决定。同时，要认真学习规则中有关编排的各项规定，了解场地情况，以便依据这些进行具体编排工作。

（二）审查报名表

审查报名表是一项极其重要的工作，主要是检查各单位的报名是否符合竞赛规程的规定。审核报名表一定要认真细致，坚持原则，发现违反规程或不清楚的地方，应设法及时与有关方面联系，在正式编排前予以解决，不能留有尾巴，以免在比赛开始后造成意想不到的麻烦。

审查报名表时，还要注意以下几个方面。

第一，检查运动员的代表资格有无问题。

第二，检查运动员的姓名、性别、出生年月、注册号等是否填写清楚。

第三，检查运动员的年龄分组是否正确，有没有重报、混报或错报组别。

第四，检查各单位有没有多报人数。

第五，检查运动员有没有多报项数。

（三）统计各项参加人数

各项参加人数既是竞赛分组的依据，又是工作中检查核对的依据。因此，应根据报名表按组别进行认真统计，并仔细核对，保证统计数字准确无误。

二、编排游泳竞赛日程

（一）编排游泳竞赛日程的方法

第一，制作编排秩序小卡片（男、女用不同的颜色加以区别），上面写明组别、性别、项目、赛别、估计人数、组数及所需时间。每一项目预、决赛各写一张。

第二，按项目将编排秩序卡片全写好后，根据编排原则将各比赛项目编排到各场次，然后计算出每场预计比赛时间。如时间有过长或过短的情况，即调整卡片至合适为止。

第三，按照编排好的日期、场次和每场的项目、赛别，顺序抄写（打印）出竞赛日程表。

（二）编排游泳竞赛日程的原则

在编排游泳竞赛日程时，需要遵守以下几个原则。

第一，先安排自由泳项目。因游泳竞赛中自由泳项目最多，长距离、短距离、接力要兼顾，分散安排。

第二，尽量把可能有运动员兼项的项目排开，如同一泳式的50米和100米或100米和200米不要安排得太近。

第三，每场中各种泳式和男女项目应交错安排。

第四，同项目预赛、决赛不要排在同一场，也不宜间隔太远。

第五，一般一天安排两场比赛，上午一场，下午或晚上一场。

第六，预计竞赛所需时间。在对游泳竞赛所需时间进行预计时，要考虑两个方面：一方面是要考虑场地条件、比赛池、泳道数目；另一方面是要考虑参加单位预计每项参加人数以及每项预赛组数、比赛的时间等。在基础上，就能计算出每项比赛时间。每组比赛需要时间，包括运动员游完该项距离的时间和裁判员工作时间。全国性比赛一般每组100米需3~4分钟，200米需5分钟左右，400米需7~8分钟，800米需11~13分钟，1500米需19~21分钟。根据裁判员和运动员的不同水平，适当调整各组所需时间。还有一点，要预计好颁奖时间。

三、编排游泳竞赛分组表

（一）编排游泳竞赛分组表的原则

第一，只有一组时，其赛次应为决赛。

第二，两组或三组时，报名成绩最好的运动员或接力队应编在最后一组，次好的编在倒数第二组。从最后一组编到第一组后，再用同样的方法编排每个组的第二个运动员或接力队。以此类推，把所有运动员或接力队编到各组中去。

第三，超过三组时，报名成绩最好的24名运动员或接力队按上述方法编到最后三组中，其余的按报名成绩顺序编满倒数第四组。如果还有剩余，再编满倒数第五组，以此类推。

第四，两组或两组以上的任何预赛组内至少应有3名运动员。

第五，不得将不同项目、不同距离、不同性别的运动员混合编组。

第六，没有填报名成绩的，作为成绩最差的安排比赛次序。若这样的运动员或接力队超过1人（队）时，应以抽签方法决定其先后次序。

第七，半决赛的编排：根据预赛的成绩选出前16名。成绩第一的运动员或接力队编在第二组，第二名编在第一组；第三名编在第二组，第四名编在第一组。以此类推，把所有参加半决赛的运动员或接力队编到两组中。

第八，决赛的编排：据预赛或半决赛的成绩，选出前8名，编成一组。

第九，比赛如采用分组决赛（无预赛），则按报名成绩顺序，将成绩最好的运动员或接力队编满最后一组；所剩运动员或接力队，按其成绩顺序编满倒数第二组。以此类推，将所有运动员编排完毕。

（二）泳道安排的原则

在设有8条泳道的游泳池比赛时，编在同一组内的运动员应根据其报名成绩的优次顺序依次安排在4、5、3、6、2、7、1、8泳道上，也就是成绩最好者安排在第4泳道，然后由中间向两边依次安排。

（三）编排游泳竞赛分组表的方法

1. 填写竞赛卡片

按报名表填写竞赛卡片。每人每项填一张，接力每队填一张。男、女应使用不同颜色的卡片加以区别。卡片上的各项内容要填写清楚，不可遗漏或错填。

卡片填好后按项目分开，必要时填入该项的记录。然后，与各项参加人数的统计数字核对，每项有多少人参加比赛，就应有多少张卡片。最后，将卡片按报名成绩的优次顺序整理好。

2. 排列竞赛卡片

竞赛卡片填写整理好后，即可根据分组原则和泳道安排原则把每一项的卡片排列起来，即用数字表示，按报名成绩的优次顺序排列竞赛卡片。

3. 填入组次和泳道号

卡片排列好后，即将相应的组次和泳道号填入每一张卡片。然后，按组次和泳道顺序把卡片一组一组地整理好。

4. 编制单项竞赛分组表

一项分组分道完成后，即可根据该项的竞赛卡片编制该项目分组分道表。

5. 整理完整竞赛分组表

所有项目都编好后，按竞赛日程的场、项顺序整理成完整的竞赛分组表。然后，将所有各场的竞赛卡片整理好，由专人保管，在每场比赛前交给检录长。

四、编排秩序册

秩序册应在赛前编排好，其内容一般应包括以下几个方面。

第一，竞赛规程及有关文件。

第二，组织委员会及各办事机构人员名单。

第三，仲裁委员会名单。

第四，裁判员名单。

第五，各代表队名单。

第六，大会日程。

第七，竞赛日程。

第八，竞赛分组表。

第九，各代表队人数统计表。

第十，场地平面图。

第十一，有关记录及运动员等级标准。

第三节 游泳竞赛裁判方法

在游泳竞赛中，裁判员是必须要有的。裁判员必须熟悉规则和规程，掌握一套科学、合理的工作方法，并不断地熟练、提高。同时，在工作中必须做到严肃、认真、公正、准确。一场游泳比赛，根据比赛的规模不同，所需裁判员40~80名不等。他们分为总裁判、技术检查、转身检查、检录、发令、计时、终点、编排记录、司线、报告等裁判人员。本节内容主要论述主裁判的工作顺序和方法。总裁判在竞赛大会的领导下全面领导和分配全体裁判人员的工作，是竞赛裁判工作的组织者和领导者，根据规则和规程精神，决定比赛中的有关问题。总裁判必须首先做到严肃、认真、公正、准确，保证规程、规则的正确执行。根据规则规定的职责,总裁判的工作顺序和方法如下。

一、赛前工作的顺序和方法

第一,接受任务后,认真学习比赛规则和竞赛规程,了解报名和编排情况。

第二,提前报到,了解和熟悉大会的组织机构、日程安排、秩序册编印情况;召开正、副总裁判及技术检查会议,确定各组裁判长及裁判员分工;制订裁判员学习、实习工作计划;讨论决定总裁判和教练员联席会议要明确的问题,制定"本次比赛有关问题的说明"。

第三,召开裁判长会,使各裁判长预先了解大会情况及自己的职责。

第四,召开全体裁判员大会,进行动员,提出要求,宣布分工和学习、实习计划。

第五,带领裁判长检查场地、器材。

第六,组织全体裁判员实习。通过总实习,发现问题,解决问题,进一步做好赛前准备工作。

第七,配合竞赛组,开好总裁判、教练员联席会议(编排记录长列席),印发有关说明、要求,对容易引起争议的问题要统一认识。

二、赛中的工作顺序和方法

第一,每场提前40分钟到场,检查赛前工作,处理破纪录申请等问题。

第二,检查各裁判组赛前准备工作(要求裁判员赛前30分钟到场)。

第三,赛前10分钟集合全体裁判员,进行上一场小结,提出本场要求。

第四,赛前3~5分钟带领裁判员入场,裁判员按工作位置就位。

第五,每组比赛开始时,示意报告员宣布开始比赛并介绍运动员,然后站立池边,用连续短哨声示意运动员脱外衣,用长哨声示意运动员上出发台,当所有运动员都按规则做好出发准备时,向外伸展手臂通知发令员可开始发令,发令结束,收回手势。如发现抢码,应立即鸣哨召回,第二次出发,鸣枪后如有抢码,不再召回。注意犯规泳道,做好处理准备。

第六,每组比赛进行中,在池边巡视,注意观察游进、转身、到终点、接力交接棒等是否有犯规现象。最后一名运动员到达终点后,用手势与技术检查、转身检查长联系,了解是否有犯规,之后给终点总裁判和自动计时长手势。

第七,在比赛中,注意观察全面情况,及时处理、解决出现的问题;观察终点名次,处理计时、终点交叉;审查犯规检查表;随时掌握比赛进度、时间。

第八，审查每组卡片和决赛、半决赛、重赛名单。

第九，每场比赛结束，带领裁判员退场。

三、赛后的工作顺序和方法

第一，每场结束，督促各组小结，召开裁判长会，解决存在的问题，关心、督促、检查编排记录组工作。

第二，全部比赛结束，在各组总结基础上进行全面裁判工作总结，督促编排记录组及时完成成绩册印发工作。

第三，为破纪录证明、运动员成绩证明、裁判员证书签名。

第七章
水上救生

水既能让人享受海阔凭鱼跃的感觉,也会给人带来各种意外和危险。学会游泳技能固然是应对水上意外事故的一种有效求生手段,但人们同时也需要掌握实用游泳和水上救生、心肺复苏等基本知识和技术,提高水中自救、他人救护、现场急救的技能。

第一节 实用游泳

实用游泳技术有很多,确切来讲,应该叫实用游泳姿势。因为它主要来源于生活,所以不像竞技游泳技术那样有严格的要求,技术上不存在对与错,只有省力或者不省力。为了区别于爬泳、蛙泳、仰泳、蝶泳这些竞技游泳,我们通常把在日常生活、水上作业或军事活动中具有实际运用价值和动作已经比较规范的非竞技游泳姿势称为实用游泳,主要包括踩水、侧泳、反蛙泳、潜泳、抬头爬泳等技术。掌握这些实用技能,对于在更大程度上获得水中活动的自由,有十分重要的意义。

一、踩水

在日常活动中,踩水技术广泛运用于水中等待救助、调节呼吸、抢救溺者、持物游进、水中观察等水中活动。

(一)踩水的技术动作

1. 踩水的身体姿势

在踩水时,整个身体几乎垂直于水面,上体稍前倾,头部始终露出水面。微收髋,两腿微屈,勾脚,两臂在胸前平屈,掌心向下,动作类似蛙泳。

2. 踩水的腿部动作

腿部动作有两种:一种是两腿同时做蹬夹水动作,几乎和蛙泳腿一样,不同的是,收蹬腿的幅度较小,用小腿和脚内侧向侧下方蹬夹水,膝关节向内扣压,两腿尚未伸直时即开始做第二次收腿动作,动作要连贯;另一种是两腿交替踩水动作,采用这种方式踩水，身体在水中起伏不大，大腿动作幅度较小，做动作时先屈膝，小腿和脚向外翻，然后膝向里扣压，用脚掌和小腿内侧向侧下方蹬夹水，当腿尚未蹬直时，往后上方收小腿，收腿的同时，另一腿开始做蹬夹水的动作，两腿交替进行，脚的蹬水路线及回收路线基本上呈椭圆形。

根据腿部动作形式的不同，踩水的方式又可以分为以下几种。

（1）搅蛋式踩水

两腿在水中分别由外向内、由后向前、左右侧向划圆蹬踏，类似烹饪时的搅蛋动作，维持头颈部露出水面，两手臂可露出水面工作或做摇橹划水助浮。（见图7-1）

（2）小蛙式踩水

身体直立水中，头颈部露出水面，腿部动作与蛙泳相似，因速率较快，动作幅度较小，故被称为小蛙式。两手臂可露出水面工作或在胸前做轻松划水动作，稳定身体。（见图7-2）

（3）剪刀式踩水

两腿在水中做前后的剪动，剪至两腿交会处时应做瞬间暂停后再继续向前后剪动。双臂于胸前微弯平伸，同时向下压水，保持身体在水中直立平衡。（见图7-3）

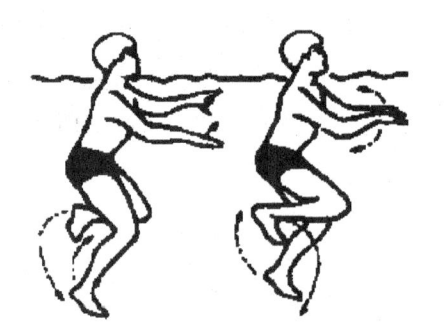

图7-1　搅蛋式踩水　　　　图7-2　小蛙式踩水

图7-3　剪刀式踩水

3. 踩水的臂部动作

两臂平伸并稍弯曲，手和前臂在胸前做向外、向内的弧形拨压水动作，动作幅度不宜过大。在向外拨水时，掌心稍向外，有分开水的感觉；在向内划水时，掌心稍向内，有挤压水的感觉，两手拨压水的路线呈双形。

4. 踩水的腿和臂及呼吸配合动作

腿、臂的配合动作要连贯、协调，一般是两腿同时蹬夹一次或两腿交替蹬夹一次，两手做一次拨压水动作。采用两腿同时蹬夹水的配合时，两腿做蹬夹水动作的同时吸气，两臂向外做拨压水的动作，并在收腿时呼气。可以一个动作呼吸一次，也可以几个动作呼吸一次，呼吸跟随腿、臂动作的节奏自然进行。采用两腿交替蹬夹水的配合时，通常是腿和手同时不停地进行。用踩水游进时，可以采用身体的不同侧向及蹬夹和拨压的方向来改变游进方向，如向前游，身体稍前倾，脚稍向后蹬夹水，两臂稍向后拨水，反之亦然。随着踩水能力的增强，手臂可不参与拨水，而从水中解脱出来以进行水中托物等。

（二）踩水的练习

1. 踩水练习的方法

（1）陆上模仿练习

第一，站立手扶墙做单腿踩水动作练习（两腿轮换进行）：面朝墙并靠墙站立，双手扶墙，单脚着地，另一只脚做踩水的收腿、翻脚、蹬压动作，两只脚交替练习。

第二，做脚踩水动作练习：坐在池边，手后撑，脚浸入水中，模仿踩水的腿部动作，注意体会小腿和脚的内侧面向下蹬压水的感觉。

第三，做手臂动作模仿练习：陆上双脚站立，两手臂弯曲，手和前臂在胸前做模仿向外、向内的摸水动作，手臂动作不宜过大。

（2）水上练习

第一，手扶池边做单腿（或双腿）踩水练习：一手扶池边，提外侧腿，做踩水的收腿、翻脚、蹬压动作。要求以小腿和脚的内侧面蹬压水，动作连贯，周而复始地进行。

第二，站在浅水区，做双臂摸水练习或做单手摸水练习：站立齐胸的深水中，两臂或单臂平屈于胸前，做有节奏的向外、向内弧形拨压水动作，体会水对手臂的反作用力，体会手掌与水平方向的迎角。

第三，在深水区，双手扶池槽，做踩水动作练习：扶池边踩水，在深水区双手扶池边，上体略前倾，双腿同时或交替做向下弧形蹬压、向上收腿、翻脚的连贯动作。

第四，站立水深在与下颌平齐的水中做屈腿、脚蹬夹水动作的练习：双手交叉在胸前，怀抱浮板，在练习过程中如果身体下沉，可伸直腿站立在水中休息一会儿，再继续练习。待腿部动作熟练后，放下浮板，做手分开向下划压水动作，并配合腿部动作。

第五，双手做摸水和划水动作，两腿做蹬夹水，加强腿、臂配合练习。身体稍后仰，用双腿蹬夹水在水中踩水，持续踩水，在深水区持续踩水时，动作尽量放松。在动作熟练的基础上，逐渐解脱双手，将双手举过头顶，仅靠两腿动作维持身体漂浮，并可练习踩水向前或向侧游进。

2. 踩水练习的常见错误动作及纠正方法

在踩水练习过程中，主要有以下几个常见的错误动作。

第一，蹬压水时，充分伸髋。造成这一错误动作的原因是髋关节过于伸展，纠正的方法是蹬压水时，髋关节始终保持一定的角度，不可充分伸展。

第二，两腿向下蹬水。造成这一错误动作的原因是腿的动作概念不清晰，纠正的方法是两腿应向外、向下、向内做弧线蹬压水动作。

第三，蹬压水结束，两脚并拢伸直。造成这一错误动作的原因是两脚分开不明显，纠正的方法是蹬压水结束时，两脚分开不并拢。

第四，蹬压水时，脚掌没有外翻。造成这一错误动作的原因是蹬水有效部位模糊，纠正的方法是收腿后脚掌外翻，以小腿与脚掌对准水。

第五，两臂向内摸压水时蹬压水，向外摸压水时收腿。造成这一错误动作的原因是手和脚的配合错误，纠正的方法是两臂向外摸压水时蹬压水，向内摸压水时收腿。

第六，动作紧张，配合杂乱。造成这一错误动作的原因是完整配合不协调，纠正的方法是手臂和腿动作的配合要有节奏、协调，由慢配合逐步过渡到快配合。

第七，呼吸无节奏。造成这一错误动作的原因是呼吸掌握不好，纠正的方法是两臂向外摸压水时吸气，向内摸压水时呼气。

二、侧泳

侧泳是身体侧卧于水中，头的一侧浸入水中或靠近水面，身体纵轴与水面构成一个不大的迎角，腿部的位置略低于肩部水平，两臂交替划水，两腿做剪夹水动作向前游进的一种泳式。侧泳技术结合了蛙泳蹬腿和爬泳划臂的一些特点，有两种技术：一种是两手在水中交替前伸划水，两腿做剪夹水动作的手不出水技术；另一种是一手划水后经空中移臂前伸入水，两腿做剪夹水动作的手出水技术。侧泳不仅速度较快，而且呼吸自然，动作轻松，容易掌握，具有较高的实用价值，常用于武装泅渡、水上拖运物品或抢救溺水者等活动。在直接施救时，侧泳可拖带溺水者，例如夹胸拖带。侧泳在拖带时表现的特点为游进速度快，便于观察，但体力消耗较大，不能持久，是水上安全人员必备的泳姿，在救生比赛中设有侧泳或拖带，在救生工作中起着重要的作用，有很大的实用价值。

(一) 侧泳的技术动作

1. 侧泳的身体姿势

身体侧卧在水中,身体纵轴与水面约呈30°,两肩连线与水面垂直线45°~50°,头部一半露出水面(近似爬泳的吸气动作),一手在头前,另一手置于大腿旁,两腿并拢伸直。(见图7-4)

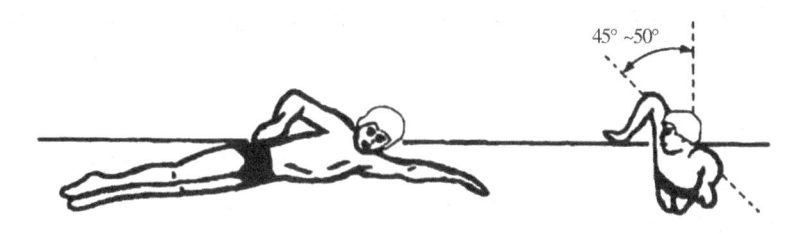

图7-4 侧泳的身体姿势

2. 侧泳的腿部动作

腿部动作分为收腿、翻脚和蹬夹腿三部分,具体介绍如下。

(1) 收腿

上面腿向前收,下面腿向后收,具体的操作是,上腿屈髋、提膝向前收,大腿与躯干成90°,小腿与大腿成45°~60°;下腿髋关节伸展,小腿向后收与膝关节屈成30°~40°,足跟靠近臀部(见图7-5)。在收腿时,注意尽量少收大腿,特别是下面腿的大腿几乎不动。

(2) 翻脚

收腿后,上面的脚尖勾起,以脚掌向后对准水;下面的腿将脚尖绷直,以脚背和小腿前面对准水。(见图7-6)

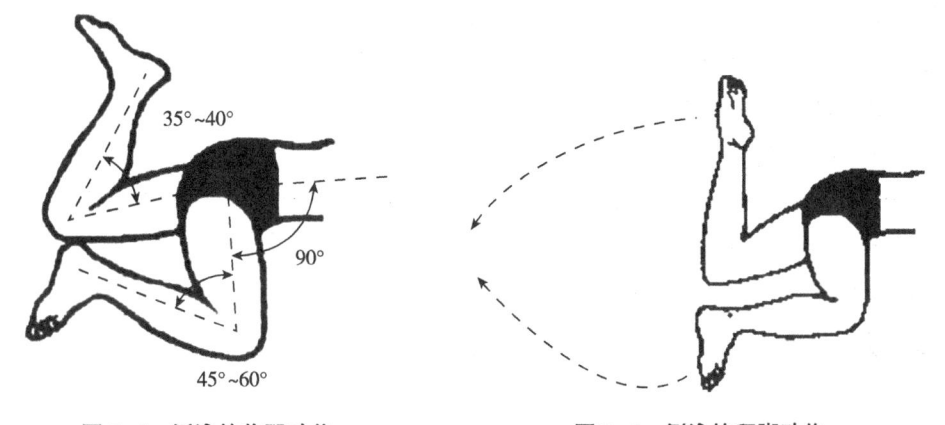

图7-5 侧泳的收腿动作　　图7-6 侧泳的翻脚动作

(3) 蹬夹腿

上面腿用大腿带动小腿稍向前伸，以脚掌对准蹬水方向，由体前侧向后方加速蹬夹水；下面腿以脚背和小腿前侧对准水并用力伸膝，从而与上面腿形成蹬夹水的动作。

3. 侧泳的臂部动作

臂部动作分为上面臂、下面臂和两臂配合三部分，具体介绍如下。

(1) 上面臂动作

上面臂经空中前移至头的前方入水且前伸，以手和前臂对准水，并划水（与爬泳臂划水动作相似）至大腿旁。这个动作能使上面臂入水点离身体较远，从而使划水路线增长。

(2) 下面臂动作

下面臂在身体下方前伸"抱水"，同时屈臂划水至腹部下方，掌心向上，以前臂带动上臂，沿身体下方向前边伸边做外旋的动作，伸直时手掌向下。

侧泳时下面臂的动作分为准备姿势、滑下、划水和臂前移四个阶段。一是准备姿势：手臂前伸，掌心向下，手略高于肩。二是滑下：当臂滑下与水面成20°~25°角时，稍勾手，屈臂，小臂与大臂成约175°时，使手和前臂向后对准水，快速过渡到划水动作。三是划水：下面臂的划水动作不是在肩下进行，而是在靠近胸侧斜下方进行的，当划至腹下，动作即告结束。如果再继续用力身后划水，就会产生沉力。四是臂前移：划水结束后，迅速收前臂，使手掌向上，并沿着腹胸向前移动。当手掌移至头前时，随臂向前伸直，手掌由内向外逐渐转至向下方。

(3) 两臂配合动作

下面臂开始划水，上面臂前移；上面臂开始划水时，下面臂开始做前伸动作。两臂在胸前交叉，上面臂划水结束，下面臂开始下划。

4. 侧泳的臂和腿及呼吸的配合

(1) 臂和腿配合

上面臂入水后，下面臂开始前移并收腿；上面臂划至腹下开始做"推水"动作时，下面臂前伸，同时腿用力向后做蹬夹水动作。

(2) 臂和呼吸配合

上面臂划水时开始呼气，"推水"和出水时转头吸气，移臂和入水时头还原，闭气。

(3) 侧泳完整配合

两腿蹬夹水一次，两臂各划水一次，呼吸一次。在上面臂划水结束与下面臂前伸时，应有短暂的滑行动作。

(二)侧泳的练习

1. 侧泳练习的方法

(1) 陆上模仿练习

第一,两脚分开,与肩同宽站立,上体稍前倾、稍侧屈,模仿侧泳两臂的划水动作。

第二,身体侧卧于地面垫上,模仿侧泳两臂划水动作。

第三,身体侧卧于地面垫上,模仿侧泳两臂划水和两腿蹬剪配合技术。

(2) 水下练习

第一,水中扶泳池边槽蹬剪腿练习。一手抓住泳池边槽,另一手在水下撑住池壁,身体水平侧卧水中,做侧泳腿的动作。

第二,水中扶浮板蹬夹腿练习。水中两手一前一后扶浮板,身体水平侧卧水中,做侧泳腿动作向前游进,两腿蹬剪结束后伸直并拢稍作滑行。

第三,水中完整动作的练习。水中蹬壁滑行后,身体转成侧卧姿势,做侧泳臂、腿配合的动作向前游进,同时配合呼吸。

2. 侧泳练习的常见错误动作及纠正方法

在练习过程中,侧泳主要有以下几个常见的错误动作。

第一,头部位置过高。造成这一错误动作的原因是身体下部过沉或故意收腹抬头,纠正的方法是扶浮板做侧泳蹬剪腿练习,身体侧卧,蹬剪腿后要有滑行过程。

第二,身体起伏过大。造成这一错误动作的原因是下臂划水过于用力下按,纠正的方法是站立水中,做侧泳臂划水模仿动作。

第三,身体的纵轴线同前进方向不一致。造成这一错误动作的原因是两臂划水或剪腿力量不匀称,纠正的方法是蹬池壁、边(底)滑行,做侧泳(闭气)配合动作练习。

第四,收腿过早或过晚。造成这一错误动作的原因是对腿的动作概念不清,纠正的方法是侧卧地面做侧泳蹬剪腿练习。

第五,上臂前移时上体未倾转。造成这一错误动作的原因是没充分拉开肩带肌,纠正的方法是注意上臂前移,上体转向胸侧,动作要有节奏。

第六,吸气过早或过晚,手臂与腿配合脱节。造成这一错误动作的原因是呼吸动作概念不清,未掌握好配合节奏,纠正的方法是以颈为轴侧转头吸气,不能抬头,在同伴的帮助下做腿、臂配合练习。

三、反蛙泳

反蛙泳即蛙式仰泳,是身体仰卧在水面上,两臂同时在体侧向后划水,两腿同时做收翻蹬夹水的游泳姿势。反蛙泳的实用性较高,通常用于水中拖运物品或救护溺水者。由于反蛙泳时口鼻露在水面上,可以随着动作自然呼吸,所以易学易操作。在长时间、长距离游泳时,还是一种较为轻松悠闲的休息方式。

(一) 反蛙泳的技术动作

1. 反蛙泳的身体姿势

仰卧水中,身体自然伸直,头部与躯干在一条直线上,下颏稍贴近胸部,脸露出水面,当手臂划水时,头微微抬高。当收腿时,臀部稍下沉,蹬腿时,臀部稍升起,恢复到原来的姿势。(见图7-7)。

2. 反蛙泳的腿部动作

反蛙泳腿的动作类似蛙泳腿,但是由于身体仰卧水中,所以收腿和蹬腿时膝关节不能露出水面。在收腿时,膝关节向两侧边收边分,大腿微收,小腿向前下方收得较多(见图7-8)。收腿结束时,两膝距离约宽于肩,脚外翻使脚和小腿内侧向后对准蹬水方向,然后大胆发力,向外、向后、向内做弧形蹬夹水(见图7-9和图7-10)。

图7-7 反蛙泳的身体姿势　　　　图7-8 反蛙泳的收腿

图7-9 反蛙泳的蹬腿　　　　图7-10 反蛙泳的夹水

3. 反蛙泳的臂部动作

两臂自然伸直,由体侧经空中前移在肩前入水,然后屈臂、低肘、掌心向后,使手和前臂对准划水方向,在体侧同时用力向后划水。在划水结束后,两臂停留体侧,使身体向前滑行,然后两臂自然放松,经空中向前移。

4. 反蛙泳的臂和腿及呼吸配合

反蛙泳的完整配合技术有两种:一种是臂划水与腿蹬夹水、移臂与收腿同时进行;另一种是臂划水和腿蹬夹水交替进行,臂、腿各做一次动作之后,身体自然伸直滑行。两臂前移的同时,吸气收腹,两臂入水时稍闭气,两腿同时蹬夹水,然后用口、鼻均匀地呼气,两腿自然并拢,臂划水,划水结束后身体伸直滑行。

(二) 反蛙泳的练习

1. 反蛙泳练习的方法

(1) 陆上模仿练习

第一，站立，单手扶墙，做单腿蹬水与单手划水配合动作练习。面对墙站立，单脚着地，一手扶墙，另一只脚模仿反蛙泳腿的收、翻、蹬、夹动作，另一只手做手臂动作提手、伸展、划手动作。

第二，坐池边，上体稍后仰，两臂后撑，两脚浸入水中，模仿反蛙泳腿的收、翻、蹬、夹动作。

(2) 水下练习

第一，手扶池边进入齐腰深的水中，下半身包括臀部入水，腿部在水中做反蛙泳蹬、夹水动作的练习。

第二，单手扶池边，做腿蹬夹水与臂划水动作的配合练习。

第三，仰卧水中，滑行做反蛙泳腿的蹬夹水和臂划水动作的练习。仰卧水中，双手抱浮力板于胸前，做反蛙泳腿的动作向前游进。滑行蹬腿仰卧蹬壁滑行后，两臂贴于体侧，做反蛙泳腿的动作向前游进，体会连贯的腿部技术。

第四，在初步掌握腿、臂与呼吸配合练习的基础上，做完整的反蛙泳技术，并逐步加长距离，不断完善该技术。完整配合做反蛙泳臂、腿的动作向前游进，逐渐加上有节奏的呼吸，形成完整的配合技术。

第五，采用反蛙泳技术，拖带假人或同伴进行练习，为救生服务。

第六，借助浮标一起游泳和拖带前进。

2. 反蛙泳练习的常见错误动作及纠正方法

在反蛙泳练习过程中，主要有以下几个常见的错误动作。

第一，没翻脚，用脚尖蹬水。造成这一错误动作的原因是膝关节、踝关节柔韧性差和蹬夹开始就伸直脚掌，纠正的方法是多做翻脚和蹬夹动作辅助练习，强调蹬夹过程勾着脚。

第二，膝关节露出水面。造成这一错误动作的原因是膝关节收腿动作不正确，纠正的方法是收腿和蹬腿时膝关节不能露出水面，要向两侧边收边分；少收大腿，多收小腿。

第三，髋关节上下起伏。造成这一错误动作的原因是收腿时用力过猛，屈髋太多；蹬夹腿时挺腹，纠正的方法是收腿要慢；积极收小腿；蹬腿时腹肌适度紧张，使身体保持平直的姿势。

第四，直臂划水。造成这一错误动作的原因是手臂的水感不足，纠正的方法是多做屈臂划水走动辅助练习，强调屈臂高肘动作。

四、潜泳

潜泳是在水下游进的一种游泳技术，它的实用价值也很大，如打捞溺者和水中沉物以及水下工程等，都要采用潜泳。潜泳有使用器具装备和不使用器具装备的区别，不使用器具装备的潜泳是将身体潜入水中或水底不做呼吸游进的一种技术。

(一) 潜泳的技术动作

潜泳一般分为潜远和潜深两种，而且二者在技术动作方面是存在一些差异的。

1. 潜远的技术动作

潜远技术主要有蛙式潜泳、长划臂潜泳和爬式潜泳三种。

(1) 蛙式潜泳

蛙式潜泳就是用蛙泳的动作在水下游进，其技术与正常蛙泳基本相同，只是一个在水面游，一个在水下游，因而身体姿势及臂、腿的动作都有微小的变化。(见图7-11)

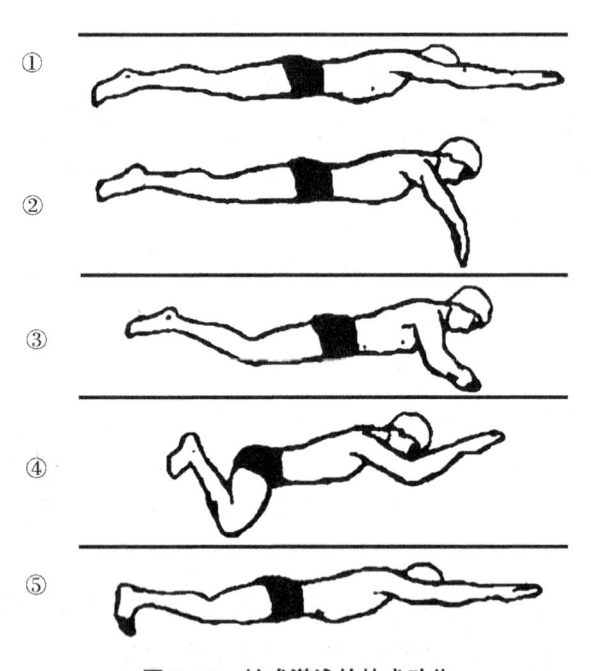

图 7-11 蛙式潜泳的技术动作

在潜泳中，为了保持潜游的深度，避免过早上浮，躯干应始终正对游进方向，头部稍低，使头和躯干成一直线，蛙泳潜泳的腿部动作也分为收腿、翻脚、蹬腿和滑行4个紧密相连的阶段。为了尽可能地保持身体的流线形以减小阻力，收腿时屈髋的幅度及两腿向侧分开的程度都比正常蛙泳小一些。蛙泳潜泳的臂部动作也分为外划、下划、内划和前伸4个阶段。两臂划水的幅度可以稍大于正常蛙泳，以产生较大的推进力，弥补因躯干姿势固定而不利于发挥蹬腿力量的不足。两臂前伸时应贴近下颌，使臂的前伸紧缩在躯干的横截面内，以达到减小阻力的目的。

蛙式潜泳臂、腿的配合技术与正常蛙泳完全一样。但由于在水下潜泳有效地减小了波浪阻力，故可以适当放慢动作频率，延长滑行时间，充分利用臂、腿动作产生的推进力，向前游进。

（2）长划臂潜泳

长划臂潜泳的身体姿势和腿部动作与蛙式潜泳完全相同，只是在划臂方式和配合技术上略有差异。

长划臂潜泳是采用蛙泳摆动式转身后在水下潜泳的长划臂和蹬腿动作向前游进的。其身体姿势要求躯干和头始终保持水平，但是两臂开始划水时要稍低头，以防止身体上浮。腿部动作与水面"平式蛙泳"的腿部动作的区别是收腿时屈髋及腿向两侧分开的角度较小，蹬腿方向为正后方。臂部划水动作与蛙泳划水动作相似。在两臂划水时，手和前臂内旋，稍屈手腕，两手向侧下方做"抓水"动作，紧接着两臂逐渐向后、向内屈臂高肘用力划水。当手划至肩下方时，肘关节屈成90°～100°，然后两手沿体侧向后加速划水至大腿旁，掌心向上。划水结束后，身体略有滑行。在移臂时，两手外旋屈肘，两手沿腹、胸前伸。当手伸至额下时，手掌开始内旋，掌心转向下方，在头部前方伸直并拢，然后准备做下一个动作。（见图7-12）

图7-12 长划臂潜泳的技术动作

在进行长划臂潜泳时，做好臂和腿的配合动作也是十分重要的。通常，两臂收至胸前时开始收腿，两臂向前伸直后，腿用力蹬夹水。蹬腿结束后，臂紧接着做划水动作。划水结束后，两腿伸直并拢，做滑行动作。

长划臂潜泳不仅能有效减小波浪阻力，而且能增长划水路线，充分发挥臂部的肌肉力量，因而游进速度比正常蛙泳和蛙式潜泳都快。但由于在一个完整动作周期中有相当一段时间是以头部领先，在水情复杂、水质浑浊、能见度低的情况下采用这种技术要格外谨慎，以免头部撞伤而危及生命。

（3）爬式潜泳

爬式潜泳是两臂向前伸直，手掌并拢，头在两臂之间，打爬泳腿或海豚腿游进。爬式蛙式混合动作潜泳，是打爬泳腿、蛙泳臂划水的配合动作。

2. 潜深的技术动作

潜深一般是在两种情况下入水：一种是从岸上采用出发跳水的形式入水，另一种则是从水面上潜入水里。下面介绍两种从水面上潜入水里的潜深方法。

（1）两脚朝下的潜深法

在潜入前深吸一口气，两臂前伸稍屈肘，同时屈腿，两臂用力向下压水，两腿做蛙泳的蹬夹水动作，使上体及腰部跃出水面。紧接着直体，利用身体的重力使身体向下。入水后，两臂做自下而上的拨水动作，以增加身体下沉速度，潜到水底或预定的深度后，以头带动身体向所需要的方向游进。（见图7-13）

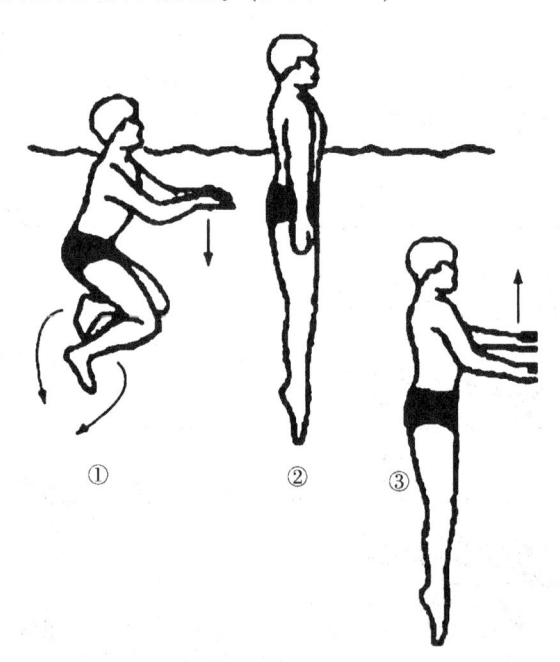

图7-13 两脚朝下的潜深法

（2）头朝下潜深法

在潜入前深吸一口气，两臂向后下方伸出，自下而上用力划水，并顺势低头、提臀、举腿，两臂伸直向下，利用腿的重力作用，使身体垂直向下潜入水中。身体在入水后，两臂做蛙泳划水动作，两腿向上做蛙泳的蹬夹水动作，以增加身体下沉速度。在潜到预定的深度后，即抬头、收腿、团身，身体转向所需要的方向游进。（见图7-14）

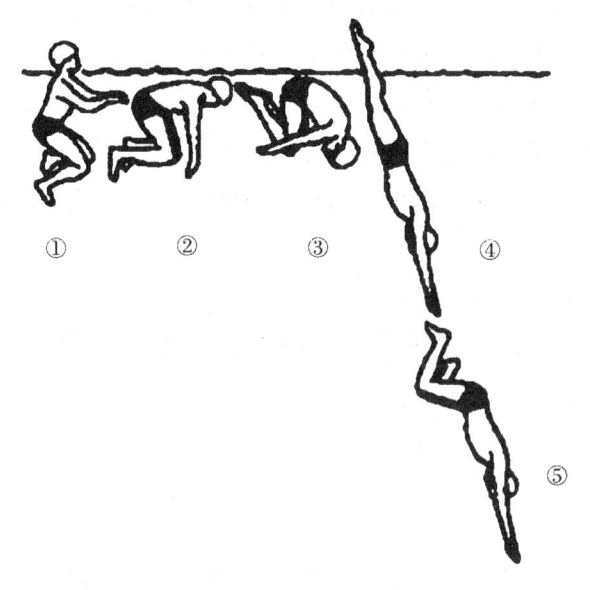

图7-14 头朝下潜深法

（二）潜泳的练习

1. 潜泳练习的方法

（1）陆上模仿练习

第一，蛙式滑臂潜泳陆上模仿练习。成站立姿势，做蛙式潜泳模仿练习，反复多次练习直至动作协调。

第二，长划臂潜泳陆上模仿练习。成站立姿势，做蛙式长划臂潜泳模仿练习，反复多次练习直至动作协调。

（2）水下练习

第一，水中下沉捞物练习。分别采用脚朝下潜深下蹲捞物和头朝下潜深捞物的方式进行下潜练习。

第二，蛙式潜泳练习。一手扶泳池边利用蹬池壁下潜至水下做两次蛙泳潜泳练习，逐渐过渡到长划臂练习。

第三，长划臂潜泳练习。在水中做完整的长划臂配合进行潜远练习。

2. 潜泳练习的常见错误动作及纠正方法

在练习过程中，潜泳主要有以下几个常见的错误动作。

第一，潜不下去，臀部、背部浮在水面。造成这一错误动作的原因是头部运用不恰当；身体位置不合理。纠正的方法是潜深时身体要有一定弯曲，头在推水时要低或在潜远时保持低头，不要急于抬头。

第二，下潜片刻就浮起来，憋不住气。造成这一错误动作的原因是呼吸没掌握好；肺活量小；动作紧张。纠正的方法是在泳池边反复做水下吐气练习，同时睁开双眼观察水下环境，熟悉水性；吐气速度一定要缓慢，这样可以延长憋气时间；加强肺活量锻炼。

第三，潜远时游不动。造成这一错误动作的原因是划水和蹬水力量差，动作不协调；推水没有滑行。纠正的方法是多做划水和蹬水辅助练习并加强力量训练。双手肘关节要贴紧身体推水。

第四，习惯性捏鼻子潜泳。造成这一错误动作的原因是怕水和没掌握好呼吸配合。纠正的方法是多做两人一组陪伴下练习，消除怕水心理，水下睁开眼睛，相互照顾进行练习。

五、抬头爬泳

抬头爬泳技术是在爬泳姿势基础上，把头抬出水面的一种泳姿，有较大实用价值。救生员在直接赴救时，由于游进时速度快，其体力消耗过大，施救距离较短时接近溺水者使用抬头爬泳可以快速完成施救的任务，对于施救距离较远或开放水域救生时，就要根据现场情况借助救生器材再接近溺水者施救，避免因施救人员体力不支发生事故。

（一）抬头爬泳的技术动作

抬头爬泳技术与爬泳技术基本相同，其不同之处是身体位置比爬泳高，因为头抬出水面必然会造成身体位置高于爬泳姿势，但需要注意的是，头抬出水面后，不要左右摆动，双眼应注视前方目标（如溺水者），手臂动作主要是手入水点比爬泳短，要注意手入水后的手肘不能下沉，臂的动作不能停顿，要保持臂划水内部循环动作有节奏地进行，即要尽快划水和推水。两腿要用力打水才能保持较高的身体位置，发挥抬头爬泳技术的特长。在两臂配合技术中，抬头爬泳一般常采用"前交叉"方式配合游进。

（二）抬头爬泳的练习

因抬头爬泳技术与爬泳基本相同，因此抬头爬泳教学练习可参考爬泳练习的相关内容。

在练习过程中，抬头爬泳主要有以下几个常见的错误动作。

第一，身体左右摆动呈蛇形。造成这一错误动作的原因是身体姿势不合理。纠正的方法是多做身体姿势模仿练习，保持两眼直视前方，尽量减小身体摆动幅度。

第二，腿打水时不在水面上。造成这一错误动作的原因是头抬过高，打腿划水动作慢。纠正的方法是控制头的位置，划水推水动作要快，用力打腿。

第三，手推水时高出水面。造成这一错误动作的原因是身体在游进过程中未出水面。纠正的方法是手推水时低头配合，保持身体处于较高平直姿势，两手划水时在体侧划推水至大腿，最后用力起臂前移两腿用力打水。

第四，呼吸接不上。造成这一错误动作的原因是呼吸与臂、头完整动作配合不协调。纠正的方法是多做水中连贯的模拟呼吸练习，多做原地和游进的配合呼吸练习。

第二节 水上救生

水上救生是实用性极强的一项生活技能，它是指发生水上事故时，对于溺水者所采取的救护方法。夏天，在我国广阔的水域中，包括在室内外游泳池里，时常会看到溺水者或听到游水者发出的求救信号。因此，水上救生的一般常识和本领，是每个人都应该了解的知识、技能。

一、自我救生

游泳中常会遇到意外情况，如果懂得自我保护和自救，就可以化险为夷。

（一）自救的原则

在进行自救时，要遵循以下几个原则。

第一，保持冷静，发现周围有人时立即呼救，引人注意，求得帮助。

第二，放松全身，让身体漂浮在水面上或将头部浮出水面，用脚踩水，尽量避免体力过快丧失，等待救援。

第三，尽量抓住水上的一切漂浮物，使自己的上半身浮出水面。

第四，身体下沉时，可将手掌向下压。

（二）突发意外时的自救

1. 穿过急浪

遇到风浪可转头吸气以避免呛水。若浪从侧面而来，可向另一侧转头吸气；若浪从正前面来，可向侧后方转头吸气。遇到较大的风浪时，要使呼吸动作与波浪起伏相适应，浪来之前（波谷处）吸气，然后把头浸入水中穿浪而过，再转头吸气。呼吸规律一般为一浪一呼吸，掌握呼吸规律就能顺利地破浪前进。

2. 冷水流

水库、河流、湖泊中常因水温差异、河床高低不平、水底有凸起岩石或凹陷深潭等而出现旋涡。游泳者应尽量避免游近旋涡。一旦误入也不要紧张，要平卧于水面，用爬泳或侧泳尽快顺着旋涡的外沿冲出去，绝不可踩水或蜷缩身体，以免越陷越深。

3. 水草缠身

江、河、湖泊近岸边或较浅的地方，常有杂草或淤泥，游泳者应尽量避免到这些地方游泳。一旦被水草缠住或陷入淤泥时要采取正确的自救方法，具体介绍如下。

第一，保持镇静，切不可踩水或手脚乱动，否则就会使肢体被缠得更难解脱，甚至在淤泥中越陷越深。用手掌倒划水、直腿仰泳方式顺原路退回，或平卧水面，使两腿分开，用手解脱。

第二，如随身携带小刀，可把水草割断，然后尝试把水草踢开，或像脱袜那样把水草捋下来。自己无法摆脱时，应及时进行呼救。

第三，摆脱水草后，轻轻踢腿而游，尽快离开水草丛生的水域。

4. 身陷旋涡

河道突然放宽、收窄处和骤然曲折处，水底凸起的岩石等阻碍物，凹陷的深潭，河床高低不平的地方等，都会出现旋涡。山洪暴发、河水猛涨时，旋涡最多。海边也常有旋涡，游泳时一定要注意。

一般来说，有旋涡的地方，常有垃圾、树叶杂物在旋涡处打转，要尽早发现，避免接近。如不小心接近旋涡，切勿踩水，应立即平卧水面，沿着旋涡边，用爬泳快速地游过。因为旋涡边缘处吸引力较弱，不容易被卷入。

5. 疲劳过度

在长时间游泳后，容易因过度疲劳造成抽筋或因体力不支而溺水。因此，游泳者特别是喜爱长距离挑战的游泳爱好者，千万不要逞能。

一旦觉得寒冷或疲劳，就应马上游回岸边。如果离岸太远，或过度疲劳而不能立即回岸，就漂浮在水上以保存体力。

二、间接赴救

间接赴救是指救生员利用救生器材，对较清醒的溺水者施救的一种技术。游泳场所一般都应备有救生圈、竹竿、泡沫块、轮胎、绳子及输氧设备等。

(一) 间接赴救的常用器械

1. 救生圈或救生衣

发现溺水者时，迅速将救生圈或救生衣，做几次侧摆后，准确地掷给溺水者。掷出时，要使救生圈平落到水面上，漂至溺水者前面。如果救生圈较重，注意不要击伤溺水者。溺水者可扶在掷来的救生圈或救生衣上，游回岸上或等待救护。

2. 竹竿

专用的救护竹竿长5~6米，在细端结实地扎一个直径约50厘米的藤圈，如距离溺水者不远时，可将藤圈套在溺水者身上，并将他拉到岸边。没有救护竹竿时，可以利用一般竹竿进行救护。竿子最好伸过溺水者头部上方，注意防止竿子刺伤溺水者。

3. 绳子

用长25~30米的结实绳子，一端结上漂浮物，如颜色鲜明的小木块，或装有一两个球胆的网袋。先将绳子盘起来，另一端结一个套，套在左手上，同时左手提着盘好的绳子，右手握着绳子的另一头，使漂浮物下垂，做几次绕环或前后摆动以后，将漂浮物掷向溺水者前面或后面，便于溺水者抓住。

4. 木板

当没有专用的器材时，应该利用手头现有的漂浮物，如木板（铺板、门板、打水板）、木头之类的东西，代替救护工具。掷向溺水者时，要防止击伤对方。

5. 救护船

在天然游泳场所，如有条件的，可以用救护船，船身漆上红色或白色，并装有鲜明的救护标志，便于识别，船上放置专用的救护器材。

发现溺水者时，可根据具体情况，先掷出救生圈或使用其他救护工具，并且迅速将救护船从侧面接近溺水者，然后救护人员设法救护溺水者。利用救护船救护时，应注意保持平衡，不致翻船。如需要直接下水救护时，也可用一根绳子，一端系在救护人员的手腕处，另一端系在船上，然后下水打捞。

(二) 间接赴救的方法

1. 递送法

当发现有人落水或溺水时，可以利用自己的手（脚）或持各种救生器材来尽量加长施救距离，以递送方式对落水或溺水者实施救援，抓住后将其拖带上岸。

递送法包括直接手或脚进行递送救护和器械（如竹竿、船桨、漂浮棒、泡沫塑料板、毛巾、浮标、树枝、救生杆、木板、衣服等）递送救护，主要适用于离岸比较近的情况，救援距离一般在10m以内。

在使用递送法救护时，为了避免在救援中被落水者或溺水者拉下水，救援者应尽可能地降低身体重心，采用下蹲或趴俯在岸边或地上的姿势；必要时抓住岸上固定物作为支撑点，将溺水者抓住后拖带上岸。如果在船上，也可以同样使用此种方法，将溺水者抓住后拖带上船。在海滩或江边，应禁止或避免救援者用手拉手的方法来增长救援距离，以免遇到海浪或江水的冲击，其中有一人滑倒或松手，就会冲散"人链"或"人梯"，造成救援者自己落水、被海浪或江水卷走，发生二次溺水事故。

2. 抛掷法

当遇到气候恶劣、风高浪急，救援者无法靠近落水者或溺水者，离海滩、岸边或船的距离较远时，利用抛掷法可能是比较安全、实用和有效的长距离救援方式。

抛掷法救护可以将救援器材直接抛向溺水者，作为漂浮物供其救护使用，如救生球、轮胎、泡沫块、油桶、塑料瓶等；也可以将救生圈、救生衣、救生浮标、救生浮筒、救生绳包掷给溺水者，让其抓住后拖带上岸；也有专门的救生抛绳器、救生绳抛射枪等，以至少 50m 的长距离发射抛向溺水者。

在抛掷救生器材时要注意两点：一是要保证救生器材抛掷在溺水者附近，使其伸手就能抓到；二是抛掷器材时，要防止砸伤、刺伤溺水者。

三、直接赴救

直接赴救是救生员不借助任何救生器材，对溺水者施救的一种技术。一般来说，直接赴救要经过以下几个过程。

（一）准备

入水前的准备工作既要全面细致，又要迅速果断，当周围有人时，还应该向他们发出信号（如呼救），以便配合抢救。同时，要极快地了解溺水者的体力和溺水情况，以便决定采取不同的救护措施，常见的有下列几种情况。

第一，溺水者是初学游泳的，水性不熟悉，在浅水处一时控制不了身体平衡，站不起来，喝了水倒在水中，手忙脚乱。这种情况一般只有到水中拉他站好。

第二，溺水者会游泳，在水中发生痉挛或者由于过度疲劳而需要救护。

第三，溺水者已经处于昏迷状态，在水中沉浮多次，需要及时救护。

第四，溺水者游泳技术掌握不好，误入深水区；或者体力较差，在水中极力挣扎，这种情况要从他背后去救护。

另外，要判断溺水者在水中的位置、距离，选择最佳的入水点。溺水者如在静水或缓流中，就可以直接入水游到溺水者身边进行救护；如果在水流快的江河中，不要逆游去救护溺水者,应该估计水流速度,在岸上跑到适当地点,入水后斜着顺水游去接近溺水者。

如溺水者喝水过多,已下沉在水中,水上发现气泡,或溺水者在水中挣扎产生微波(在静水地方),可以判定溺水者就在微波或气泡下面;在流动的江河中,一般人在气泡等物的上游。

还有一点,救护人员入水前必须尽快脱去衣裤鞋袜等物。

(二)入水

在入水时,要快,既要看清目标,又要注意安全。需要注意根据不同的环境,采用不同的入水方法。根据水域环境和溺水者的地点不同,常用入水的姿势有跨步式、蛙跳式、鱼跃浅入(或称平跳)式、高跳(或称直立、垂直、团身)式、静人(或称摸索)式、跑跳式等。

1. 蛙跳式入水法

救援者两脚趾扣住池(岸)边,身体向前跃出,并含胸收腹,两臂侧平举并屈肘,掌心向下,两腿做蛙泳收腿的动作。入水后,脚做蛙泳蹬夹水动作,同时两手向下压水,以加大阻力,增加浮力,使头始终保持在水面上。蛙跳式入水常用于岸边、船边的入水,一般水深以 1~1.5 米为宜,入水者位置与水面的高度在 2 米以内为宜。其优点是救援者入水时的头部始终露出在水面上,便于观察溺水者的位置和选择游泳的方向和路线。

2. 跨步式入水法

救援者两手向两侧张开,上身略向前倾,一脚在前,另一脚在后准备,之后以大跨步入水。接触水面后,张开的两手掌向下向内压水,同时跨开入水的双脚用力剪夹水,使头部维持在水面上。跨步式入水法是徒手直接救援最常用的入水方式之一,常用于岸边、船边的入水,一般水深达到 1~1.5 米,入水者的位置与水面的高度在 2 米以内,即可以采取跨步式入水。跨步式入水的优点是救援者入水时的头部始终露出在水面上,便于观察溺水者的位置和选择游泳的方向和路线。

3. 抱膝全蹲入水法

救援者两腿屈,两手抱小腿,使大腿尽量靠近胸部,上体尽量保持直立,以臀部入水,入水后应立即展开四肢,使身体浮出水面。抱膝全蹲式入水法一般适用水深 3 米以上的情况,入水者的位置与水面高度在 2~5 米。臀部先入水,可以防止入水时拍伤身体,也不至于下沉过深。

4. 鱼跃浅入式入水法

鱼跃浅入式入水法又称平跳式入水法。救援者自然站立在岸(船)边,入水之前,两眼注视溺水者的方向,两脚站稳,上体前弯约 90°,摆臂、挺身、跃起;入水时双手并拢、两臂夹耳，挺身入水，头先入水角度浅而平，身体一入水，头部迅速出水。此方法常用于救生游泳比赛和水面清澈的安全水域入水，适合站立的位置与水面距离2~3米，水深在2米以上的水域。采用鱼跃浅入式入水的优点是，跳水的距离比较远，出水快，可以立即寻找和发现溺水者。

5. 摸索式入水法

摸索式入水法又称为静入式入水法，救援者身体后仰，眼睛注视下水的区域目标，身体背向或侧面前移缓慢地摸索式入水，手扶礁石、岸边或梯子，单脚或双腿慢慢伸入水中，当脚底踩到地面或支撑点时，可以前扑跳入水中。入水后，保持头部露出水面，以便寻找、观察和游向目标。此方法适用于礁石边和水下情况不明的地方入水，采取试探和摸索的方式，缓慢地走入水中或扑入水中。

6. 高跳直立入水法

救援者两肘胸前交叉夹紧身体两侧，一手捂鼻，另一手向下拉紧救生衣，深呼吸，闭口，两腿夹紧伸直，直立式跳入水中。注意两眼平视，不要往下看，防止身体前倾。这种入水法的起跳可采取原地向前跳或迈步跟上腿并拢腿两种。此方法常用于从船上、码头较高的位置跳水，尤其是沉船事件逃生，要求水深达到3~5米，防止水深不够而造成碰撞水底的障碍物或地面导致损伤。

（三）游近溺水者

1. 游近溺水者的方法

（1）正面接近

正面接近救生技术适合在溺水者挣扎程度较弱，头在水面上，手臂的位置清楚时采用。救护者接近溺水者时，左手（或右手）拉溺水者的左手（或右手），使其向右（或向左）转体180°后仰，右手（或左手）托其背后，使溺水者呈水平仰浮状态，以适宜的方法进行拖带。

（2）正面潜水接近

当水深而清，溺水者头部露出水面，与救护者面对，而且溺水者挣扎程度较强或在接近溺水者的水面上有障碍物时，采用正面潜水接近救生的技术。救援者接近溺水者时，深吸一口气潜入水中游至溺水者的髋部以下位置，两手抓住溺水者的髋部向上托，使溺水者的口、鼻露出水面，同时将其转体180°，并将两手沿溺水者的髋部两侧向上滑至其腋下，用一只手托起溺水者的背部，使其呈水平仰浮状态，然后以适宜的方法进行拖带。

（3）侧面接近

当溺水者尚未下沉，两手还在水面上挥舞挣扎时采用侧面接近的救生技术。救援者游至溺水者约 3 米处，有意识地转向溺水者侧面游进，看准溺水者的位置，果断地用同侧手抓住挣扎中的溺水者近侧手腕部，并将溺水者拉向救援者的胸前，使溺水者呈仰漂姿态，然后以适宜的方法进行拖带。

（4）水中接近

溺水者悬浮水中时，救援者潜入水下，采用背后接近的方法，将其控制后，头部托上水面，使溺水者呈仰漂姿势，并拖带上岸。

（5）水底接近

当溺水者沉入水底时，游泳至附近水域并到水下搜寻，发现目标后，距离溺水者约 2 米时潜入水底接近溺水者，游至背后托双腋将其带出水面。当拉起溺水者时，不可向上猛拉，要以较小的角度，斜行缓慢上升，以免伤害溺水者的脊椎，造成二次伤害。

2. 游近溺水者的注意事项

第一，速度要快，要保持沉着，又不能失去目标，同时注意保存体力。

第二，尽可能从背面接近，避免被抱头、抱颈，以致无法呼吸，体力下降。

第三，迅速将溺水者的头部抬高露出水面，使其能够呼吸，脱离极度恐慌状态。

第四，大声劝慰及诱导溺水者保持镇静，睁开眼睛，以争取配合。

（四）水中拖运

对稳定的溺水者，可采用双手抓住腋下拖运法。拖运时要使溺水者的脸露在水面上，救护者腹部贴近溺水者肩下，两手伸直，抓住腋下，头后仰，有节奏地做反蛙泳蹬腿，将溺水者拖走。

对乱动的溺水者，可以用右臂穿过他的右臂上方，同时抓住他的左臂手腕，并以右臂顶住溺水者背部，然后用侧泳将他拖走。这种拖法，溺水者头露出水面较高，便于呼吸。

在拖运溺水者时，要根据个人游泳技术和溺水者情况，采用不同的方法。要注意采用速度快又能保证溺水者安全的方法，动作应有节奏，并大声对溺水者进行思想动员，使他配合救护。

如溺水者沉入水中，可入水寻找。一般从水底捞起溺水者时需要有人帮助，或用其他器材如绳子等进行打捞。

（五）解脱

在救护中如被溺水者抱住，可以设法解脱。解脱时，要利用力学原理，动作要突然。同时，要考虑解脱时或解脱后，能够迅速抓住溺水者，便于拖运。如一时解脱不了，一般可以翻转身体，将溺水者压向水下，溺水者为了向上能吸到气，就容易松手。

1. 单手被抓解脱法

当溺水者从前面抓住救援者一前臂时，救护者应尽快用手控住溺水者一手的大拇指，向外用力拉开，接着将被抓的手迅速由内向上外翻转，并反握溺水者的另一臂向下压即可解脱，在解脱的同时把溺水者扭转成背向自己的姿态，然后将其拖带上岸。

2. 双手被抓解脱法

溺水者从前面两手同时握住救援者的两手腕时，救援者两手应及时由内向外翻转后，反握住溺水者的两臂用力向下压，即可解脱。接着，把溺水者身体扭转成背向自己的姿态，然后将其拖带上岸。

3. 背后被抱颈解脱法

当溺水者从后面双手抱住救援者头颈时，救援者用右手（或左手）托住溺水者的一肘部，另一手握住溺水者同一手腕，同时将托肘部的手用力向上推，抓手腕的手用力向下拉，然后低头从推肘的臂中钻出来。解脱后，将溺水者的身体扭转成背向自己的姿态，然后将其拖带上岸。

4. 正面被抱解脱法

溺水者从前面双手抱住救援者上体时，救援者用左手抱住溺水者腰部，用力向自己身边拉，右手用力抬住溺水者的下颌，由下往上推或两手将溺水者头部扭转，溺水者就会自行松脱手，解脱后把溺水者身体扭转成背向自己的姿态，然后将其拖带上岸。

5. 背后被抱腰部解脱法

当溺水者从后面双手抱住救援者腰部时，救援者可用两手分别抓住溺水者同侧的拇指或中指，向两侧扳开，并一手从头上，另一手从背后将溺水者身体旋转180°。解脱后将溺水者身体扭转成背向自己的姿态，然后将其拖带上岸。

6. 头发被抓住解脱

当溺水者抓住救援者头发时，救援者可一手压住头发被溺水者抓住的部位，另一手抓住其肘关节做反关节挤压。解脱后将溺水者身体扭转成背向自己的姿态，然后将其拖带上岸。

7. 避免被搂抱防卫

当溺水者想抓住或搂抱救援者时，采取双手阻挡或按压的方法，躲避或将溺水者推开，并顺势反握住溺水者手腕，控制其手臂，用适当的方式将溺水者拖带回岸边。

当救护者采取单手、双手阻挡和双手下压的方法，仍然无法脱离溺水者的抓抱，也可以采取单脚蹬踏溺水者的肩部或腹部位置的方法，将溺水者蹬离、推开或躲避。一般采用身体后仰成仰漂姿势，保持呼吸畅通，然后收腹举腿，用单脚的脚跟抵住溺水者的肩颈部位，用力向前蹬；同时，双手抓住溺水者的双手用力后拉，即可与溺水者分开，达到防卫的目的。

（六）拖带

拖带是救援者控制住溺水者后，采用各种游法将其送到岸边或船边的过程。无论采用什么方法，拖带时都要将溺水者托至水面，使其仰卧平浮。特别要注意让溺水者的口、鼻露出水面，以便呼吸。

1. 托腋下拖带

救援者仰卧水中，两手抓住溺水者双腋，做反蛙泳的蹬腿动作游进。

2. 夹胸拖带

救援者侧卧水中，一臂从溺水者肩部绕过胸前，抓住另一侧腋下；另一臂在体下划水，两腿做侧泳的蹬剪腿动作游进。

3. 扣臂拖带

救援者身体侧卧，以一臂穿过溺水者腋下，经其背部握持住溺水者另一上臂；救援者另一臂在体下划水，两腿做侧泳的蹬剪腿动作游进。

4. 双人拖带

两名救援者侧卧于溺水者的左右两侧，各用一臂抓/勾住溺水者的上臂，同时做单臂划水的侧泳动作游进。

5. 托颌式拖带

控制溺水者后，使其成仰漂姿势在水中，单手或双手托住溺水者的双颌，救援者采取反蛙泳姿势将溺水者直接拖带至岸边。

（七）出水与运送

1. 出水方法

如一人救护溺水者出水，用右手握住溺水者右臂，将他的右手放在岸上，并用自己的左手压住溺水者右手上方，然后自己先上岸，接着两手握住溺水者手腕，先向下将他沉一下，接着借水的浮力，将他拉上岸。如有二人一同进行救护时，另一人可以用背垫在溺水者与岸壁中间，以防止向上拉时溺水者被擦伤，在救护船上同样可以用这种出水方法。

2. 运送方法

救援者将溺水者救上岸后，往往需要将其送到平坦处、现场急救室或邻近的医院进行抢救。搬运的方式很多，有单人的、双人的、多人的以及用担架的等。

（1）拖拉法

在浅水或沙滩上，溺水者背部紧靠在救援者的胸肩部，救援者双手环抱溺水者胸腹部，向后拖拉行走，可节省救援者的体力。

(2) 搀扶法

当溺水者被救到浅水区时，意识仍然清醒，将溺水者手臂搭在救援者的肩上，搀扶上岸，可节省救援者体力。

(3) 背负法

当溺水者无法行走时，可采用背负法搬运。救援者蹲在溺水者身体的前面，让溺水者趴在救援者的背上，救援者双手托于溺水者的腿部或抓握溺水者双手腕背负搬运。

(4) 斜背法

当溺水者无法行走时，可采用斜背法搬运。救援者站在溺水者身体的前面，一手抓住其颈部，另一手抓住其双腿，夹紧溺水者，使其横趴在救援者后背，头部低于身体，便于控水和搬运。

(5) 肩背法

当溺水者无法行走时，可采用肩背法搬运（以右肩上肩为例）。救援者面对溺水者，右腿插入溺水者两大腿之间，两手顺势由溺水者腋下穿过，并交叉相握。救援者上臂紧夹溺水者向上提拉，使溺水者坐于救援者的大腿上，再用左手牵拉溺水者的右臂，右手抄裆上肩。上肩后救援者用右手抓住溺水者的右上臂，左手保护溺水者的头部站起来做肩背法搬运。

(6) 双人抱抬法

当溺水者无法行走时，可采用双人抱抬法搬运。一名救援者双手从腋下托起溺水者的身体，另一名救援者双手抬起双腿；或者两名救援者分列于溺水者两侧，分别用一臂从腋下抱起溺水者的身体，另一臂抬起溺水者的双腿，两人合力将溺水者搬运上岸或浅滩。

(7) 急救担架搬运法

溺水者疑似有颈椎或腰椎损伤时，通常要使用医用急救担架，固定颈部或身体后才能转移，无颈托时颈部两侧可用沙袋或衣物固定，伤者身体可先用固定带固定于担架上，然后搬运。

（八）岸上急救

救护人员将溺水者救上岸后，要尽快进行急救处理。如溺水者已经昏迷，呼吸很弱或刚停止，应立即进行人工呼吸。人工呼吸是用人为的力量，使溺水者形成被动呼吸，并能起到兴奋呼吸中枢的作用，促使他恢复呼吸。

在进行人工呼吸前，要先清除溺水者口鼻中的淤泥、杂草和呕吐物等，使上呼吸道通畅。如有活动的假牙，也应该取出，以免坠入气管内。如牙关紧闭，可用两手大拇指由后向前顶住溺水者的下颌关节，并用力向前推；同时两手食指与中指向下扳下颌骨，就可使口张开。如溺水者穿着紧裹身体的衣服、腰带等，都应该解开。

在迅速做完上述处理后，可进行倒水。将溺水者呼吸道、肺中的水排出。倒水的方法是救护者一腿下跪，另一腿屈膝，将溺水者腹部放在屈膝的腿上，使他的头下垂。然后用手压他的背部和腹部，使水排出。也可以利用当时的地形条件进行倒水。例如，将溺水者俯卧在斜坡上，头朝坡下，脚在坡上，或将溺水者腹部横卧在凳子上等。

有人认为，倒水浪费时间，而且倒不出多少水，反而耽误了进行人工呼吸的时间，所以主张不倒水，一开始就进行人工呼吸。我们认为，应该根据溺水者的具体情况决定是否倒水。如溺水者外观上没有明显的吸水或吞入大量水的迹象时，可以不必倒水，就做人工呼吸。若溺水者心脏跳动已经停止，除做人工呼吸外，还需要同时进行胸外心脏按压，以恢复心跳。需要注意的是，进行人工呼吸和胸外心脏按压，需要有耐心。有时要连续做几个小时，直到救活溺水者或确定他完全无救活希望时，才能终止。当然，在现场抢救的同时，应该迅速请医生来急救，如注射强心剂及采取其他处理。

在溺水者神志清醒后，可给其喝些热茶或糖水等饮料，穿衣保暖，必要时还需要将他送往医院，做进一步检查，以预防发生肺炎等疾病。

第三节　心肺复苏

心肺复苏是针对心跳、呼吸骤停的溺水者所采取的最初级、最基本的心肺急救，即用心脏按压或其他方法形成暂时的人工循环并恢复心脏自主搏动和血液循环，用人工呼吸代替自主呼吸并恢复自主呼吸，达到恢复苏醒和挽救生命的目的。这是在现场的、初期的、及时的在没有任何设备的情况下，有效的徒手进行抢救的基本措施，是便于学习且容易掌握的急救技术。

一、心肺复苏的有效指标

心肺复苏操作是否正确，主要靠平时严格操练，掌握正确的方法。心肺复苏的有效标志是，除可触摸到大动脉开始搏动外，同时也应出现脑复苏的征象。而在急救中判断复苏是否有效，可以根据以下几个方面综合考虑。

第一，瞳孔。复苏有效时，可见瞳孔由大变小。如瞳孔由小变大、固定、角膜浑浊，则说明复苏无效。

第二，面色。复苏有效时，可见面色由紫转为红润，手足温度略有回升。如溺水者面色变为灰白，则说明复苏无效。

第三，颈动脉搏动。按压有效时，每一次按压可以摸到一次搏动；如停止按压，搏动也消失,应继续进行心脏按压。如停止按压后,脉搏仍然跳动,则说明溺水者心跳已恢复。

第四,神态。复苏有效时,可见溺水者有眼球活动,睫毛反射与对光反射出现,甚至手脚开始抽动,肌张力增加。

二、心肺复苏的终止条件

挽救生命、缓解痛苦、减少病残和使"临床死亡"的溺水者逆转,是进行心肺复苏的目标。因此,在现场抢救中应坚持连续进行心肺复苏,不能简单地做出停止复苏的决定。通常来说,在出现以下几种情况后,需要终止心肺复苏。

第一,自主呼吸及心跳已恢复良好。
第二,有其他人接替抢救,或有医师到场承担了复苏工作。
第三,有医师到场,确定溺水者已经死亡。

在将溺水者用救护车运送去医院的途中,也必须坚持持续不断地做心肺复苏,并保证心肺复苏的质量。

三、心肺复苏的操作程序

在进行心肺复苏时,需要遵守一定的操作顺序,具体介绍如下。

(一) 检查意识

救生员将溺水者施救上岸后,可轻拍或摇动其肩部并大声呼唤,以试其反应。摇动肩部不可用力过猛,以防加重骨折患者的病症。

检查溺水者有无意识,是为了及时有效地采取下一步救助,以便使溺水者脱离生命危险。

(二) 使溺水者保持急救体位

将溺水者仰卧位放置,并使其头颈部与躯干为一条直线,而且头部不能高于心脏的位置,双手置于躯干两侧。

(三) 清除异物,畅通气道

溺水者处于无意识状态时,舌肌和会厌后坠及呼吸道中的异物可能会阻塞气道,因而气道畅通甚为重要,是复苏的首要环节。

呕吐是心肺复苏过程中一个较为特殊的问题。在打开气道以前，首先应该清理呼吸道内的异物，包括口腔内的分泌物、血液或者呕吐物等，最好使用吸引器予以吸除，如现场无此设备，则采用手指清除法。采用手指清除法时可将溺水者头部后仰并转向一侧，利用毛巾、指套或纱布保护好食指、中指，再抠出口腔内的阻塞物。在这一过程中，要注意手指不能压迫喉部，头部后仰要保持到位。

（四）打开溺水者的气道

要打开溺水者的气道，可以采用以下两种方法。

1. 仰头抬颌法

仰头抬颌法具体的操作方法是，救生员一手掌根置于溺水者前额，手掌根用力向后压，使溺水者头部后仰，其呼吸道即可有不同程度的伸展，梗阻也可能会得以减轻。然后，用另一只手的食指和中指向前上抬起溺水者的下颌，抬着至耳垂、嘴角在一条直线与地面垂直。这样可以使其已经后坠而抵达咽后壁的舌根与会厌软骨远离咽后壁，从而解除上呼吸道梗阻，切忌手指压迫颌骨下的软组织并使头部过度后仰。

2. 推举下颌法

在怀疑溺水者有颈部创伤的情况下，可以用推举下颌法打开气道。具体的操作方法是，救生员跪于溺水者头正前方，以双肘支撑，双手置于溺水者头部两侧，拇指置于溺水者口角或下唇部，余指紧握其下颌角处。然后双手抬举，使溺水者下颌向前上移位，抬着至耳垂、嘴角在一条直线与地面垂直即可。对于已经明确或者怀疑溺水者有颈部创伤的情况下，这种方法是最安全、最简单的。

（五）判断溺水者有无呼吸

如果溺水者无反应，打开气道后救生员应判断溺水者是否无呼吸或通气不足。在开放气道的情况下，通过看、听、感觉、观察并判断溺水者有无呼吸活动。保持开放气道位置，用耳贴近溺水者口鼻，头部侧向溺水者胸部，眼睛观察溺水者胸部有无起伏，面部感觉溺水者呼吸道有无气体排出，耳听溺水者呼吸道有无气流通过的声音。在这一过程中，要注意保持溺水者呼吸道正确的开放位置，检查要准确迅速。在无呼吸或呼吸异常时要立即实行人工通气，即吹气两次。

（六）人工呼吸

人工呼吸也就是口对口吹气，使溺水者的呼吸得到支持，防止呼吸或循环停止，避免心脑功能损伤。

在进行人工呼吸时，首先应保持溺水者的呼吸道通畅开放，以拇指与食指捏住溺水者鼻翼而封闭其鼻腔，以免吹入气体从此溢出。然后，救生员吸一口气，用自己的口唇包住并紧贴溺水者口唇，将吸入气缓慢、均匀地吹入溺水者口内，使之直达肺部，见溺水者胸廓隆起扩张即可，吹气后，拇指和食指松开，重复两次。

在进行人工呼吸时需要注意，每次吹气量不要过大，明显看到溺水者胸部隆起即可，而且要注意每按压 30 次后吹两次气，以 30∶2 的比例进行。

（七）检查脉搏

溺水者心搏停止后，脉搏随即消失。判断溺水者是否有脉搏，最佳途径就是触摸溺水者的颈动脉。这是因为，颈动脉位置靠近心脏，容易反映心搏的情况。

在检查脉搏时，救生员用一只手置于溺水者前额，使其头部后仰，另一只手的食指、中指在甲状软骨下摸到气管后，手指向外滑动，在气管与颈部肌肉之间的凹沟内即可以触及颈动脉。在这一过程中，要注意不能大力触摸颈动脉，以免颈动脉受压，影响头部供血。

（八）胸外心脏按压人工循环

胸外心脏按压人工循环就是用心脏按压形成暂时的人工循环，直到心脏自主搏动。在开展这一环节时，首先要寻找按压区域。先将一手的中指沿溺水者的胸廓下部肋缘向上滑动，摸到肋弓和剑突交点处，食指并拢中指；另一手掌根部沿胸骨下滑一直碰到食指，该手掌中心部位应该是胸骨下 1/2 段的中点。以食指、中指沿溺水者肋弓处向中间滑移，在两侧肋弓交点处寻找胸骨下切迹。然后，将食指及中指横放在胸骨下切迹上方，食指上方的胸骨正中部即为按压区；以另一手的掌根部紧贴食指上方。再将定位手移走，以掌根重叠放于另一手手背上，手指脱离胸壁，可采用两手手指交叉抬起法。按压时，救生员双臂应绷直，双肩在溺水者胸骨上方正中，以髋关节为支点，以肩、臂部力量垂直向下用力按压。按压应平稳、有节奏地进行，不能间断，也不能冲击式地猛压，下压及向上放松的时间应相等。向下垂直用力，不能左右摆动。放松时定位的手掌根部不要离开胸骨定位点，但应尽量放松，使胸骨不受任何压力。

由于按压频率、按压力度以及按压与放松时间比例等都会影响胸外心脏按压的有效性，因而在按压过程中也要注意这些问题。一般来说，按压频率，是 100 次/分钟；按压深度，成人溺水者 4~5 厘米，按压时应随时注意有无肋骨或胸骨骨折；按压与放松时间的比例，通常是按压 30 次后，吹两口气，即按 30∶2 的比例进行，5 组或每两分钟轮换一次，进入人工循环。

四、心肺复苏的训练

在徒手心肺复苏实际操作和训练中，救生员的自身安全日益引起游泳救生界的重视。救生员在平时训练或考核中，如果依照"一人一次"的消毒原则和模型说明书仔细清洗模型，感染艾滋病、乙型肝炎以及细菌和真菌疾病的可能性就很小。

在训练期间，首先，不要让唾液或体液留存于模型上，每名救生员做口对口呼吸前要进行一次消毒。其次，对模型内部的如瓣膜、表面和内部组件进行清洗和消毒。

第四节　救生员职业鉴定

在游泳场所，观察游泳者，进行安全防护，并对溺水者进行赴救和现场急救的人员即为救生员。游泳救生员直接关系到游泳者的生命安全。国家规定，游泳场所开放必须配备一定数量的、取得国家职业资格证书的游泳救生员。

国家体育总局职业技能鉴定指导中心于2012年发布了《游泳救生员国家职业技能鉴定考核实施细则》。为适应经济社会发展的需要，客观反映现阶段游泳救生员职业能力的要求，2019年，国家体育总局职业技能鉴定指导中心与中国救生协会制定了《游泳救生员国家职业技能鉴定考核实施细则（2019版）》（以下简称《细则（2019版）》）。《细则（2019版）》调整了心肺复苏相关内容，增加了浮标救生、自动体外除颤器（AED）相关内容的考核（自动体外除颤器的考核最晚执行日期为2020年1月1日）。《细则（2019版）》是此后游泳救生员考核鉴定的主要依据。

一、初级游泳救生员技能考核实施细则

（一）初级游泳救生员技能考核内容（见表7-1）

表7-1　初级游泳救生员技能考核内容

达标项目	◎ 25米速度游 ◎ 潜泳20米
实操部分	◎ 现场赴救 ◎ 现场急救
理论部分	详见考核说明

（二）初级游泳救生员实操考核标准（见表7-2、表7-3）

表7-2 初级游泳救生员实操考核标准（徒手救生）

—	现场赴救（徒手救生）						现场急救	合计
	入水	接近	拖带	上岸	解脱	合计	心肺复苏	
选考方式	必考					—	必考	
鉴定比重（%）	10	10	10	10	20	60	40	100
考试时间（分钟）	15						5	20
考核形式	水中操作				陆上操作	—	实操	

注：1. 游泳池最浅区不低于1.35米；2. 徒手救生从公布之日起至2020年2月29日执行。

表7-3 初级游泳救生员实操考核标准（浮标救生）

—	现场赴救（徒手救生）						现场急救	合计
	入水	接近	拖带	上岸	解脱	合计	心肺复苏	
选考方式	必考					—	必考	
鉴定比重（%）	10	10	10	10	20	60	40	100
考试时间（分钟）	15						5	20
考核形式	水中操作				陆上操作	—	实操	

注：1. 游泳池最浅区不低于1.35米；2. 从2020年3月1日起，徒手救生和浮标救生抽考一项。

（三）初级游泳救生员技能考核说明

1. 总体要求

第一，考生必须通过达标项目的测试，否则不能参加技能考试。

第二，考核形式：理论考试采取闭卷笔试，总分为100分。实操考核在陆上或水上操作，总分为100分。在考核内容中，理论考试或实操考核如有一科未达到60分，即视为不合格。

第三，考试时间：理论考试为60分钟，实操考核为20分钟。

第四，考试内容：职业道德（包括道德概念和职业守则），救生游泳基本技术，赴救技术，现场急救技术等。

2. 达标测试

25米速度游：男子≤20秒，女子≤22秒为达标。

20米潜泳：蹬边出发，在20米潜泳距离内，躯体未露出水面且方向准确为达标。

未达标者不能参加其他技能项目的考核。

3. 实操考核

（1）现场赴救

①考核内容（一）

徒手救生：入水、接近、拖带、上岸技术。

◎ 鉴定比重：总分的40%。

◎ 考核时间：10分钟。

◎ 考核形式：水中操作。学员假扮溺水者，游至距岸边15米处正面、侧面或背面原地等候。考评员给考生发出信号，考生入水、接近溺水者，并将其拖带至岸边，并上岸。

注：不允许考生戴游泳镜考核，接应救生员指岸上配合救援的救生员。

②考核内容（二）

浮标救生：入水、接近、拖带、上岸技术。

◎ 鉴定比重：总分的40%。

◎ 考核时间：10分钟。

◎ 考核形式：水中操作。学员假扮溺水者，游至距岸边15米处正面、侧面或背面原地等候。考评员给考生发出信号，考生携带救生浮标入水、接近溺水者，并和接应救生员将其拖带至岸边，并和接应救生员完成上岸。

注：不允许考生戴游泳镜考核。接应救生员指岸上配合救援的救生员。

③考核内容（三）

头发被抓解脱、手被抓解脱、颈部被抱解脱、腰部被抱解脱等解脱技术。

◎ 鉴定比重：总分的20%。

◎ 考核时间：5分钟。

◎ 考核形式：陆上操作。

（2）现场急救

考核内容：心肺复苏：开放呼吸道、呼吸支持、心脏按压等。

◎ 鉴定比重：总分的40%。

◎ 考核时间：5分钟。

◎ 考核形式：对模拟人进行心肺复苏的操作。

注：心肺复苏是初级游泳救生员实操考核中的否定项目，如果心肺复苏操作程序错误或其该项目总分不足24分，即算该项目考核不合格。心肺复苏项目考核不合格者，初级游泳救生员实操考核即为不合格。

(四)初级游泳救生员技能考核评分标准

1. 初级游泳救生员达标测试标准(见表7-4)

表7-4 初级游泳救生员游泳技能达标标准

达标项目	距离	达标要求	说明
速度游	25米	男≤20秒;女≤22秒	达标合格后才能进入下一阶段的考核,各项均可补考一次
潜泳	20米	①蹬边出发,潜游至20米处出水面; ②躯体不能露出水面; ③方向准确	

2. 初级游泳救生员实操考核评分标准

(1)现场赴救评分标准

①徒手救生

入水、接近、拖带、上岸考核评分标准见表7-5。

表7-5 徒手救生:入水、接近、拖带、上岸考核评分标准

考核内容及分值		考核要点	扣分标准
入水(10分)	蛙腿式	①入水时,两腿向下做蛙泳蹬夹腿,同时两手臂向下抱压水; ②头部始终保持在水面上; ③目光始终不离赴救目标	两臂或两腿没有分开,扣4分; 水没过头部,扣10分; 目光离开溺水者,扣4分
	跨步式	①入水时,两手向前下方抱压水,同时两脚做剪水动作; ②头部始终保持在水面上; ③目光始终不离赴救目标	两臂或两腿没有分开,扣4分; 水没过考生头部,扣10分; 目光离开溺水者,扣4分
接近(10分)	正面接近	①入水后,游至离溺水者3米左右急停; ②下潜至溺水者髋部以下,转体180°; ③单手或双手腋下控制住溺水者	3米左右未急停下潜,扣3分; 没有在溺水者髋部以下将溺水者转体180°,扣5分; 未能有效控制溺水者,扣2分
	背面接近	①救生员游至距溺水者1~2米处急停; ②单手或双手托腋或夹胸控制住溺水者	距离太近或太远,扣4分; 没有急停,扣4分; 未能有效控制溺水者,扣2分
	侧面接近	①游至溺水者3米左右处,转为侧向游进,抓住溺水者近侧手腕; ②单手或双手托腋或夹胸控制住溺水者	游至溺水者3米左右后未侧向游进,扣3分; 未抓住溺水者近侧手腕,扣5分; 未能有效控制溺水者,扣2分

续表

考核内容及分值		考核要点	扣分标准
拖带（10分）	夹胸	①反蛙泳腿或侧泳腿技术拖带； ②溺水者口鼻必须露出水面； ③使溺水者保持身体水平位置； ④夹胸手不能压迫溺水者的颈动脉	拖带技术运用不合理，扣4分； 拖带中溺水者口鼻没入水中，第1次扣5分，两次计0分； 拖带脱手，扣10分； 拖带方向错误，扣2分； 溺水者下肢下沉，扣4分； 拖带时压迫溺水者的颈动脉，扣5分
	双手托腋	①救生员托住溺水者的双腋，采用反蛙泳或仰泳拖带； ②溺水者口鼻必须露出水面； ③使溺水者保持身体水平位置	
上岸（10分）	深水无阶梯双人上岸	①水中救生员在池边固定好溺水者； ②水中救生员先将溺水者一手交给接应救生员，再将溺水者另外一手交给接应救生员； ③接应救生员用交叉手方式接分别递过来的溺水者手臂； ④接应救生员将溺水者转体180°，然后将溺水者拉上岸； ⑤水中救生员双手托溺水者，协助接应救生员施救上岸； ⑥水中救生员指挥接应救生员将溺水者放平呈仰卧姿势	水中救生员与接应救生员上岸时脱手，扣10分； 水中救生员未能使溺水者背对池岸进行上岸，扣5分； 水中救生员未协助接应救生员进行上托，扣2分； 水中救生员未指挥接应救生员对溺水者头部进行保护，扣2分

注：分值——40分，考核形式——实操。上岸部分只对水中救生员进行成绩评定。

②浮标救生

入水、接近、拖带、上岸考核评分标准见表7-6。

表7-6 浮标救生：入水、接近、拖带、上岸考核评分标准

考核内容及分值		考核要点	扣分标准
入水（10分）	蛙腿式或跨步式	①救生浮标置于胸前，成抱胸姿势固定浮标，拖绳置于浮标和胸部之间； ②腿成蛙步姿势或跨步姿势入水； ③入水时，身体前倾，上体靠近水面； ④头部始终保持在水面上； ⑤目光始终不离赴救目标	浮标没有固定好或入水时脱落，扣10分； 未采用蛙腿式或跨步式入水方式入水，扣5分； 身体姿势错误，扣4分； 水没过头部，扣10分

续表

考核内容及分值		考核要点	扣分标准
入水（10分）	鱼跃浅跳式	①一手持浮标和拖绳鱼跃入水； ②入水时将浮标抛在持浮标手的体侧； ③入水后迅速把头露出水面，用抬头爬泳迅速接近溺水者； ④急停后将浮标置于胸前	没有手持浮标或提前脱落，扣5分； 浮标影响入水，扣10分； 浮标放置错误，扣5分
接近（10分）	水面昏迷溺水者	①距离2~3米位置急停观察； ②游到溺水者后施救位置； ③救生员靠近溺水者背后，借用救生浮标的浮力，双手由溺水者后背经腋下控制溺水者； ④使溺水者口鼻朝上，露出水面	浮标位置错误，扣4分； 急停位置过近或过远，扣4分； 施救位置错误，扣5分； 控制方法错误，扣6分； 口鼻没水，1次扣5分； 未能有效控制溺水者，扣4分
拖带（10分）	水面昏迷溺水者	①利用浮标的浮力在溺水者背后固定控制溺水者； ②拖带时救生员将救生浮标置于自己胸前并穿过腋下； ③将救生浮标移至溺水者背部腋下位置； ④拖带时溺水者头部露出水面并侧在一边，方便观察昏迷者的情况，防止与救生员头部相撞	控制手法错误，扣5分； 浮标脱离或位置错误，扣10分； 浮标没有移至溺水者背部腋下位置，扣5分； 溺水者头部没有侧在一边，扣5分
上岸（10分）	深水无阶梯双人上岸	①水中救生员在池边固定好溺水者； ②水中救生员先将溺水者一手交给接应救生员，再将溺水者另外一手交给接应救生员； ③接应救生员用交叉手方式接分别递过来的溺水者手臂； ④接应救生员将溺水者转体180°，然后将溺水者拉上岸； ⑤水中救生员双手托溺水者，协助接应救生员施救上岸； ⑥水中救生员指挥接应救生员将溺水者放平呈仰卧姿势	水中救生员与接应救生员上岸时脱手，扣10分； 水中救生员未能使溺水者背对池岸进行上岸，扣5分； 水中救生员未协助接应救生员进行上托，扣2分； 水中救生员未指挥接应救生员对溺水者头部进行保护，扣2分

③解脱（陆上完成）

考核评分标准见表7-7。

表7-7 解脱（陆上完成）考核评分标准

考核内容	考核要点	扣分标准
头发被抓	①两种方法：压腕掰手解脱法、压掌推肘解脱法； ②解脱后，有效控制住溺水者	解脱时用力过度或不足，扣4分； 解脱过程动作不连贯，扣4分； 解脱动作的手法错误，扣8分； 解脱后未能有效控制溺水者，扣4分
手被抓握	①单手被抓：转腕法、推击法； ②交叉手（臂）被抓：推击加转腕； ③单手被双手抓：推击法、转腕法； ④解脱后，有效控制住溺水者	
颈部被抱持	①颈部被抱持：正面被溺水者抱持时，上推双肘解脱法；背面被抱持时，压腕上推单肘解脱法； ②解脱后，有效控制住溺水者	
腰部被抱	①正面抱持：夹鼻推颌解脱法； ②背面抱持：弓身抽手扳指解脱法； ③解脱后，有效控制住溺水者	

注：分值——20分；考核形式——实操。

（2）现场急救评分标准

心肺复苏考核评分标准见表7-8。

表7-8 心肺复苏考核评分标准

分类	考核内容及分值	考核要点	扣分标准
判断意识	环境安全，1分	环视四周，确认环境安全	未口述环境安全，扣1分
	判断意识和呼救，4分	用力拍打溺水者双肩同时大声呼唤，无反应，确认溺水者意识丧失； 启动应急预案（拨打急救电话120，拿AED到现场）	未拍打溺水者肩膀，扣2分； 未启动应急预案，扣2分
	判断呼吸，2分	眼睛观察胸腹部是否有起伏，判断时间5~10秒	未判断呼吸或时间不足（超过），扣2分
	摆放体位，1分	溺水者取仰卧位	取位错误或体位摆放不正确，扣1分
开放气道	清理口腔，1分	如果溺水者口腔有异物，则清理；没有则忽略	未清理口中异物或没有口述"没有异物"，扣1分
	开放气道，4分	一只手掌压住前额，另一只手食指和中指上抬下颌骨，将头部后仰	打开手法错误，扣2分； 头部后仰位置错误，扣2分

续表

分类	考核内容及分值	考核要点	扣分标准
人工呼吸	口对口吹气，4分	用一只手的拇、食两指捏住溺水者鼻翼，张开口包住溺水者的嘴通气至胸部隆起。吹气后应与溺水者口部脱离。口对口吹气2次，每次通气应该维持大约1秒	吹不进气，扣4分；方法不正确，达到通气结果，漏气扣2分；方法正确但达不到通气结果，扣2分；吹气时间不足或通气过度，扣2分
胸外按压	胸外按压，22分	部位：掌根按压胸骨下半部，两乳头连线与胸骨交叉点；姿势：双手交叠，十指相扣，双肘关节伸直，用掌根部按压；以髋关节为轴，身体重量垂直下压，压力均匀，每次按压后胸廓充分回弹，掌根不能离开胸壁；胸外按压30次，按压通气比例30：2，按压频率100~120次/分，按压深度5~6厘米。按压与放松的比例为1：1，按压中断时间小于10秒	按压部位不准确，考核不能通过；按压动作错误，扣3分；按压通气比例，错扣3分；频率错误扣5分；深度错误扣5分；未充分回弹，扣3分；掌根离开胸壁，扣3分
评估	重新评估，1分	30次胸外按压，2次口对口通气为一个循环，约2分钟，完成5次循环后重新评估	考评员未示意结束，自行停止，视为未完成

注：未完成全部考核流程，心肺复苏零分。分值——40分，考核形式——实操。

二、中级游泳救生员技能考核实施细则

（一）中级游泳救生员技能考核内容（见表7-9）

表7-9 中级游泳救生员技能考核内容

达标项目	◎ 25米速度游 ◎ 水中徒手踩水
实操部分	◎ 现场赴救 ◎ 现场急救
理论部分	详见考核说明

(二) 中级游泳救生员实操考核标准 (见表 7-10)

表 7-10 中级游泳救生员实操考核标准

	现场赴救						现场急救				
	入水	接近	解脱	拖带	上岸	合计	佩戴颈托	陆上急救板的使用	心肺复苏	自动体外除颤器	合计
选考方式	必考					—	必考	必考	必考	必考	—
鉴定比重（%）	5	8	12	10	5	40	10	20	20	10	60
考试时间（分钟）	5						5	5	5	5	2060
考核形式	水中操作					—	实操	陆上操作	实操	实操	—

注：游泳池最浅区不低于 1.35 米。

(三) 中级游泳救生员技能考核说明

1. 达标测试

25 米速度游：男 ≤ 18 秒，女 ≤ 20 秒为达标。

水中徒手踩水：要求考生在 20 秒内徒手踩水，并且两臂肘关节始终露出水面。

注：未达标者不能参加其他技能项目的考核。

2. 实操考试

(1) 现场赴救

◎ 考核内容：入水、接近、解脱、拖带、上岸技术。

◎ 鉴定比重：总分的 40%。

◎ 考核时间：5 分钟。

◎ 考核形式：学员假扮溺水者，游至距岸边 15 米处正面、侧面或背面原地等候。考评员给考生发出信号，考生完成入水、接近、解脱溺水者，并将其拖带至岸边上岸。

注：在现场赴救这一项目考核中，不允许考生戴游泳镜考核。

(2) 现场急救

①佩戴颈托

◎ 考试内容：为颈椎受伤者佩戴颈托。

◎ 鉴定比重：总分的 10%。

◎ 考核时间：5 分钟。

◎ 考核形式：学员假扮颈椎受伤者，考生两人一组，互相交叉操作，对受伤者佩戴颈托。考评员根据完成情况打分。

②陆上急救板的使用

◎ 鉴定比重：总分的20%。

◎ 考核时间：5分钟。

◎ 考核形式：学员假扮颈椎受伤者，考生两人一组配合，互相交叉操作，另再配备两名学员，协同完成。考评员根据完成情况打分。

③心肺复苏

◎ 考试内容：开放呼吸道、呼吸支持、心脏按压等。

◎ 鉴定比重：总分的20%。

◎ 考核时间：5分钟。

◎ 考核形式：对模拟人进行心肺复苏的操作。

注：心肺复苏是中级游泳救生员实操考核中的否定项目，如果心肺复苏操作程序错误或该项目得分不足12分，即该项目考核不合格。心肺复苏项目考核不合格者，中级游泳救生员实操考核即为不合格。

④自动体外除颤器

◎ 考试内容：自动体外除颤器正确使用。

◎ 鉴定比重：总分的10%。

◎ 考核时间：5分钟。

◎ 考核形式：对模拟人进行心脏除颤的操作。

3. 理论考试

考试时间：60分钟。

考试内容：游泳公共卫生安全常识，游泳卫生常识，自我救助，安全标志设置，突发事件紧急处理预案，救生器材，急救器材，救生员装备、器材的管理与保养，通信器材和联络信号的设置，救生基本技术，现场赴救，现场急救等。

考试形式：闭卷笔试。

（四）中级游泳救生员技能考核评分标准

1. 中级游泳救生员达标测试标准（见表7-11）

表7-11 中级游泳救生员达标测试标准

达标项目	25米速度游；20秒踩水
达标要求	男≤18秒；女≤20秒 水中徒手踩水20秒，要求肘关节露出水面
说明	达标合格后才能进入下一阶段的考核；各项均可补考一次

2. 中级游泳救生员实操考核评分标准

（1）现场赴救评分标准

入水、接近、解脱、拖带、上岸考核评分标准（见表7-12）

表7-12 入水、接近、解脱、拖带、上岸考核评分标准

考核内容及分值		考核要点	扣分标准
入水（5分）	蛙腿式	①入水时，两腿向下做蛙泳蹬夹腿，同时两臂向下抱压水； ②头部始终保持在水面上； ③目光始终不离赴救目标	两臂或两腿没有分开，扣2分； 水没过头部，扣5分； 目光离开溺水者，扣2分
	跨步式	①入水时，两臂向前下方抱压水，同时两脚做剪水动作； ②头部始终保持在水面上； ③目光始终不离赴救目标	两臂或两腿没有分开，扣2分； 水没过头部，扣5分； 目光离开溺水者，扣2分
接近（8分）	正面接近	①入水后，游至离溺水者3米左右急停； ②下潜至溺水者髋部，并将溺水者转体180°； ③单手或双手腋下控制住溺水者	游至离溺水者3米左右未急停下潜，扣2分； 没有在溺水者髋部以下将其转体180°，扣4分； 未能有效控制溺水者，扣2分
	背面接近	①救生员游至距溺水者1~2米处急停； ②单手或双手托腋或夹胸控制住溺水者	没有急停，扣2分； 距离太近、太远，扣4分； 未能有效控制溺水者，扣2分
	侧面接近	①游至溺水者3米左右处，转为侧向游进，抓住溺水者近侧手腕； ②单手或双手托腋或夹胸控制住溺水者	游至溺水者3米左右未侧向游进，扣2分； 未抓住溺水者近侧手腕，扣4分； 未能有效控制溺水者，扣2分
解脱（12分）	头发被抓	①两种方法：压腕掰手解脱法、压掌推肘解脱法； ②解脱后，有效控制住溺水者	解脱时用力过度或不足，扣2分； 解脱过程动作不连贯，扣2分； 解脱动作的手法错误，扣4分； 解脱后未能有效控制溺水者，扣4分
	手被抓握	①单手被抓：转腕法、推击法； ②交叉手（臂）被抓：推击加转腕； ③单手被双手抓：推击法、转腕法； ④解脱后，有效控制住溺水者	
	颈部被抱持	①颈部被抱持：正面被溺水者抱持时，上推双肘解脱法；背面被抱持时，压腕上推单肘解脱法； ②解脱后，有效控制住溺水者	
	腰部被抱	①正面抱持：夹鼻推颔解脱法； ②背面抱持：弓身抽手扳指解脱法； ③解脱后，有效控制住溺水者	

续表

考核内容及分值		考核要点	扣分标准
拖带（10分）	夹胸	①反蛙泳腿或侧泳腿技术拖带； ②溺水者口鼻必须露出水面； ③溺水者保持身体水平位置； ④夹胸手不能压迫溺水者的颈动脉	拖带技术运用不合理，扣4分； 拖带中溺水者口鼻没入水中，第1次扣5分，两次计0分； 拖带脱手，扣10分； 拖带方向错误，扣2分； 溺水者下肢下沉，扣4分； 拖带时压迫溺水者的颈动脉，扣5分
	双手托腋	①救生员托住溺水者的双腋，采用反蛙泳或仰泳拖带； ②溺水者口鼻必须露出水面； ③使溺水者保持身体水平位置	
上岸（5分）	深水无阶梯单人上岸	①单手抓住溺水者的一只手，压在池岸边上，将溺水者的另一只手重叠按住； ②按住溺水者重叠的双手背，用蛙腿脚蹬夹上岸； ③交叉手紧握溺水者手腕处，将溺水者转体180°呈背对岸边，垂直上提； ④上岸后脱出一手移至溺水者颈背部，另一手将溺水者双腿原地旋转90°	上岸时脱手，扣5分； 没有用两手交叉的方法，将溺水者原地转体180°，扣5分； 原地旋转溺水者双腿时，未对其头部保护，扣2分

（2）现场急救评分标准

①佩戴颈托考核评分标准（见表7-13）

表7-13 佩戴颈托考核评分标准

考核内容及分值	考核要点	扣分标准
检查 2号位：1分	①询问伤情； ②检查颈部	其中一项未完成，扣1分
复位 1号位：3分 2号位：2分	①双手掌放在受伤者头两侧，拇指轻按额部，食指、中指按面颊，无名指和小指放在耳下； ②左右复位； ③前后复位	1号位手法错误，扣1分； 1号位鼻尖与肚脐未呈一条直线，扣1分，2号位扣1分； 1号位头部仰至嘴角和耳垂的连线与地面没有垂直，扣1分，2号位扣1分
佩戴 2号位：4分	①测量：用手指度量受伤者下颌骨角下方到锁骨的距离； ②佩戴：将颈套一端穿入后颈，将下颌垫小圆点与受伤者的下颌尖吻合	尺寸调节不当，扣2分； 下颌垫小圆点与受伤者的下颌尖不吻合，扣1分； 颈托过紧或过松，扣1分

②陆上急救板的使用考核评分标准（见表7-14）

表7-14 陆上急救板的使用考核评分标准

考核内容	考核要点	扣分标准
1号位：头锁—改良斜方肌挤压—侧翻—复原平卧位—斜方肌挤压—平移复位—头部两侧放置泡沫垫—头部扣带； 2号位：头胸固定—侧翻—复原平卧位—头胸固定—胸、腰、脚扣带—头胸固定	◎ 技术动作正确，口令准确、协调一致； ◎ 顺序正确：头锁—头胸固定—改良斜方肌挤压—侧翻—插入急救板—复原平卧位—头胸固定—斜方肌挤压—平移定位—胸、腰、脚扣带—头胸固定—头部两侧放置泡沫垫—扣带	1号位头锁错误，扣2分； 1号位改良斜方肌挤压错误，扣2分； 1号位斜方肌挤压错误，扣2分； 1号位没有平移复位，扣2分； 2号位头胸固定手法错误，扣2分（每次1分）； 2号位侧翻不到位或没有控制溺水者，扣2分； 2号位扒板手法错误，扣2分； 2号位胸、腰、脚扣带顺序及手法错误，扣2分（系胸带时，两手臂被扣，脚底没有绕"8"字）； 1号位头部两侧泡沫垫放置不到位，扣1分； 1号位头部扣带不正确，扣1分； 1号位口令不清晰、不准确，扣2分

注：对1号位和2号位两名学员同时进行成绩评定，完成后相互交换，1号位为指挥者。

③心肺复苏考核评分标准（见表7-15）

表7-15 心肺复苏考核评分标准

分类	考核内容及分值	考核要点	扣分标准
判断意识	环境安全，1分	环视四周，确认环境安全	未口述环境安全，扣1分
	判断意识和呼救，1分	用力拍打溺水者双肩同时大声呼唤。无反应，确认溺水者意识丧失； 启动应急预案（拨打急救电话120，拿AED到现场）	未拍打溺水者肩膀，扣1分； 未启动应急预案，扣1分
	判断呼吸，1分	眼睛观察胸腹部是否有起伏，判断时间5~10秒	未判断呼吸或时间不足（超过），扣1分
	摆放体位，1分	溺水者取仰卧位	取位错误或体位摆放不正确，扣1分
开放气道	清理口腔，1分	如果溺水者口腔有异物，则清理；没有则忽略	未清理口中异物或没有口述"没有异物"，扣1分
	开放气道，1分	一只手掌压住前额，另一只手食指和中指上抬下颌骨，将头部后仰	打开手法错误，扣0.5分； 头部后仰位置错误，扣0.5分

续表

分类	考核内容及分值	考核要点	扣分标准
人工呼吸	口对口吹气，3分	用一只手的拇、食两指捏住溺水者鼻翼，张开口包住溺水者的嘴通气至胸部隆起。吹气后应与溺水者口部脱离。口对口吹气2次，每次通气应维持大约1秒	吹不进气，扣3分；方法不正确，达到通气结果，漏气扣1分；方法正确但达不到通气结果，扣2分；吹气时间不足或通气过度，扣1分
胸外按压	胸外按压，10分	部位：掌根按压胸骨下半部，两乳头连线与胸骨交叉点；姿势：双手交叠，十指相扣，双肘关节伸直，用掌根部按压；以髋关节为轴，身体重量垂直下压，压力均匀，每次按压后胸廓充分回弹，掌根不能离开胸壁；胸外按压30次，按压通气比例30：2，按压频率100~120次/分，按压深度5~6厘米。按压与放松的比例为1：1，按压中断时间小于10秒	按压部位不准确，考核不能通过；按压动作错误，扣2分；按压通气比例，错误扣1分；频率错误扣2分；深度错误扣2分；未充分回弹，扣2分；掌根离开胸壁，扣1分
评估	重新评估，1分	30次胸外按压，2次口对口通气为一个循环，约2分钟，完成5次循环后重新评估	考评员未示意结束，自行停止，视为未完成

注：未完成全部考核流程，心肺复苏零分。

④自动体外除颤器考核评分标准（见表7-16）

表7-16 自动体外除颤器考核评分标准

考核内容及分值	考核要点	扣分标准
打开电源，1分	打开电源	未打开电源，扣1分
擦干胸部，1分	擦干将要贴电极片部位的水	未擦干贴电极片部位水，扣1分
贴电极片，1分	两块电极板分别贴在右胸上部和左胸左乳头外侧	电极片贴的位置不正确，扣1分
链接电源插头，1分	贴电极片后将插头插入主机插孔	插插头和贴电极片顺序错误，扣1分
分析心律，2分	遣散溺水者周围人群，不可触碰溺水者，使用AED进行分析	触碰溺水者，干扰AED分析，扣2分

续表

考核内容及分值	考核要点	扣分标准
除颤，4分	AED提示可电击心律，再次遣散周围人群，不可触碰溺水者，确保施救者安全，给予除颤，除颤后立即进行心肺复苏	未确保施救者和周围人群安全，扣2分；除颤后未立即心肺复苏，扣2分

三、高级游泳救生员技能考核实施细则

（一）高级游泳救生员技能考核内容（见表7-17）

表7-17 高级游泳救生员技能考核内容

实操部分	理论部分
◎ 培训与管理 ◎ 浅水水中急救板的使用 ◎ 心肺复苏与自动体外除颤器的讲解与操作	见考核说明

（二）高级游泳救生员实操考核标准（见表7-18）

表7-18 高级游泳救生员实操考核标准

—	培训与管理	浅水水中急救板的使用	心肺复苏与自动体外除颤器的使用	合计
选考方式	必考	必考	必考	—
鉴定比重（%）	40	20	40	100
考试时间（分钟）	40	10	10	60
考核形式	笔试、口试	实操	实操、口试	—

注：游泳池最浅区不低于1.35m。

（三）高级游泳救生员技能考核说明

1. 实操考核

(1) 培训与管理

考试时间：40分钟。

考试内容：培训与管理。

鉴定比重：总分的40%。

考核形式：培训部分的分值为20分，考核形式为考生抽取题签，进行现场示范与讲解，考评员根据考生对教学及考核技术要点的把握、示范面的掌握及示范能力、讲解与表达能力等几方面进行现场评分。管理部分的分值为20分，考核形式为笔试，考生根据命题，制订一份有针对性的开发管理计划。考评员将根据考生布岗图、观察区划分、值岗救生员管理以及应急预案的制定等几方面进行评分。

（2）浅水水中急救板的使用

考核时间：10分钟。

鉴定比重：总分的20%。

考核形式：学员假扮颈椎受伤者，考生两人一组配合，互相交叉操作。再配备两名学员，协同完成。考评员根据完成情况打分。

注：在考核浅水水中急救板的使用时，不允许考生戴游泳镜。

（3）心肺复苏与自动体外除颤器的使用

考核时间：10分钟。

鉴定比重：总分的40%。

考核形式：首先用电脑模拟人进行心肺复苏，其次做好心肺复苏与自动体外除颤器的衔接，再次正确使用自动体外除颤器，最后进行自动体外除颤器分析决策。

考试说明：做一个循环的心肺复苏，使用自动体外除颤器，再做一个循环心肺复苏。

注：心肺复苏和自动体外除颤器是高级游泳救生员实操考核中的否定项目，如果心肺复苏和自动体外除颤器操作程序错误或其该项目考核不合格，高级游泳救生员实操考核即为不合格。

2. 理论考试

考试时间：60分钟。

考试内容：游泳公共卫生与安全常识，游泳卫生常识，自我救助，安全标志设置，突发事件紧急处理预案，救生器材，急救器材，救生员装备、器材的管理与保养，通信器材和联络信号的设置，救生基本技术，现场赴救，现场急救等。

（四）高级游泳救生员技能考核评分标准

1. 培训与管理考核评分标准

在培训部分的考核中，考评员将从教学及考核技术要点的把握、示范面的掌握及示范能力以及讲解能力与语言表达能力等几方面对考生进行评定。在管理部分的考核中，考评员将从布岗图、观察区划分、值岗救生员管理、应急预案的制定等几方面对考生进行评定。

2. 浅水水中急救板使用考核评分标准（见表7-19）

表7-19 浅水水中急救板使用考核评分标准

一	内容	考核要点	扣分标准
上臂固定法	1号位救生员使用手法将伤者头部固定，脸部向上，口鼻露出水面，招呼同伴协助，并向池岸边靠近	◎ 固定手法正确 ◎ 口鼻露出水面	扣2分 扣2分
	2号位救生员持急救板轻轻下水，在1号位救生员的指挥下，将板插入伤者身下。随即使用手钳固定法将伤者头部以及身体固定在急救板上	◎ 轻轻入水 ◎ 板位准确 ◎ 固定手法正确	扣1分 扣2分 扣1分
	1号位救生员将伤者两臂放置于身体两侧，然后到板头，背靠池边，用肩、胸承托板头，两臂固定板边，双手扶持伤者面颊，固定头部	◎ 两臂放在体侧 ◎ 用肩、胸承托板头 ◎ 用两臂固定板边 ◎ 双手固定头部	扣1分 扣1分 扣1分 扣1分
	2号位救生员按胸、腰、腿顺序固定伤者	依次扣上胸、腰、腿	扣2分
	2号位救生员用手钳固定法固定伤者头部	固定手法正确	扣1分
	1号位救生员用头部固定器固定伤者头部	放置固定器并固定正确	扣1分
	1号位和2号位救生员移至急救板两侧，将板头抬上池岸	动作轻缓，配合协调	扣1分
	2号位救生员上岸抓紧板头，1号位救生员移至板尾，两人合力将伤者搬到池岸地面	两名救生员配合时，口令准确	扣2分

3. 心肺复苏与自动体外除颤器使用考核评分标准（见表7-20）

表7-20 心肺复苏与自动体外除颤器使用考核评分标准

考核内容及分值		考核要点	扣分标准
心肺复苏 （18分）	环境安全，1分	环视四周，确认环境安全	未口述环境安全，扣1分
	判断意识并呼救，2分	用力拍打溺水者双肩同时大声呼唤；无反应，确认溺水者意识丧失；启动应急预案（拨打急救电话120，拿AED到现场）	未拍打溺水者肩膀，扣1分；未启动应急预案，扣1分
	判断呼吸，1分	眼睛观察胸腹部是否有起伏，判断时间5~10秒	未判断呼吸或时间不足（超过），扣1分
	摆放体位，1分	溺水者取仰卧位	取位错误或体位摆放不正确，扣1分
	清理口腔，1分	如果溺水者口腔有异物，则清理；没有则忽略	未清理口中异物或没有口述"没有异物"，扣1分
	开放气道，1分	一只手掌压住前额，另一只手食指和中指上抬下颌骨，将头部后仰	打开手法错误，扣1分

续表

考核内容及分值		考核要点	扣分标准
心肺复苏 （18分）	口对口吹气，2分	用一只手的拇、食两指捏住溺水者鼻翼，张开口包住溺水者的嘴通气至胸部隆起。吹气后应与溺水者口部脱离。口对口吹气2次，每次通气应该维持大约1秒	吹不进气，扣1分； 方法不正确，达到通气结果，漏气扣1分； 方法正确但达不到通气结果，扣1分； 吹气时间不足或通气过度，扣1分
	胸外按压，8分	部位：掌根按压胸骨下半部，两乳头连线与胸骨交叉点； 姿势：双手交叠，十指相扣，双肘关节伸直，用掌根部按压；以髋关节为轴，身体重量垂直下压，压力均匀，每次按压后胸廓充分回弹，掌根不能离开胸壁； 胸外按压30次，按压通气比例30：2，按压频率100~120次/分，按压深度5~6厘米。按压与放松的比例为1：1，按压中断时间小于10秒	按压部位不准确，考核不能通过； 按压动作错误，扣1分； 按压通气比例错误，扣1分； 频率错误，扣2分； 深度错误，扣2分； 未充分回弹，扣1分； 掌根离开胸壁，扣1分
	重新评估，1分	30次胸外按压，2次口对口通气为一个循环，约2分钟，完成5次循环后重新评估	考评员未示意结束或AED未到现场，考生自行停止，视为心肺复苏未完成
自动体外除颤器操作	AED使用（12分） 立即使用AED，4分	AED到达现场后立即使用AED	未立即使用AED，扣4分
	打开电源，1分	打开电源	未打开电源，扣1分
	擦干胸部，2分	擦干将要贴电极片部位的水	未擦干贴电极片部位水，扣2分
	贴电极片，2分	两块电极板分别贴在右胸上部和左乳头外侧	电极片贴的位置不正确，扣2分
	链接电源插头，1分	贴电极片后将插头插入主机插孔	插插头和贴电极片顺序错误，扣1分
	分析心律，2分	提示溺水者周围人离开，不可触碰溺水者，使用AED进行分析	触碰溺水者，干扰AED分析，扣2分
	AED分析决策（一种可能）（8分） 电击心律：除颤，8分	AED提示可电击心律，再次提示溺水者周围人离开，不可触碰溺水者，确保施救者及周围人安全，给予除颤，除颤后立即心肺复苏	未确保施救者和周围人群安全，扣4分； 除颤后未立即心肺复苏，扣4分

续表

考核内容及分值		考核要点	扣分标准
自动体外除颤器操作	AED分析决策(一种可能)(8分)	不可电击心律：心肺复苏，8分	AED提示不可电击心律，请持续心肺复苏	AED分析后未立即心肺复苏，扣8分
		AED重新分析，2分	进行2分钟心肺复苏后，AED重新分析心律，根据AED提示予以除颤或持续心肺复苏	未按照AED提示进行操作，扣2分

四、附件

附件1：初级游泳救生员水上技能操作考核评分表（见表7-21）

表7-21 初级游泳救生员水上技能操作考核评分表

准考证号	组/道	姓名	25米速度游（男≤20秒，女≤22秒）		20米潜泳		现场赴救：徒手救生或浮标救生（40分）				总分	备注
			合格(√)	补考成绩	合格(√)	补考成绩	入水10分	接近10分	拖带10分	上岸10分		

考评员签字： 日期： 年 月 日

附件2：初级游泳救生员现场赴救组合技术题签（徒手救生）

- 蛙腿式入水—正面接近—夹胸拖带—深水无阶梯双人上岸
- 蛙腿式入水—正面接近—双手托腋拖带—深水无阶梯双人上岸
- 蛙腿式入水—背面接近—夹胸拖带—深水无阶梯双人上岸
- 蛙腿式入水—背面接近—双手托腋拖带—深水无阶梯双人上岸
- 蛙腿式入水—侧面接近—夹胸拖带—深水无阶梯双人上岸
- 蛙腿式入水—侧面接近—双手托腋拖带—深水无阶梯双人上岸

- 跨步式入水—正面接近—夹胸拖带—深水无阶梯双人上岸
- 跨步式入水—正面接近—双手托腋拖带—深水无阶梯双人上岸
- 跨步式入水—背面接近—夹胸拖带—深水无阶梯双人上岸
- 跨步式入水—背面接近—双手托腋拖带—深水无阶梯双人上岸
- 跨步式入水—侧面接近—夹胸拖带—深水无阶梯双人上岸
- 跨步式入水—侧面接近—双手托腋拖带—深水无阶梯双人上岸

附件3：初级游泳救生员现场赴救组合技术题签（浮标救生）

情景描述：救生员在值岗时，发现一名溺水者，其状态为水面昏迷，无意识，救生员携带救生浮标进行施救。

考生技术动作要求：

- 蛙腿式入水—接近—拖带—深水无阶梯双人上岸

情景描述：救生员在值岗时，发现一名溺水者，其状态为水面昏迷，无意识，救生员携带救生浮标进行施救。

考生技术动作要求：

- 跨步式入水—接近—拖带—深水无阶梯双人上岸

情景描述：救生员在值岗时，发现一名溺水者，其状态为水面昏迷，无意识，救生员携带救生浮标进行施救。

考生技术动作要求：

- 鱼跃浅跳式入水—接近—拖带—深水无阶梯双人上岸

附件4：初级游泳救生员心肺复苏考核评分表（见表7-22）

表7-22 初级游泳救生员心肺复苏考核评分表

准考证号	性别	姓名	安全、意识、求救（5分）	判断呼吸（2分）	摆放体位（1分）	清理口腔（1分）	开放气道（4分）	人工呼吸（4分）	胸外按压（22分）	评估（1分）	最终分数	操作程序错误（√）	备注

考评员签字： 日期： 年 月 日

附件 5：初级游泳救生员陆上解脱考核题签

- 单手被双手抓握解脱法
- 背面颈部被抱解脱法
- 正面腰部被抱持解脱法
- 背面腰部肘部同时被抱持解脱法
- 头发被抓解脱法

附件 6：初级游泳救生员陆上解脱考核评分表（见表 7-23）

表 7-23 初级游泳救生员陆上解脱考核评分表

准考证号	性别	姓名	题签代码	用力过度或不足（4分）	动作不连贯（4分）	手法错误（8分）	未能有效控制（4分）	最终分数	备注

考评员签字： 日期： 年 月 日

附件 7：中级游泳救生员水上技能操作考核评分表（见表 7-24）

表 7-24 中级游泳救生员水上技能操作考核评分表

准考证号	组/道	姓名	25米速度游（男≤18秒，女≤20秒）		20米潜泳		现场赴救（40分）					备注
			合格（√）	补考成绩	合格（√）	补考成绩	入水（5分）	接近（8分）	解脱（12分）	拖带（10分）	上岸（5分）	总分

考评员签字： 日期： 年 月 日

附件 8：中级游泳救生员现场赴救组合技术题签

第一组：
- 蛙腿式入水—正面接近—单手被双手抓握解脱—夹胸拖带—深水无阶梯单人上岸
- 蛙腿式入水—正面接近—单手被双手抓握解脱—双手托腋拖带—深水无阶梯单人上岸
- 蛙腿式入水—背面接近—单手被双手抓握解脱—夹胸拖带—深水无阶梯单人上岸
- 蛙腿式入水—背面接近—单手被双手抓握解脱—双手托腋拖带—深水无阶梯单人上岸
- 蛙腿式入水—侧面接近—单手被双手抓握解脱—夹胸拖带—深水无阶梯单人上岸
- 蛙腿式入水—侧面接近—单手被双手抓握解脱—双手托腋拖带—深水无阶梯单人上岸
- 跨步式入水—正面接近—单手被双手抓握解脱—夹胸拖带—深水无阶梯单人上岸
- 跨步式入水—正面接近—单手被双手抓握解脱—双手托腋拖带—深水无阶梯单人上岸
- 跨步式入水—背面接近—单手被双手抓握解脱—夹胸拖带—深水无阶梯单人上岸
- 跨步式入水—背面接近—单手被双手抓握解脱—双手托腋拖带—深水无阶梯单人上岸
- 跨步式入水—侧面接近—单手被双手抓握解脱—夹胸拖带—深水无阶梯单人上岸
- 跨步式入水—侧面接近—单手被双手抓握解脱—双手托腋拖带—深水无阶梯单人上岸

第二组：
- 蛙腿式入水—正面接近—背面颈部被抱持压腕解脱—夹胸拖带—深水无阶梯单人上岸
- 蛙腿式入水—正面接近—背面颈部被抱持压腕解脱—双手托腋拖带—深水无阶梯单人上岸
- 蛙腿式入水—背面接近—背面颈部被抱持压腕解脱—夹胸拖带—深水无阶梯单人上岸
- 蛙腿式入水—背面接近—背面颈部被抱持压腕解脱—双手托腋拖带—深水无阶梯单人上岸
- 蛙腿式入水—侧面接近—背面颈部被抱持压腕解脱—夹胸拖带—深水无阶梯单人上岸
- 蛙腿式入水—侧面接近—背面颈部被抱持压腕解脱—双手托腋拖带—深水无阶梯

单人上岸

● 跨步式入水—正面接近—背面颈部被抱持压腕解脱—夹胸拖带—深水无阶梯单人上岸

● 跨步式入水—正面接近—背面颈部被抱持压腕解脱—双手托腋拖带—深水无阶梯单人上岸

● 跨步式入水—背面接近—背面颈部被抱持压腕解脱—夹胸拖带—深水无阶梯单人上岸

● 跨步式入水—背面接近—背面颈部被抱持压腕解脱—双手托腋拖带—深水无阶梯单人上岸

● 跨步式入水—侧面接近—背面颈部被抱持压腕解脱—夹胸拖带—深水无阶梯单人上岸

● 跨步式入水—侧面接近—背面颈部被抱持压腕解脱—双手托腋拖带—深水无阶梯单人上岸

第三组：

● 蛙腿式入水—正面接近—正面腰部被抱持解脱—夹胸拖带—深水无阶梯单人上岸

● 蛙腿式入水—正面接近—正面腰部被抱持解脱—双手托腋拖带—深水无阶梯单人上岸

● 蛙腿式入水—背面接近—正面腰部被抱持解脱—夹胸拖带—深水无阶梯单人上岸

● 蛙腿式入水—背面接近—正面腰部被抱持解脱—双手托腋拖带—深水无阶梯单人上岸

● 蛙腿式入水—侧面接近—正面腰部被抱持解脱—夹胸拖带—深水无阶梯单人上岸

● 蛙腿式入水—侧面接近—正面腰部被抱持解脱—双手托腋拖带—深水无阶梯单人上岸

● 跨步式入水—正面接近—正面腰部被抱持解脱—夹胸拖带—深水无阶梯单人上岸

● 跨步式入水—正面接近—正面腰部被抱持解脱—双手托腋拖带—深水无阶梯单人上岸

● 跨步式入水—背面接近—正面腰部被抱持解脱—夹胸拖带—深水无阶梯单人上岸

● 跨步式入水—背面接近—正面腰部被抱持解脱—双手托腋拖带—深水无阶梯单人上岸

● 跨步式入水—侧面接近—正面腰部被抱持解脱—夹胸拖带—深水无阶梯单人上岸

● 跨步式入水—侧面接近—正面腰部被抱持解脱—双手托腋拖带—深水无阶梯单人上岸

第四组：
- 蛙腿式入水—正面接近—背面腰部肘部同时被抱持解脱—夹胸拖带—深水无阶梯单人上岸
- 蛙腿式入水—正面接近—背面腰部肘部同时被抱持解脱—双手托腋拖带—深水无阶梯单人上岸
- 蛙腿式入水—背面接近—背面腰部肘部同时被抱持解脱—夹胸拖带—深水无阶梯单人上岸
- 蛙腿式入水—背面接近—背面腰部肘部同时被抱持解脱—双手托腋拖带—深水无阶梯单人上岸
- 蛙腿式入水—侧面接近—背面腰部肘部同时被抱持解脱—夹胸拖带—深水无阶梯单人上岸
- 蛙腿式入水—侧面接近—背面腰部肘部同时被抱持解脱—双手托腋拖带—深水无阶梯单人上岸
- 跨步式入水—正面接近—背面腰部肘部同时被抱持解脱—夹胸拖带—深水无阶梯单人上岸
- 跨步式入水—正面接近—背面腰部肘部同时被抱持解脱—双手托腋拖带—深水无阶梯单人上岸
- 跨步式入水—背面接近—背面腰部肘部同时被抱持解脱—夹胸拖带—深水无阶梯单人上岸
- 跨步式入水—背面接近—背面腰部肘部同时被抱持解脱—双手托腋拖带—深水无阶梯单人上岸
- 跨步式入水—侧面接近—背面腰部肘部同时被抱持解脱—夹胸拖带—深水无阶梯单人上岸
- 跨步式入水—侧面接近—背面腰部肘部同时被抱持解脱—双手托腋拖带—深水无阶梯单人上岸

第五组：
- 蛙腿式入水—正面接近—头发被抓解脱—夹胸拖带—深水无阶梯单人上岸
- 蛙腿式入水—正面接近—头发被抓解脱—双手托腋拖带—深水无阶梯单人上岸
- 蛙腿式入水—背面接近—头发被抓解脱—夹胸拖带—深水无阶梯单人上岸
- 蛙腿式入水—背面接近—头发被抓解脱—双手托腋拖带—深水无阶梯单人上岸
- 蛙腿式入水—侧面接近—头发被抓解脱—夹胸拖带—深水无阶梯单人上岸
- 蛙腿式入水—侧面接近—头发被抓解脱—双手托腋拖带—深水无阶梯单人上岸
- 跨步式入水—正面接近—头发被抓解脱—夹胸拖带—深水无阶梯单人上岸

- 跨步式入水—正面接近—头发被抓解脱—双手托腋拖带—深水无阶梯单人上岸
- 跨步式入水—背面接近—头发被抓解脱—夹胸拖带—深水无阶梯单人上岸
- 跨步式入水—背面接近—头发被抓解脱—双手托腋拖带—深水无阶梯单人上岸
- 跨步式入水—侧面接近—头发被抓解脱—夹胸拖带—深水无阶梯单人上岸
- 跨步式入水—侧面接近—头发被抓解脱—双手托腋拖带—深水无阶梯单人上岸

附件 9：中级游泳救生员陆上佩戴颈托考核评分表（见表 7-25）

表 7-25 中级游泳救生员陆上佩戴颈托考核评分表

准考证号	性别	姓名	1号位角色			检查（1分）	2号位角色		佩戴颈托（4分）	总分（满分10分）
			复位（3分）				复位（2分）			
			头锁（1分）	左右复位（1分）	前后复位（1分）		左右复位（1分）	前后复位（1分）		

考评员签字：　　　　　　　　　　　　　　　　日期：　　　年　月　日

附件 10：中级游泳救生员陆上急救板使用考核评分表（见表 7-26）

表 7-26 中级游泳救生员陆上急救板使用考核评分表

准考证号	性别	姓名	1号位角色							2号位角色		
			头锁（2分）	改良斜方肌挤压（2分）	斜方肌挤压（2分）	平移复位（2分）	头部两侧放泡沫垫（1分）	头部扣带（1分）	口令清晰，准确（2分）	头胸固定（2分）	侧翻（2分）	扒板（2分）	胸腰脚扣带（2分）

考评员签字：　　　　　　　　　　　　　　　　日期：　　　年　月　日

附件 11：中级游泳救生员心肺复苏考核评分表（见表 7-27）

表 7-27　中级游泳救生员心肺复苏考核评分表

准考证号	性别	姓名	安全、意识、求救（2分）	判断呼吸（1分）	摆放体位（1分）	清理口腔（1分）	开放气道（1分）	人工呼吸（3分）	胸外按压（10分）	评估（1分）	最终分数	操作程序错误（√）	备注

考评员签字：　　　　　　　　　　　　　　　　　　日期：　　年　月　日

附件 12：中级游泳救生员自动体外除颤器考核评分表（见表 7-28）

表 7-28　中级游泳救生员自动体外除颤器核评分表

准考证号	性别	姓名	打开电源（1分）	擦干胸部（1分）	贴电极片（1分）	连接电源插头（1分）	分析心律（2分）	除颤（4分）	最终分数	备注

考评员签字：　　　　　　　　　　　　　　　　　　日期：　　年　月　日

附件13：高级游泳救生员培训与管理考核评分表（见表7-29）

表7-29 高级游泳救生员培训与管理考核评分表

姓名	培训部分				管理部分					总分
	教学及考核技术要点的把握（10分）	示范面的掌握及示范能力（4分）	讲解能力与表达（6分）	分数	布岗图（3分）	观察区划分（4分）	值岗救生员管理（6分）	应急预案（7分）	分数	

考评员签字：　　　　　　　　　　　　　　　　　　　　日期：　　　年　　月　　日

附件 14：高级游泳救生员模拟教学题签

- 讲解踩水技术
- 讲解抬头爬泳技术
- 讲解反蛙泳技术
- 讲解长划臂蛙泳潜远技术
- 讲解侧泳技术
- 讲解蛙腿式入水技术
- 讲解跨步式入水技术
- 讲解正面接近技术
- 讲解背面接近技术
- 讲解侧面接近技术
- 讲解双手托腋技术
- 讲解夹胸拖带技术
- 讲解深水无阶梯单人上岸技术
- 讲解深水无阶梯双人上岸技术
- 讲解"单手被双手抓握"解脱方法
- 讲解"背面颈部被抱持"解脱方法
- 讲解"正面腰部被抱持"解脱方法
- 讲解"背面腰部、肘部同时被抱持"解脱法
- 讲解"头发被抓"压掌推肘解脱法
- 讲解"头发被抓"压腕掰指解脱法
- 讲解心肺复苏与自动体外除颤器（AED）操作步骤及要点

附件15：高级游泳救生员浅水水中急救板使用考核评分表（见表7-30）

表7-30 高级游泳救生员浅水水中急救板使用考核评分表

姓名	1号位		2号位		1号位			2号位		1号位	2号位	1号位	总分
	固定手法正确（2分）	口鼻露出水面（2分）	轻轻入水（1分）	板位准确（2分）	固定手法正确（1分）	两臂放在体侧（1分）	用肩胸承托板头（1分）	用两臂固定板边（1分）	双手固定头部（1分）	依次扣上胸、腰、腿（2分）	固定手法正确（1分）	放置固定器和固定正确（2分）	动作轻缓，配合协调（1分）	配合时，发出口令准确（2分）

考评员签字：　　　　　　　　　　　　　　　　　　　　　　　　　　日期：　　年　　月　　日

附件16：高级游泳救生员心肺复苏与自动体外除颤器考核评分表（见表7-31）

表7-31 高级游泳救生员心肺复苏与自动体外除颤器考核评分表

姓名	心肺复苏操作（18分）							心肺复苏与自动体外除颤器的衔接（4分）	自动体外除颤器操作（8分）					自动体外除颤器分析决策（8分）		自动体外除颤器重新分析（2分）
	安全、意识、呼救（3分）	判断呼吸（1分）	摆放体位（1分）	清理口腔（1分）	开放气道（1分）	人工呼吸（2分）	胸外按压（8分）	评估（1分）	操作程序错误（√）	及时使用AED（4分）	打开电源（1分）	擦干胸部（2分）	贴电极片（2分）	连接电源插头（1分）	分析心律（2分）	电击心律：除颤（8分）	不可电击心律：心肺复苏（8分）	—

考评员签字：　　　　　　　　　　　　　　　　　　　　　　日期：　　　年　　月　　日

第八章
水中康复

水中康复是水中康复学学科中的一个组成部分，是充分利用水的自然特性与水中运动的生理生化基础知识对练习对象进行治疗、训练，以达到练习者缩短康复治疗期，尽早恢复生活、劳动能力的一种锻炼方法。而在进行水中康复时，康复游泳是一种十分有效的方法。

第一节 水中康复的原则

水中康复的基本原则，是指在水中康复中应当遵循的、有普遍社会意义的基本要求和根据，是对水中康复提出的较普遍、较客观的要求，而不具有个别、具体的特性。

一、水中康复的一般原则

（一）功能训练

功能训练是水中康复的最基本、最具特色的原则之一。水中康复所要解决的问题最主要的就是功能障碍，因此，为了克服机体的功能障碍就必须进行功能训练。功能训练作为水中康复的一个重要原则，不是单从器官、组织水平看待其功能训练的，而是从整体的功能训练，即以满足个体生活、家庭生活、社会生活、职业需要的水平来看待的。所以，功能训练不仅指对某个器官的功能训练，而且包括对运动的、感觉的、知觉的、心理的、智能的、语言的、社会活动和职业需要的等特殊训练。

（二）整体康复

所谓整体康复，是从躯体上、精神上、职业上等对伤、病、残者进行全面综合性的水中康复。整体康复是水中康复医学应遵循的另一条基本原则。水中康复的整体康复原则，其着眼点不仅使遭受损害和功能障碍的器官或肢体康复，更重要的是使康复者能进行正常社会生活和从事工作。这一原则要求水中康复的医护人员在对患者实施水中康复的过程中，在思想上和制订具体方案上都应从患者的整体康复原则出发。同时，这一原则也要求在对患者的水中康复进行评价时,也要以患者是否整体康复作为标准或依据。

(三) 重返社会

重返社会是水中康复的又一个重要原则。因病、因伤或先天因素致残者,不能平等地分享社会经济、文化发展为人们提供的成果,这对残疾者来说,是不公平的。现代医学的主流是为了残疾者不离开社会生活,使他们通过水中康复之后能重返社会,这是水中康复医学最重要的目的。使残疾者改善功能,适应社会环境,同时又要对生活和工作环境做必要的改变,使之适应残疾者的功能状况,以便使残疾者作为社会上的成员,重新参加社会生活,这既是水中康复医护人员的职责,也是整个社会都应关注的问题。

(四) 康复预防

水中康复必须贯彻"预防为主"的方针,康复预防是水中康复应遵循的原则。为了取得水中康复的最佳效果,必须将预防和治疗、临床治疗和康复医疗结合起来。从临床治疗一开始就全面系统地考虑患者的愈后和转归,制订相应的水中康复治疗程序,将残疾发生率减至最低;残疾一旦发生,或不可逆转时,应尽早制订具体的水中康复综合医疗措施,防止残疾继续恶化加重,将残疾程度尽可能地减轻,使残疾者尽可能保持并改善尚存的功能。

二、水中康复的特殊原则

在水中康复过程中,还需要遵守以下几个特殊原则。

(一) 身体锻炼为主

水中康复过程中所采用的康复手段多种多样,它要借鉴中西医治疗中的一些手段和康复医学的最新科研成果。但是,水中康复最具特色的是运用体育活动的一些具体方法,经过水中康复工作者的精心选择和编排,使之成为促进患者早日康复的行之有效的手段和方法。这些方法无论简单与复杂,其核心内容都是使患者能积极地参加身体锻炼。

一般人的体育运动,可以根据个人的兴趣、爱好和锻炼目的而选择,而水中康复的身体锻炼是严格按照水中康复的计划进行的。近年来,人们已经把身体锻炼作为"运动处方"的重要内容。

(二) 实事求是

水中康复应坚持实事求是这个总原则,有的放矢才能取得实效。水中康复或康复游泳是教练员根据练习者的健康情况、心血管或康复部位的功能状态以及年龄、性别、对水性的熟悉及游泳技能的掌握程度等特点规定一些适当的练习方法和运动量，使练习者通过有计划的康复锻炼提高身体机能、康复身体。练习内容种类的选择，应服从锻炼目的和病情，但形式要多样化。常用的水中康复方式包括耐力性锻炼、力量性锻炼、放松性锻炼、矫正锻炼等方式。

水中康复应从每个人的实际身体状况出发，选择合适的运动量、得当的练习方式、合理的练习时间和次数，达到锻炼强身、恢复功能的目的。没有医生的许可或患有不适宜参加康复锻炼病症的患者，不应勉强参加练习。建议练习者在进行练习之前，咨询专业医务人员，选择专业的康复教练。

（三）因人而异

因人而异是指对不同的人、不同的伤病情况，区别对待，有针对性地采用水中康复的手段，例如，对于从未参加过体育锻炼的人来说，在接受水中康复治疗之初，应安排一些徒手、简单的练习手段；而对于经常参加体育锻炼的人，则可以适当增加难度或者直接安排器械性的练习。

不同季节、不同气候、不同工种、不同工作环境等情况，都是因人而异原则要求的具体因素，只有认真、全面地考察每个患者的情况，采取相应的体育锻炼手段，才符合因人而异的原则，也才能收到最佳的水中康复效果。

（四）循序渐进

循序渐进即逐步增加负荷的原则。机体的适应性改变，要一定强度的刺激才能产生，过弱的刺激，即运动量过小就起不到锻炼作用；过强的刺激，即超过生理最大负荷的运动量，只能引起机体机能的破坏。所以，负荷必须在个体的机能水平基础上逐步加大运动量。体育锻炼也需要逐步适应、逐步增加运动量。在体育锻炼中也最忌讳突然增加运动量，突然中断练习，这些都不是循序渐进所倡导的。只有掌握循序渐进的原则，才能以最短时间内收到最大的效果。

（五）持之以恒

水中康复必须持之以恒，才能使高级神经的灵活性、稳定性、均衡性等功能趋于完善，各器官系统在结构上的改变和机能的提高才能实现。这是因为机体功能的完善是通过反射的机制而达到的，而条件反射的形成，只有多次反复才能强化、巩固和发展，否则，便会消退；同时，机体功能的改进和完善又是通过对体育锻炼产生一次超量恢复，一次一次积累，改进和完善机体功能才得以实现。同样的道理，水中康复必须坚持和遵循持之以恒的原则。

第二节　康复游泳

康复游泳是针对疾病、伤残、发育障碍等因素造成的残疾和功能衰退，通过在水的特定环境下，采用专门的练习方法，促进其功能恢复的游泳练习。康复游泳要根据患者的健康情况、心血管或康复部位的功能状态，以及年龄、性别、对水性的熟悉及游泳技能的掌握程度等特点规定一些适当的练习方法和运动量，使患者通过有计划的康复锻炼提高身体机能、康复机体。练习内容种类的选择，应服从锻炼目的和病情，但形式要多样化。

一、康复游泳的作用

康复游泳的作用，具体来说有以下几个。
第一，对心血管、呼吸系统疾病的康复和预防。
第二，提高肌肉的力量和协调性，并有效预防运动损伤的发生。
第三，对慢性关节炎、腰腿痛等的治疗和预防。
第四，提高能量代谢，帮助人们减肥健美。

二、康复游泳的训练模式

水环境的独特性和游泳训练的特质性，使康复游泳具有辅助运动、支托运动和抗阻运动三大康复训练模式。

（一）辅助运动

水的浮力作用可以有效地减轻身体重量。因此，当肢体或躯干沿浮力的方向进行运动时，浮力对运动起到了辅助作用，使在陆地上难以完成的动作，在水中运动变得较为容易，从而提高了运动功能。辅助运动给患者以良好的心理影响，同时也可以进行锻炼。

（二）支托运动

当肢体浮起在水面做水平运动时，浮力起到了支托作用，使肢体受到向上的浮力支撑，其受重力下垂的力被抵消。在这种支托作用下，肢体沿水平方向的活动就会容易得多，而且能够有效评价和观察在重力发生变化情况下肢体可能达到的实际活动范围。

（三）抗阻运动

当肢体的运动方向与浮力方向相反时，浮力就成为肢体活动的一种阻力。肢体在水中沿水平方向运动时，就相当于抗阻运动。通过增加运动速率或在肢体上附加一些物体增大肢体的面积，可以增大运动的阻力。因此，可根据病情需要，给予不同的阻力，以达到不同抗阻运动训练的目的。

三、康复游泳的训练方法

在三大训练模式的支持下，康复游泳已经形成了比较系统的训练方法，具体有以下几种。

（一）水中固定体位训练

由于浮力的作用，患者在水中进行康复训练时，要使身体保持在一个固定的位置。常见的水中固定体位训练方法包括：让患者躺在水中治疗床上或常用的治疗托板上；让患者坐在水中治疗椅（凳）上；让患者抓住栏杆或池的边缘；必要时可用带子固定患者肢体。

（二）利用器械辅助训练

可以利用水中设置的各种器械进行康复辅助训练。比如，利用橡皮手套或脚蹼，可增加水的阻力进行抗阻训练；利用水中平行双杠，可进行站立平衡和行走训练；利用水中肋木，可训练肩和肘关节功能；利用水球做游戏可训练臂的推力等；利用浮力棒、浮板等漂浮性的用品可以增加运动的乐趣。

（三）水中步行训练

在水中进行步行训练，对肌力弱、平衡功能差或有疼痛、肌肉紧张，在陆地上步行有难度的如骨关节病患者、下肢骨折恢复患者等来说尤为适宜，其常用方法有水中双手两侧扶杠步行训练、水中单侧扶杠或池壁步行训练、水中不负重独立步行训练、水中负重步行训练。

（四）水中平衡性训练

水中平衡性训练是通过改变水深、水流或向患者推水等方法，干扰患者在水中练习的平衡，让患者通过自身努力保持平衡，达到康复训练的目的。如在患者站立平衡训练时，故意用水流冲击，使患者的站立平衡受到干扰。在此过程中，时刻提醒患者通过自己的努力保持平衡，去对抗水流的冲击。随着患者平衡功能以及对水适应性的增加，可逐渐增加水深和冲击力度，加大对患者平衡功能的干扰。

（五）水中协调性训练

游泳本身就是协调性训练最好的项目之一，可以通过学习和掌握游泳技术，来达到训练患者协调性的目的。如可以根据爬泳的学习过程，先进行双手扶池边的爬泳下肢打腿练习，再练习上肢的划水动作，最后做上下肢协调爬泳完整练习；也可以根据患者的功能状况，先让患者借助漂浮物进行练习，然后逐渐过渡到患者完全独立进行游泳运动。

（六）救生圈训练法

所谓救生圈训练法，就是把浮力作为支撑力量帮助训练。患者进行运动训练时，在体疗师的帮助下，不需抓扶或靠水中的固定物体支托，而是靠救生圈的浮力支撑进行运动。

四、泳姿与康复治疗

（一）蛙泳与康复治疗

最适合腰腿疼痛患者的蛙泳主要是依靠腰腹及腿部用力，腿部向内夹水和向外踢水，使身体在水中前进。同时蛙泳换气时需要肩背部用力，这样肩背部的肌肉就可以得到很好的锻炼，所以腰腿痛的患者可以采取适当的蛙泳来治疗。

（二）仰泳与康复治疗

仰泳适合颈椎病患者。仰泳主要依靠腰腹部使力保持身体平衡，双肩反复旋转划水以及双腿鞭状交替上下打水来完成主要动作。由于仰泳时颈部呈现后仰姿势，这样会让颈椎小关节得到很好的锻炼，有利于关节的活动，所以颈椎病患者比较适宜进行仰泳运动。

需要注意的是，仰泳对肩部动作和双腿打水时的动作有一定的要求，所以仰泳可能带来"游泳肩""游泳踝"等运动损伤，所以患者在进行仰泳治疗时要注意这方面的影响。

（三）蝶泳与康复治疗

蝶泳的动作幅度大，不适合康复运动，因为蝶泳时需要强有力的腰腹力量和上肢发力，身体的动作幅度比其他泳姿大很多。因此，蝶泳不适合游泳的康复治疗，特别是腰椎间盘突出症患者更不适合蝶泳。

（四）自由泳与康复治疗

自由泳时，需要手和腿以及全身肌肉的完美配合。因此，自由泳可以有效地锻炼人的四肢协调能力，对协调能力有缺陷的人有很好的治疗效果。

这里需要提醒的一点是，康复游泳不需要追求泳姿准确，以康复运动为目的治疗的游泳与运动游泳、休闲游泳是有区别的。患者们应当在医生的指导下采取正确的游泳姿势或游泳动作训练，制订适合自己的运动量及运动时间。应该注意的是，如果过于追求游泳姿和运动量，反而使肌肉关节损伤加重。而要达到康复治疗目的也不一定非要游泳，可进行一些水中动作训练，借助水的压力对肌肉的按压达到事半功倍的效果。

专家说，水是有浮力的，人体在水中肌肉及关节压力会大幅减轻，因此肌肉以及关节会得到放松。因此，在水中做陆地上做的一些训练，就能避免再次损伤，起到相当好的康复效果。

五、康复游泳的注意事项

在进行康复游泳时，以下几个方面需要特别予以注意。

第一，要进行必要的身体检查。如传染病、心肺肝功能不全、重症动脉硬化、皮肤破损感染、大小便失禁以及其他水中康复禁忌症患者，均不应进行水中训练。另外，女性患者月经期应暂停治疗，肺活量在1500mL以下的患者也不宜在深水中进行训练。

第二，体疗师要先下水，在组织游泳时要始终与患者在一起。

第三，初参加康复训练患者，在初期阶段一定要在体疗师或家属的协助下安全入水，以免发生意外。对于自理能力较差的患者，体疗师要协助他上下轮椅、穿脱衣服及出入水池。

第四，治疗过程中体疗师要严密监护，加强医务监督，以保证患者安全。在治疗中如果患者出现头晕、心慌、气短、面色苍白、全身无力等症状时应立即停止治疗，并给予适当处理。

第五，要充分利用辅助器具，并要教会患者正确的使用方法，并明确活动范围。

第三节　效果评价

一、水中康复与腰痛治疗

(一) 腰痛的基本认知

在现代人的生活中，腰痛是十分常见的。过去，我们一般都会把腰痛认为是老年人所易患的疾病。随着国家经济的高速发展，人民生活水平的快速提高，生活、工作节奏的加快，往往使人们忽略了自身锻炼，由于运动不足造成的体力下降，人群中，营养过剩引起的肥胖也越来越普遍。在办公室工作的职员、生产线的工人及家庭主妇等为腰痛而烦恼的人也越来越多。不但成年人多有腰痛，就连少年儿童也有腰痛和不适的现象。因此，腰痛被称为现代病之一。

据美国科学家的研究结果表明，腰痛患者中只有20%以下的人是病理性的，而80%以上的人则是因为运动不足而引起的肌肉力量下降或柔韧性差、身体过于僵硬造成的。所以，也可以认为腰痛是一种肌肉力量缺乏病症。人们在出现腰痛时，最常见的原因是腰肌劳损和腰椎间盘突出症。

1. 腰肌劳损、腰椎间盘突出症的病因病理

(1) 腰肌劳损的病因病理

根据不同的病因病理以及病变部位的不同，可以将腰肌劳损分为三类，即腰肌筋膜劳损、棘上韧带劳损、第三腰椎横突综合征等。

①腰肌筋膜劳损

腰肌筋膜劳损的易发病原因可分为原发性与继发性两种。前者病因不明，与受风寒湿和病灶感染有关；后者多与损伤、感染、风湿热或寄生虫感染有关。最常见的原因是腰部肌肉筋膜急性损伤以后，没有及时治疗，或治疗不当与不彻底，使其损伤的肌肉筋膜撕裂出血，血肿吸收不好，渗出物纤维化，使肌肉筋膜粘连而造成。另外，腰部活动过多，负荷过重，长期弯腰工作，风寒湿侵袭以及腰椎先天畸形等也可引起。损伤后在筋膜及附近组织内可见无菌性炎症或变性等病理改变。

②棘上韧带劳损

棘上韧带的慢性损伤称为棘上韧带劳损或棘上韧带炎，是慢性腰痛的常见病因之一。腰棘上韧带劳损的主要原因是腰部经常过度前屈，韧带反复受到牵张而发生疲劳性损伤。病变部位可见局部有出血、渗液。显微镜下可看到淋巴细胞浸润，小血管壁增厚，软组织内纤维变性及钙盐沉着等。

③第三腰椎横突综合征

第三腰椎位于腰部各脊椎的中心，活动度较大，其两侧横突亦较粗较长。横突上有腰大肌和腰方肌的起点，并有腹横肌、背阔肌的深部筋膜附着于其上。腰部和腹部肌肉强力收缩时，此处受力最大，易自附着点撕裂致伤。如长期过度牵拉该区，便可形成末端病变，肌肉损伤后产生无菌性炎性肿胀、充血、液体渗出等病理变化，以后可发生骨膜、纤维组织，纤维软骨等的增生，也可使邻近的神经纤维受到刺激，日久神经纤维可发生变性，因此即产生第三腰椎横突综合征，也称第三腰椎横突炎。

（2）腰椎间盘突出症的病因病理

腰椎间盘突出症是指腰椎间盘退变或遭受外力，致纤维环破裂，髓核突出，刺激或压迫腰脊神经根、血管等周围软组织而引起的一系列腰腿痛症状。本病好发于青壮年人，男多于女，为临床常见的腰腿疾病之一。

椎间盘随着年龄的增长，可发生退行性改变，萎缩、弹性减退等生理性变化，一般在20~30岁开始退变，且各部分退变程度不一致，多以纤维环变性易脆为重点，此时如果髓核呈半固体状，活动度又大，则容易导致髓核突出。

少数纤维环破裂大而后纵韧带未完全破裂者，髓核可因体位不同，而出现两侧坐骨神经的交替疼痛，多呈一重一轻。另外，少数体后纵韧带完全破裂的严重患者，则髓核多向椎管中心突出，而引起双下肢坐骨神经痛和马尾神经受压等症状。因此，临床上多根据椎间盘突出的位置，分为单侧型、双侧型和中央型。

2. 腰肌劳损、腰椎间盘突出症的临床表现

由于病因病理改变较为复杂，症状、体征也各异，主要症状是腰腿痛，疼痛的性质是酸痛和钝痛，可向下牵涉臀部、大腿后外侧，但多半在膝以上。工作劳累后和天阴下雨痛甚，久站久坐腰部发胀，常需变换体位。少数病人夜间疼痛加剧，腰部活动受限，怕做弯腰动作，可有侧弯畸形。

腰椎间盘突出的临床表现以腰痛和一侧或两侧下肢坐骨神经放射疼痛为主要症状。腰通常局限于腰骶部，受累腰椎脊的突的一侧有局部限性压痛及深压痛，并向下肢放射，下肢放射区可有麻木感。患者多有抗痛性脊柱侧弯和腰椎生理前凸弧度改变，臀肌多松弛萎缩，健侧臀肌可有痉挛。

（二）腰痛康复水中练习

当发现自己出现腰疼时，必须予以高度重视，在生活中小心谨慎，时刻不敢让自己做大动作和承受大负荷运动，生怕引起疼痛。这种束缚自己肢体运动的生活习惯，会进一步导致运动不足，造成肌肉退化，腰疼就会愈演愈烈。为加强肌肉力量而进行一些陆上训练，往往会很困难，特别是腰疼患者，因疼痛程度加大，难以持续下去。水中健身

练习情况则大大不同。由于水的浮力,可使人体处在近似于"失重"的状态,在此条件下进行有针对性的力量及柔韧练习,可收到很好的效果,并可改善腰疼状况。

一般来说,腰疼患者都可以参加锻炼。如果疼得很厉害,应该先去医院请专科医生诊断,允许参加练习者方可进行训练,运动处方分为以下几个部分。

第一,肌肉力量练习。主要进行腰、腹肌的力量练习,可以在健身游泳练习开始前适当进行,注意练习时应屈膝完成动作。

第二,柔韧练习。柔韧练习的主要目的是拉长肌肉韧带,加大关节的活动范围,这些练习也是腰疼健身泳的准备活动,每个动作都应与呼吸配合起来,应该采用深呼吸,每个动作持续8~12秒慢慢进行。

第三,水中柔韧、肌肉力量与游泳练习。水中的练习包括柔韧、行走、负重行走等,主要目的是拉长肌肉,加大关节活动范围,借助水的浮力与阻力,进行肌肉力量练习。这些练习根据参加者腰疼程度进行适当安排,一旦腰疼较厉害时不要勉强练习。

在进行水中练习时,需要从以下几方面着手。

1. 水中准备活动

在水中慢慢行走10~15米后,边走边做肩绕环和肩伸展动作20~25米。高抬大腿步行。大腿高抬与身体成直角,两手在体侧做桨式动作拨水。

2. 池壁练习

(1) 侧膝转髋

动作要领:单手扶池壁,单腿站立单腿屈膝90°从后向前缓慢地大幅度转动左右交替各8次。

效果:提高髋关节的柔韧性,增强下肢力量。

(2) 直腿转髋

动作要领:单手扶池壁,单腿站立单腿伸直从后向前慢慢的大幅度转动左右交替各8次。

效果:提高髋关节的柔韧性,增强下肢力量。

(3) 侧控腿

动作要领:单手扶池壁,单腿站立单腿侧平举,脚尖朝上控腿左右交替各8~10秒。

效果:提高髋关节的柔韧性,增强下肢力量。

(4) 屈臂深呼吸

动作要领:背贴池壁两脚与髋同宽,两臂弯曲成90°,肘靠肋侧,两掌心相对,与肩同宽,吸气时两手慢慢向两侧外展至池壁,呼气时还原,每个动作约10秒,5次。

效果:增大肩、背部活动范围,提高呼吸系统机能。

(5) 转髋

动作要领：背贴池壁，双腿分开交叉站立，双手扶池壁，头经外转向贴池壁的腿方向看，左右各 5 次。

效果：增大髋关节的活动范围。

(6) 爬楼梯

动作要领：两手抓池壁，两脚蹬池壁，上下移动，在上端处做深呼气并伸展膝关节，重复 5 次。

效果：增大腰背部活动范围，提高腰背肌力量。

(7) 仰浮屈展

动作要领：两手抓住池壁两腿尽力前伸呈仰浮姿势，缓慢屈膝收至胸前后，展体挺腹，腿慢慢沉至池底后还原再做，反复 5 次。

效果：增大腰背部活动范围，提高腰、腹背肌力量。

(8) 引膝

动作要领：背贴池壁半蹲，左腿屈膝至胸前，右手扶踝关节，左手拉引膝左转，左右交替 5 次。

效果：增大髋、膝关节活动范围。

3. 水中行走等移动练习

第一，高抬大腿行走。肩沉至水面，高抬大腿步行。每个动作都慢慢做，大腿尽力抬至胸前，两手在体侧拨水掌握平衡。行走距离，为 25 米。

第二，体侧行走。侧跨时脚从体前移动同时臂侧平举，边移重心，边收后脚，脚掌贴池底。12.5 米时变换方向，共走 25 米。

第三，展体浮体。深吸气后轻轻蹬池底，做展体浮体，全身放松，然后慢慢屈膝收至胸前，两臂下压两腿向下伸，脚触池底慢慢站立，练习 25 米。

第四，仰面漂浮。两手在体侧轻轻拨水，全身放松，漂浮在水面，站立时屈膝收至胸前，团身，脚触池底后缓慢站立，练习 25 米。

第五，仰面漂浮。两手在体侧轻轻拨水的同时，两腿分开，做闭合动作，练习 25 米。

第六，漂浮屈膝。伏面漂浮做单腿或双腿的慢屈伸动作，站立时屈膝收至胸前，脚触池底后慢慢站立，前行 3~5 步后再做，注意为避免引起腰疼不要做太快，且要练习 25 米。

第七，抗阻行走。双手持板，使板立于水中，上体前倾，推板前行，练习 50 米。

第八，集体行走。集体臂挽臂成横排行走，练习 50 米。

4. 游泳练习（8~15 分钟）

游泳练习主要是自由泳、仰泳打腿与配合练习。会游者从自由泳慢游开始练习。注意呼吸动作和加大划水动作的幅度。不会游者，先学习仰面漂浮，然后学习自由泳。仰泳练习也可以进行，但注意一定不要勉强练习蛙泳和蝶泳，练习者感到腰疼时可暂时终止练习。

此外，为了避免腰部受伤，在进行游泳练习时还要尽可能地避免以下几种游泳技术。

第一，"爬坡"游泳。挺着胸游泳是个常见错误。肺相当于胸腔中的气球，肺的浮力会抬起上半身，这会对下腰背形成压力。

第二，蝶泳时抬起胸部。如果游泳运动员朝前伸展着呼吸，并将胸部抬得过高，下腰背肌肉的受伤风险就会增大。

第三，蛙泳时伸展下腰背。许多蛙泳运动员抬头呼吸时，会让髋部始终处在下方，同时拱起下腰背。不幸的是，这也会给腰背造成较大的压力。

第四，朝前伸展着呼吸。自由泳中的呼吸应当是一个平缓的动作，应当在水平面内开展。不幸的是，许多游泳运动员都会抬头并对朝前伸展着呼吸，这会加大下腰背受到的压力。

第五，屈背转身。翻滚转身无疑会令脊柱屈曲。如果游泳运动员在转身时感到下腰背疼痛，他们就可以尝试着更多地采用屈髋而非屈背转身，以此来减小下腰背受到的压力。

第六，海豚式打腿时身体起伏过度。身体起伏过大不仅在生物力学效率方面会损耗速度，而且会对下腰背造成过大压力，因为在如此起伏的过程中，身体发生了过度的屈曲与伸展。

5. 整理活动（3~5分钟）

第一，团身深呼吸。深吸气后，下蹲抱膝团身漂浮，尽力使背肌、腰肌，臀及腿部肌肉伸展，每次10秒，练习3次。

第二，展膝深呼吸。深吸气后两膝外展做团身漂浮，两手由外侧握住踝关节，全身放松10~15秒，每组3次。

二、水中康复与更年期治疗

（一）更年期的基本认知

更年期常常会伴随一些不良反应出现，特别是女性从45岁到55岁，这期间会有失眠，睡眠质量不佳，腰部、手与脚部发冷、发麻，便秘，肩部酸痛等症状出现，这是因为生命从成熟期进入绝经期，即由生殖期开始进入老年期产生的卵巢功能下降、卵巢激素分泌减少所引起的。更年期反应轻的人不会给生活、工作带来大的影响，反应重的人则影响较大，在精神上也会造成极大的烦恼。预防与减轻更年期反应的有效方法除药物治疗外，就是让心理和身体都尽量保持年轻，最佳的手段是参加体育活动，而游泳却是帮助人们顺利度过更年期的一项很好的运动。

（二）更年期水中练习

更年期水中练习的目的，是减轻更年期的不适。在进行这一练习时，可采用以下几种练习方法。

1. 两脚跳越栏架

动作要领：两脚蹬地，收腹、两脚前伸，两手向后划水，慢慢跳过栏架。

效果：提高维持平衡能力及全身动作的协调性。

2. 游泳练习

根据参加者游泳水平可分为初级、中级和高级等多组练习，内容为熟悉水性及竞技游泳的四种姿势和实用游泳的侧泳反蛙泳等练习，练习中要了解参加者的体力状况，适当安排，练习时间为20~30分钟。

3. 手、脚交替用力练习

动作要领：深吸气蹬池底滑行后，两手用力握拳，缺氧时慢慢站立，然后深吸气蹬池底滑行后，两脚用力勾脚尖交替进行，练习距离为25~50米。

效果：提高注意力神经支配能力。

4. 同单侧手、脚用力练习

动作要领：深吸气蹬池底，滑行后，同侧腕、踝关节用力屈伸，异侧手、脚放松，缺氧时站立，两侧交替进行，练习距离为25~50米。

效果：提高注意力神经支配能力。

5. 异侧手与脚用力练习

动作要领：深吸气蹬池底滑行后，腕与异侧踝关节用力屈伸，缺氧时站立，交替进行，练习距离为25~50米。

效果：提高注意力神经支配能力。

6. 臀部肌肉收缩练习

动作要领：深吸气蹬池底滑行后，两腿和臀部用力伸直夹紧，缺氧时站立放松，练习距离为25~50米。

效果：可改善小便失禁。

7. 交叉步半蹲行走

动作要领：肩沉至水面，两腿正面交叉行走，左腿前迈时，右手向左腿右下方伸，左右交替进行25~50米。

效果：拉长臀大肌等肌肉，改善腰痛状况。

8. 两人一组仰面漂浮

动作要领：仰泳漂浮，帮助者轻轻握住两踝关节，慢慢向前推行，练习者用深呼吸来调节呼吸，全身放松。帮助者注意不要将练习者的两脚拖出水面。两人交替进行，练习距离为25~50米。

效果：可提高植物神经调节能力。

9. 踏、拾石子练习

动作要领：在池底集中放小石子数粒，两脚交替踏在石子上面，原地踏步或用脚趾夹起石子，反复练习3~5分钟。

效果：预防小腿、脚趾痉挛。

10. 水中头颈转动

动作要领：腰部系负重腰带，头戴浮力帽，深吸气后两腿屈膝坐在水中，身体放松，头左右转动，缺氧时站立，练习2组。

效果：伸展头、肩部肌肉，改善颈椎病状况。

三、水中康复与高血压、冠心病治疗

（一）高血压、冠心病的基本认知

1. 高血压

高血压是指临床上收缩压或舒张压增高，分原发性和继发性两大类。原发性高血压称为高血压病，占所有高血压病人中的90%以上，后期常可引起动脉粥样硬化和脑、心、肾等病变；继发性高血压称症状性高血压，约占高血压病人中的10%以下。

高血压对心脏的危害表现在：由于血压增高，外周阻力增大，心脏在射血时要用更大的力量才能将血液射出，久而久之心脏出现左心室肥厚、扩大（心脏病理性增大），致使高血压心脏病发生，高血压心脏病严重时，可能造成左心或并发右心衰竭。

长期血压高，易使脑动脉血管发生硬化，供血不足，可能引起脑血管梗塞、脑血管破裂出血、脑溢血发生等危险。血压升高导致的肾动脉硬化可引起肾脏供血不足，影响肾功能，导致肾功能不全、肾功能衰竭和尿毒症的发生。

2. 冠心病

冠心病是冠状动脉粥样硬化性心脏病，是由于冠状动脉功能性改变或器质性病变，引起冠状血流和心肌需求之间不平衡而导致心肌缺血缺氧、心肌损害的一种心血管疾病。冠心病分为心绞痛和心肌梗塞两大类。其中，心绞痛位于心前区、胸骨后，可向左臂内侧或左颈部放射，一般为压迫感、紧束感、闭塞感或绞痛感、持续时间数分钟，可因户外活动、劳动、受寒、激动等原因诱发，舌下含硝酸甘油可显著缓解。心肌

梗塞开始时出现疼痛与心绞痛相同，但无明显诱因，常发生于安静时；可持续数小时或数天；舌下含硝酸甘油一般不能缓解。患者常烦躁不安、出汗、发热、心动过速、恐惧感，严重时出现恶心、呕吐、休克或心力衰竭等症状，心电图有特征性和动态性变化。

（二）高血压、冠心病康复水中练习

1. 康复游泳对高血压、冠心病的作用

（1）降低血压

康复游泳首先作用于中枢神经系统，它能够调节大脑皮质下血管收缩和舒张的神经中枢功能，促使血压下降。高血压患者常有外周血管阻力增高，且对精神、寒冷等刺激呈高升压反应，时间也长。有节律的肌肉收缩和松弛，放松而协调的全身运动常可反射性降低外周血管的张力，扩张血管，并可减轻对精神紧张、寒冷等的反应。

（2）调节情绪

情绪激动是引起高血压波动的原因之一，而情绪容易激动又是高血压患者的共同特点。参加有规律的康复游泳有助于调整患者不良性格，从而减少血压波动，减轻和消除患者的头痛、头昏、精神紧张、气喘等自觉症状，恢复患者生活和劳动能力。

（3）改善神经系统对心血管的调节功能

康复游泳可以改善冠状循环，提高冠状动脉对心脏缺血时产生的舒血管物质的敏感性，扩大冠状血管和毛细血管口径，加大冠脉血流量，改善心肌营养。研究表明，适当的有氧训练可促使阻塞的冠动脉的侧支循环形成，增加缺血区的血液供应。解除或者减轻胸闷、胸痛等症状，达到"通则不痛"的效果。

（4）可强心脏工作效率，改善心脏的收缩功能

研究证实，冠心病患者参加体育运动后，左室搏出量明显增大。而且，较长时间的有氧训练（如水中行走等），可以使定量负荷时的心收缩力增强，心率变慢，心脏的舒张充盈期延长。这样，不仅有利于静脉血回流，增大心搏量，更有利于冠脉血流灌注，并且降低心肌耗氧量。同时，可使最大心搏量和心输出量增加，运动时间延长。

（5）加强心肌对脂肪酸和乳酸的利用和氧化

康复游泳可以提高心肌对氧利用率，并能促进心肌贮存糖原分解和减少脂肪在心肌中的沉积，以增强心肌对缺氧的耐受性。长期的运动疗法可以降低血液中茶酚胺的水平，降低外周动脉的紧张度，降低血压。

（6）防止血栓形成

适当的运动锻炼可增加纤维蛋白溶解酶的活性，特别是缓慢较长时间的运动可以降低血小板的凝结力，防止血栓形成和其他并发症。康复游泳的练习内容与强度都能达到此效果。

(7) 减轻危险因素和威胁

锻炼可有助于减肥，降低体重，从而相对减小心脏负荷，稳定血压，降低血糖，这些均对冠心病的康复有利。因此，适当的水中运动不仅对疾病有治疗作用，而且有预防疾病的作用。

2. 高血压、心脏病患者的水中练习

高血压、心脏病患者在进行水中练习时，要特别注意以下几个方面。

(1) 医疗与水中康复相结合

水中康复主要运用于原发性高血压一期、二期和临界高血压（第三期），第二期患者宜进行轻量的医疗体育活动，对第三期高血压应以治疗并发症为主。各种继发性高血压、急进性高血压、高血压危象等禁忌参加练习。如果通过医生检查确定可以进行少量轻微运动时，那么，适当的水中康复锻炼，将有助于血液循环，可以调节、改善心血管系统的功能。

(2) 定期监督

水中锻炼最好在空气清新、通风良好和安静的环境中进行。练习内容的选择和运动量的掌握，要因人因地制宜，量力而行，同时运动过程中要注意自我督促，经常测血压和脉搏，每次练习达到稍感疲劳为好。练习后如有不适，应当减少运动量，或暂时中止练习，经医生诊断准许后再进行练习。

(3) 严格控制负荷

激烈运动往往会使高血压及心脏病患者的病情引发或加剧。因此，康复游泳练习中无论在什么情况下都要严格注意，禁止做剧烈或负荷过大及憋气或头下垂低于肩部的练习。因为这些运动将使血流向头部而引起不良反应，对头晕和有运动失调的高血压患者，还应进行前庭器官的锻炼。

(4) 水温适宜、入水轻缓

水温对人体皮肤的刺激，可增强人体的体温调节能力，有利于快速适应外环境，提高应变能力，同时还可延缓皮肤老化，但对于高血压及心脏病患者来讲，必须防止过强的刺激。水中练习开始时应在水温稍高些的池内，入水顺序也应从远离心脏部位开始，应先从脚、腿，到腹、胸一点点逐步浸入水中，每一部位入水后要有暂短适应水温过程，切莫操之过急，严禁采用出发式入水方式。

(5) 精神放松

练习者在水中应思想放松，练习中要心情舒畅，避免精神过度紧张，缓慢地做每一个动作。水中练习的最初阶段是适应水环境，如对水的恐惧感过强，在指导人员的帮助下仍无法放松者，则不适宜水中练习，不应勉强。

(6) 循序渐进

练习开始时,在水中不要进行过多的练习,练习者应持有一种水中散步放松的感觉。随着练习次数的增加,活动距离与时间一点点慢慢延长。这种练习持续三个月后,可进行一些慢跑内容,强度控制在呼吸稍稍感到困难时,不能过分增加强度。水中步行、水中慢跑及跳跃练习时一定要注意节奏,调整好呼吸,不要憋气,憋气会加大心脏的负荷,造成血压上升,容易发生危险。水中步行或慢跑的同时可适当做一些上肢动作,如转肩、体侧、体转等动作,这对于防治肩、臂、腰部疾病,减少疼痛有积极的效果。教练员在整个练习过程中都必须时刻注意练习者的反应,适时询问身体状况,一旦出现异常现象应中止练习。

练习的内容、时间及强度等要素都应结合当日个人的身体情况来适当安排,如身体感到不适时,应立即停止练习,安静休息,必要时请医生诊治。

(7) 持之以恒

水中康复练习必须长期坚持,并与药物治疗相结合,以后可逐步减少用药量。

四、水中康复与膝关节损伤治疗

(一) 膝关节损伤的基本认知

在运动中,膝关节易受损害,如胫骨软骨病、膝半月板损伤、膝关节韧带损伤等。在膝关节损伤后,应仔细检查,准确区分损伤种类及范围,以便选择合理的练习方法。膝关节损伤一般分为单个韧带伤、多个韧带伤、多个韧带伤合并其他结构损伤,而水中康复可分为5期,即术前期、术后或伤后早期、前中期、后中期及终期。其中,术前期的目的是在不增加损伤的前提下,增强与保持肌力,改善膝的功能。因此,应严格控制运动量及运动范围,训练既可保持肌力,又可为术后练习做好准备。术后或伤后早期,应于24小时内开始,可选用以下练习:股四头肌最大等长收缩、直腿上抬练习、足踝部练习、腰背部练习。

在膝关节损伤中,半月板损伤是十分常见的。膝关节半月板损伤包括半月板和盘状软骨的撕裂,半月板囊肿、半月板周围炎以及半月板过度活动。半月板损伤在篮球、体操、足球等运动项目中最为多见,田径、举重、排球等项目次之。除运动员外,也可见于矿工、装卸工以及其他人群。其损伤原因主要有膝伸屈伴小腿内外旋或内外翻,使半月板产生矛盾运动而致伤,膝过伸和过屈动作过猛,长期反复小创伤或磨损引起,如矿工长期单腿跪姿工作,排球防守常使膝处于翻位发力等。半月板损伤后,主要表现为膝部疼痛,功能活动困难,常常有"交锁"症状。其体征主要有:压痛,在关节内侧或外侧间隙处存在固定而显著的压痛点;肿胀,关节积血或积液所致,与活动的量和强度有关。浮髌试验或关节积液诱发试验阳性。麦氏试验和摇摆试验可出现阳性,通过膝关节镜检查可确诊。

(二)膝关节损伤康复水中练习

由于膝关节的慢性病而引起膝部疼痛,或因大腿的股四头肌,小腿的腓肠肌的肌肉力量不足以及腰、腹部肌肉萎缩无力,使膝关节负担加重而产生的膝关节疼痛,通过水中有针对性、适当的肌肉练习,可使疼痛得以缓解,康复练习的结果表明,当这些肌肉力量增强后,膝关节的疼痛也伴随着显著的改善,但如果是急性损伤造成的疼痛,如韧带拉伤、半月板损伤等,康复练习应注意避免采用不适宜的练习内容。

参加体育锻炼的方法多种多样,一般的陆上运动项目都会给膝关节带来很大负担,而水中练习可借助水的浮力减轻体重对膝关节的负担,从而使疼痛也大大减轻,肢体和关节都可进行大幅度活动。因此,水中康复练习对增强膝关节的灵活性,加强肌肉力量是极为有效的。而在针对膝关节损伤进行水中康复练习时,可采用以下几种练习方法。

1. 水中行走

动作要领:脚跟尽量贴池底慢慢行走,两手在体侧维持身体平衡,行走距离为50米。

效果:体会水的浮力、阻力,适应水环境的特性。

2. 屈膝摆腿

动作要领:侧向池壁,外侧腿单腿站立,同侧臂扶池壁,内侧臂叉腰,屈膝90°做向前后摆腿各5次,左右交换。

效果:加大髋关节的活动范围。

3. 屈臂上体前倾

动作要领:两脚并拢面向池壁站立,两手与肩同宽分开扶池壁,脚跟贴紧池底,屈臂上体前倾,每组10秒。

效果:拉长小腿后部肌群。

4. 爬楼梯

动作要领:两手抓住池壁,两脚掌触池壁,两膝尽力伸直,做类似上下爬楼梯的动作,做动作时伴随深呼吸,每组上、下往返3次,做2组。

效果:拉长股二头肌和小腿三头肌。

5. 转体

动作要领:背靠池壁,两脚左右交叉站立,两臂侧伸扶池壁,头向外侧脚方向转,静止10~15秒,左右交替。

效果：拉长腰、腹部肌群。

6. 水中正面跨栏（水中设 3~5 个栏架）

动作要领：肩沉至水面，慢性行走，做跨栏动作，动作熟练后可做慢跑跨栏动作。

效果：加大髋关节、膝关节的活动范围。

7. 水中侧面跨栏

动作要领：侧向栏架，像跳皮筋样，两脚交替做跨栏动作。

效果：练习可以对以上病症有改善作用。

第九章
游泳科学研究

　　科学研究是用科学的方法深入探索未知和未完全知道的事物本质及规律的认识过程。由于这种认识必须先通过实践观察，获得感性认识，然后进行理论思维，使感性认识上升为理性认识，才能揭示事物的本质及规律，因此实践观察和理论思维是构成科学研究的两个重要因素，也是科研工作必须遵循的认识途径。游泳的教学和训练是一个复杂的过程，其效果与形态、机能、素质、智力、不同方法的组合与运用以及恢复等密切相关。它实质上是一个遗传学、运动生物力学、运动生理学、运动生物化学、运动心理学、教育学、训练学等多学科综合运用的过程。其中的许多问题，都是我们未知或未完全知道的，需要我们不断去研究和探索。实践证明，重视科研，能正确运用科研方法探索游泳教学训练中的问题，并将所得的先进理论和方法用于实践的国家，其游泳教学训练的水平也会遥遥领先。此外，从事游泳教学、训练工作的游泳教师和教练员，了解和掌握游泳科研的理论和方法，并积极参与科学研究活动，不仅可促使其不断探索游泳运动的规律，以把握教学、训练过程，提高效率，对我国的游泳运动的理论和实践做出贡献，而且有助于其不断更新知识，拓宽专业视野，及时掌握游泳运动发展的新动向，在科学技术水平发展日新月异的今天，始终能跟上形势，甚至处于领先地位。

第一节　游泳论文选题指南

　　游泳论文是游泳研究工作者在科学认识过程中对通过科学实践得到的感性材料进行严格和科学整理、分析和归纳的书面表达形式，是游泳科学研究工作的书面总结，它表达的是研究工作中最重要、最富有创造性的内容，而不是研究过程的叙述、材料的罗列，更不是工作报告或工作总结。而在撰写游泳论文时，一个重要的环节是做好游泳论文的选题工作。通常而言，在确定游泳论文的选题时需要考虑以下几个方面。

一、是否具有实用价值

　　认识世界、改造世界、推动社会进步和时代前进，是科学研究的目的，而游泳科研论文又是表述游泳科研成果的载体。因此，论文论题的选择，必定要同社会现实紧密相连，要结合国民经济发展的需要。只有这样，所撰写的论文才能对全民健身和国民经济建设都有较高的实用价值。

二、是否具有学术创新价值

游泳科研论文的选题，除了考虑直接的实用价值，还需要考虑创新价值。这一原则体现了游泳科研论文的社会价值和学术价值，有无创新，是衡量游泳科研论文社会价值大小的重要标准，也是衡量学术价值大小的重要标准。

要选择具有创新价值的论题，可从以下几个方面考虑。

第一，选择前人没有做过或没有解决的问题。这样的论题是最具创新价值的，因为研究前人没有涉猎过的问题，能为科学的发展开拓新的境界、进入新的领域。

第二，选择前人虽然已做过研究，但做得不完全，或是有谬误，大有发展、补充或修正余地的论题。科学上的问题很少是一次完成的，前人囿于主客观条件，往往对所研究的问题未能得到充分解决，未能充分揭示其规律，因而有待后人的发展与补充。若能以此为论题，无疑是一种创新，从而使科学对自然的认知迈进了一步。

第三，选择游泳科学史上前人提出的假说、猜想做论题。假说和猜想具有推测的性质，是否正确，尚缺乏充分、有力的依据。如果对这些前人的假说和猜想能加以证明，使其成为科学理论，那也是一种创新。

第四，选择具有发展潜力的论题，以求不断展开，拓宽领域，获得系列性新成果。

第五，选择和已知事物、定理、公式相矛盾的论题。

第六，选择无法用已有理论去解释的现象做论题。

第七，选择交叉学科的论题，既可以是自然科学各学科的交叉，也可以是科学和技术的交叉，还可以是自然科学和社会科学的交叉等。

三、是否主客观条件都比较成熟

确立论题不仅要考虑论题本身的意义和价值，而且要考虑作者自己驾驭这一论题的主观条件和客观条件。各个研究者的主客观条件不同，无论是研究兴趣、学术专长、业务水平，还是研究成果都不相同，所以要选择主客观条件都比较成熟的论题。具体来说，主要有以下几点。

第一，要选择符合作者兴趣的论题。这种兴趣不是指日常生活中的爱好兴趣，而是指作者对该领域的科学研究有积极追求探讨的浓厚兴趣，从而发挥其最大的价值。

第二,要扬长避短,选择能发挥作者业务专长的论题。术业有专攻,各人有自己的业务专长,所以选题要扬长避短,力求与自己的专业对口。

第三,难度要适中。要根据自己目前的知识结构、研究能力和对论题的研究深度来确立论题。

第四,要选择研究成果比较成熟、材料比较充分的论题。

第二节 常用科研方法及注意事项

一、文献研究法

文献研究法主要是通过阅读有关问题的大量文献,将文献中的各种观点加以整理、分析,最后加上自己的观点和见解来阐明一个问题。这是一种适合初学科学研究者的方法,也是培养科学工作者组织资料和表达思维能力的好方法。

文献研究法一般是在确定科研题目后,着手实验研究前,就收集和阅读有关文献,经过综合分析后,写出文献综述,并在文献综述中提出问题,给研究课题奠定基础。也有把文献研究作为一种研究方法来用的,对有关问题的新动向、新资料和新创造等加以综合论述,归纳有关问题的新观点。

文献研究法的论文一般分前言、主要部分、分析总结和参考文献四个部分。其中,前言首先说明有关问题的现状或舆论的焦点。主要部分是通过分析、比较各种不同观点及其依据说明问题的来龙去脉,包括历史背景、现状及发展趋势等。论述的内容和引述的资料需能反映出问题的理论发展阶段。对于原作不能曲解,分析和总结是对主要部分的内容加以分析、研究综合,提出自己的见解,并且加以理论阐述。

二、调查研究法

调查研究法就是对已发生或正在发生的人的行为或行为属性进行研究,或者对事物发展的历史、现状及其有关情况进行了解、考察,从而获得资料的一种研究方法。它的特点是通过间接的方法去收集反映研究对象的资料,其调查对象要根据研究目的、任务来确定。调查研究法主要靠研究者与被调查对象之间的语言或书面交流来获取信息,信息量的多少取决于调查研究的深度和广度。所获信息可根据需要做定量处理,其结果可单独写成论文,也可作为其他不同方法课题的基础。调查研究的形式有访问、问卷法和开调查会三种。

(一) 访问

访问是指有目的、有计划地、面对面地向调查对象收集资料的一种调查手段，它适用于各种行为属性和各种类型的调查研究。

访问前，要根据研究的目的和调查内容，预先确定访问对象和制定好访问提纲。制定访问提纲时，必须考虑两个问题：一是访问提纲（内容）的先后次序和层次，二是访问提纲的措词要力求准确、简练。

访问时，访问的方式要自然，以提问入手，逐步引导对方深入事实与实质性问题，并做好记录。记录既要快速准确，又要不影响谈话的气氛和谈话的进行。

(二) 问卷法

问卷法是将调查内容变换成问题与答案的问卷形式来征询调查对象意见的一种调查研究方法，是目前体育科研中被广泛运用的研究方法之一。

问卷的来源有两种：一种是引用前人使用过的同一内容的问卷，另一种是研究者自己编制的问卷。制定问卷应根据调查内容的性质选择相应的题目形式予以表达。常用的题目形式有填空题、选择题和问答题。答案的形式有文字答案和分数答案两种。一份问卷中，所测题目内容不宜太多，以受试者 20 分钟内能全部答完为宜。

实施问卷的测验时，应注意以下几个问题。

第一，测验前，研究者必须向受试者详细说明测验的方法和要求。

第二，测试时，要求受试者持认真、负责和客观的应答态度。

第三，为使调查具有满意的有效性和可靠性，最好要求受试者匿名应答。

问卷可由调查者直接发给调查对象，也可以信函的方式寄给调查对象（信函法）。若用信函法调查，应在问卷前面加以说明。

(三) 开调查会

当研究者旨在了解某种事物的局部或全面情况时，可采用开调查会的方法来收集资料。

1. 开调查会的特点

此法的特点，有以下几个。

第一，研究者可以有计划、有目的地面对面向调查对象收集资料。

第二，能在短时间内收集各类人员的意见或观点。

第三，比较适合用于调查一般性情况和总结成绩与经验。

第四，不易收集到有关存在问题、教训及困窘性等方面的资料。

2. 开调查会的程序

开调查会时，需要遵循一定的程序，具体介绍如下。

第一，研究开会的目的、内容和要求。

第二，根据研究目的、内容，选择和组织与会人员。

第三，引导发言。

第四，准确、全面、快速记录会议内容。

（四）调查研究结果的处理

1. 整理调查结果

对调查研究得来的资料进行归纳、归类和汇总。整理时，应持实事求是的科学态度，确保原始资料的信息，不能随意加上自己的主观意见，更不能凭主观意愿取舍资料。

2. 处理调查结果

对调查结果的处理，主要有以下几种方法。

第一，对所得资料，进行归纳、归类、分析综合，从中提炼观点、论点去论证。

第二，对问卷的文字答案，可用计算百分比的方法处理，以该百分比来说明调查结果的现状和程度。

第三，对问卷中分数答案的处理方法是：计算其平均数或总分；或根据研究需要，计算各类内容或各个题目的平均数或总分，以此来反映调查内容的定量趋势。若需深入进行统计处理，还可用相关、回归、聚类和主成分等方法处理研究因素之间的问题。

第四，在处理主要调查结果与某些辅助性资料时，可根据研究需要进行定性和定量处理。

三、测量与观察法

测量与观察法是研究者在自然或不受干扰的情况下，运用仪器或自身器官来获取信息，然后通过统计处理和分析，最后得出结论的一种研究方法。

（一）游泳科研中常用的测量与观察方法

在游泳科研中，常用的测量与观察的方法有以下几种。

1. 计时法

此法一般用来测量受试者正确完成某一特定测试（动作或距离）所需时间，如运动员 5 次划水动作时间、转身前后 7.5 米所需时间、出发时间和比赛中各分段时间等。

2. 计算法

计算法一般用于观测游泳运动员力量或力量耐力方面的属性，如引体向上、俯卧撑等，观测成绩以受试者正确完成规定动作的次数来表示。

3. 检测法

检测法即使用专门仪器检测游泳运动员身体机能水平。如生理和心理方面的台阶实验、反应时、动作时的测量等，观测成绩一般是以各种测验仪器的观测值来反映。

4. 丈量法

丈量法主要用于观测游泳运动员的力量或爆发力的属性，如立定跳远、纵跳等，以受试者的移动距离作为成绩。

5. 理论（知识）测验

该法用于测量游泳运动员对某方面知识（技术、训练理论和方法等）的理解和掌握程度，以受试者的所得分数作为成绩。

6. 专家评分法

该法用于评定游泳运动员掌握技术动作的准确程度，或用于观察教学训练过程中的某些行为，如技术评分、比赛能力评定等。评定结果可直接采用专家评出的分数，也可用评分量表的分值表。

7. 现场观察

这种观察一般在比赛现场进行，主要观察运动员的竞技行为（比赛能力）和战术的运用情况、技术的运用效果。现场观察可根据需要分为常规性、专题性两种。观察成绩一般是以拟定的观察要求或符号来表示。

（二）游泳科研中测量与观察法的运用

测量与观察法不同于日常的观察，它不是自发的，而是自觉的；不是零散的，而是系统的；不是表面的，而是深入的。它要求全面、准确地了解需要研究的对象。因此，在研究前，必须制订周密的观察计划，明确需要测量与观察的内容、标准、对象、位置、方法及日程安排等。若集体进行时，还需有组织和分工。

测量和观察到的材料最好用表格的形式记录下来，以便整理、分析和保存。表格的设计力求简单、方便、明了，便于计算。观察不应局限于眼看、耳听、手记，应尽量结合研究所需，使用一些专门的仪器，如录像机、电子计算机等。

四、实验研究法

实验研究法是人们根据研究的目的，提出实验设计，利用一定的科学仪器和设备，人为地控制和模拟自然现象，排除干扰，突出主要因素，在有利条件下研究自然规律的方法，是收集科学事实、获取感性经验的基本途径，是形成、发展和检验科学理论的实践基础。

在游泳教学训练中，要探索某些教学方法是否合理、某种训练方法是否有效、运动员机体的变化情况和心理状态等问题，单靠经验或用眼睛去观察是不科学的。只有先通过实验获得有价值的客观数据，然后对这些数据进行分析研究，才能得出正确的答案。

五、数理统计法

数理统计法是一种通过对局部观测资料的统计，利用这些资料与整体之间的联系来分析、推断事物总体规律性的研究方法。

（一）数理统计法的重要性

由于这种方法具有严格的理论依据，逻辑思维和严密的推理，能帮助人们从大量杂乱无章的数据中找出事物的内在规律，故被广泛应用于体育科学研究中，成为体育科研的一种重要方法。

（二）数理统计法的应用

在应用数理统计法时，通常要经过三个步骤，即收集资料、整理资料以及统计、分析资料。

1. 收集资料

收集资料是进行统计工作的第一步，也是最重要的一步。如收集的资料不全或原始记录不准确，往往会造成整理分析的困难，甚至会因而得出错误结论。在收集资料前就要查找文献，根据研究目的、任务，确定研究对象、资料的收集内容和方法、统计分析的方法，力争用较少的人力得到更多、更全面的资料。

游泳统计资料的来源主要有以下几个方面。

第一，根据教学大纲、计划要求进行考试的学生成绩登记表。

第二，文献、资料。

第三，自己的教学、训练工作档案。

第四，专题调查、测量和观察或实验研究资料。

2. 整理资料

通过不同方法获得的资料是分散的资料，要了解事物的特征和规律，首先应对这些资料进行科学的分组归纳，使资料系统化，以便进行下一步的统计分析。整理工作一般分为检查资料、设计分组、整理归纳三步。其中，检查资料工作主要从资料的完整性、正确性、对错漏数据的处理三个方面进行。设计分组可根据事物性质类别或等级进行，如按性别、年龄分组，按运动员等级分组，按地区分组等。整理归纳是把原始资料按分组填写在整理表上，注意尽量将关系密切的项目放在同一个表内。

3. 统计和分析资料

根据研究目的，采用合适的统计方法对资料进行统计，并对结果进行研究分析（见表 9-1），提出自己的观点并加以理论论述。

表 9-1 测量与观察结果的统计处理方法

研究目的	统计方法
现状分析	平均数、标准差、比率
发展规律与变化	同一指标各年龄（年级）的平均数比较
因素分析（指标间关系）	积差相关法、等级相关法
检查数据的有效性、可靠性和客观性	积差相关法
预测	一元（多元）回归分析
实验比较	假设性检验
单项指标评价	百分等级、标准分
综合评价	标准分（Z 分和 T 分）
样本的代表性检验	标准误
样本的集中趋势	平均数、中数、众数
样本的离散趋势	标准差、四分位数、两极差
观测数的分布检验	正态与非正态分布检验
观察数分布的概率估计	正态曲线

第三节 游泳科研论文的撰写

一、游泳科研论文撰写的基本结构

在撰写游泳科研论文时，通常要包含以下几个基本结构。

（一）论文题目

论文题目是论文内容的高度概括，要求简明、精练，能恰如其分地反映文章主题研究范围和深度。题目的字数不宜过多，如题目太长，可分为主标题与副标题来处理。

(二) 前言（序、选题依据）

前言部分就是要简要地回答为什么选择和研究这个课题，其内容要点，一是课题研究的学术背景和实践背景；二是明确提出研究的课题内容，表明研究的目的；三是概述课题研究的重要性与必要性，说明其理论意义和现实意义，要求要开门见山地提出问题；简明扼要地概述有关背景动态；评价前人成果要客观恰当，说明研究的意义价值要恰如其分；文字篇幅力求简短。

(三) 研究对象与方法

研究对象是指本课题研究的具体人物或事物，如学员、指导员、运动员、教练员、体育器材、兴奋剂、营养液等。对经抽样选择的实际研究对象应说明样本数量、样本构成、具体范围、抽样方法等。而研究方法部分要简要说明本课题运用的主要研究方法与手段。除文献资料法、访问调查法外，对实验法、观察法、调查法、测量法及专家调查法等，应对方法运用的主要环节与过程予以简要说明以及说明这些方法设计的要点。另外，研究所用的仪器设备及其精度，使用自制特殊设备，需要绘出构造示意图。如是实验研究，还要说明分组方法，写出实验设计、研究范围、对象、步骤、指标的确定及测试方法等，使人们知道实验结果的可靠性和准确性。

(四) 结果与分析

这一部分是科研论文论述的重点所在，既是全文的主体部分，也是论文结论赖以产生的基础。结果部分主要列出本研究经过资料处理后的统计分析结果或其他结果，包括数据、图表和必要说明。分析讨论部分需要对研究结果进行解释和评价，是论文的核心，其内容包括通过研究所获得的事实材料等结果以及对这些结果展开的分析讨论，力求从客观事实（结果）和逻辑分析中去验证（或补充、修正、完善）研究假设，揭示事物的本质与规律，形成科学理论。

写这部分时应注意：选择统计数字和描述现象必须严肃认真，实事求是，所选数据必须准确并有代表性，样本要充分，绝不可主观决定数据取舍，更不能任意更改数据，要从必然性和充分性考虑，使读者觉得论据充分，说服力强；图表的设计和制作要规范，字图不要太大，使人一目了然；讨论分析问题要遵循认识规律，所得结论必须经得起同等条件下的多次实验验证，公式推导要严密，得出的最后数据或参数要严格核实。

(五) 结论

结论既是论文所研究问题的结果，也是对实验结果进行概括、分析、归纳的理性判断;既是经过论证得到的见解,也是整个研究过程的结晶;既是整篇论文的精髓,也是作者独到见解之所在。结论要正确鲜明,表述要准确,措辞要严谨,逻辑要严密,更要实事求是。

(六) 参考文献

参考文献附在结论之后,其作用是,说明作者对引用他人观点和研究成果的尊重;便于读者查阅原文;反映作者对本课题研究的深度和广度。文中所引用的主要参考文献,依文中引用的先后顺序列出,未公开发表的资料不要引用。参考文献的目录填写格式是:序号,作者,文题,刊名,年份,卷(期),起页。

二、游泳科研论文撰写的步骤

在撰写游泳科研论文时,大致要经过以下四个步骤。

第一,确立论点,选择材料。论点是科研论文的灵魂,是研究人员从大量材料事实中加工抽取的。一篇论文的学术水平主要表现在论点的科学性、创造性与新颖性上,说明论点的材料要有代表性、典型性和针对性。因此,需要在认真研究、分析材料的基础上,通过科学抽象和逻辑加工,形成基本论点,达到对事物的本质认识。

第二,进行总体构思,拟定提纲。论文的总体构思大致要考虑论文的框架层次,明确论述中心,预计问题的排列顺序等。然后,再将构思的内容用书面文字表达出来,形成论文提纲。在拟定提纲时又可以改进补充构思,提高原构思的质量,并更具直观性和条理化,提纲形式有句子式提纲和标题式提纲两种。

第三,撰写论文初稿。按照事先拟定的论文提纲,并根据选出的已经整理加工的材料事实,完成初稿。

第四,进行定稿。初稿一定要经过认真修改才能定稿。在这一环节中,要注意反复推敲、锤炼字句、协调结构、理顺层次、纠正错误、去掉语病,以保证定稿的质量。

参考文献

[1] 傅纪良,王裕. 实用游泳教程[M]. 北京:海洋出版社,2020.

[2] 谷金波,那春燕. 大众游泳自学与健身导读[M]. 成都:电子科技大学出版社,2015.

[3] 吴勇,尹志琼. 游泳实训教程[M]. 北京:北京理工大学出版社,2014.

[4] 刘忠德. 游泳运动与健康知识[M]. 呼和浩特:内蒙古人民出版社,2006.

[5] 龙春晓,王爱玲,郝玉. 形体健身理论与运动方法[M]. 西安:西安地图出版社,2008.

[6] 朱笛,温宇红. 水中健身[M]. 北京:人民体育出版社,2007.

[7] 于荣. 游泳[M]. 北京:中国少年儿童出版社,2019.

[8] 邓正祺. 游泳[M]. 济南:明天出版社,2014.

[9] 尹默林,王永,林仪煌,等. 游泳运动与水中健身[M]. 上海:上海大学出版社,2013.

[10] 陈武山. 游泳运动教程[M]. 北京:人民体育出版社,2007.

[11] 程锡森,张先松. 休闲健身运动概论[M]. 武汉:中国地质大学出版社,2015.

[12] 谷金波,那春燕. 大众游泳自学与健身导读[M]. 成都:电子科技大学出版社,2015.

[13] 李华. 游泳救生及水上运动[M]. 北京:清华大学出版社,2015.

[14] 李桦. 游泳竞赛组织与裁判法[M]. 北京:人民体育出版社,2005.

[15] 李文静,温宇红. 现代游泳技术教程[M]. 北京:北京体育大学出版社,2010.

[16] 梅雪雄. 游泳[M]. 北京:高等教育出版社,2007.

[17] 秋实. 实用游泳入门[M]. 广州:广东世界图书出版公司,2009.

[18] 王月华,王荣波. 水中健身[M]. 长春:吉林出版集团有限责任公司,2010.

[19] 翁颖. 游泳健身科学化体系的构建研究[M]. 北京:中央编译出版社,2015.

[20] 吴勇,尹志琼. 游泳实训教程[M]. 北京:北京理工大学出版社,2014.

[21] 杨建华. 游泳与救生[M]. 成都:西南交通大学出版社,2013.

[22] 尹默林，王永，林仪煌，等．游泳运动与水中健身［M］．上海：上海大学出版社，2013．

[23] 朱笛，温宇红．游泳运动教程［M］．北京：高等教育出版社，2015．

[24] 许琦．现代游泳训练方法［M］．北京：北京体育大学出版社，2007．

[25] 周国霞，周斌．游泳健身与球类训练［M］．长春：吉林美术出版社，2018．

[26] 陆一帆，方子龙，张亚东．游泳运动科学训练与监控［M］．北京：北京体育大学出版社，2007．

[27] 中映良品．游泳入门与进阶技巧［M］．成都：成都时代出版社，2020．

[28] 陶志翔．游泳技巧［M］．北京：中国社会出版社，2006．

[29] 冯婷．体育运动与训练研究［M］．北京：九州出版社，2018．